ÉTAT D'ESPRIT DES DIRIGEANTS

DAVID KING

CONTENTS

Préface

Nous vivons maintenant dans un monde où il devient de plus en plus simple pour quiconque de réussir. Il est maintenant plus simple que jamais pour quiconque d'atteindre la grandeur, qu'à n'importe quel moment de l'histoire du monde. Vous n'avez plus besoin d'être issu d'une lignée aristocrate ou d'être né dans une famille riche avant de pouvoir réussir et devenir grand.

La richesse des informations dans le monde aujourd'hui accessible à tous et la facilité d'accès à ces informations ont égalisé les règles du jeu. Par conséquent, ce ne sont plus ceux avec l'information qui réussissent, comme c'était le cas dans le passé, mais ce sont plutôt ceux qui peuvent tirer la compréhension de l'information et utiliser cette compréhension pour créer quelque chose de valeur qui profite au la vie des autres. Et lorsque d'autres sont prêts à payer pour une telle valeur, cela apportera sans aucun doute du succès et de la richesse.

Il soutient donc que, la connaissance n'est plus le pouvoir, mais l'application de la connaissance est ce qui donne le pouvoir, le pouvoir de faire plus, de devenir plus et finalement de devenir une meilleure version de soi-même.

La comparaison de la proportion des «nantis» et des «démunis» dans le monde d'aujourd'hui révèle un phénomène alarmant dans le nombre croissant de «démunis». La question est pourquoi? avec la richesse d'informations et d'opportunités qui s'offrent à nous tous en ce temps présent comme jamais auparavant dans l'histoire enregistrée du monde.

Ce que j'ai proposé dans ce livre, c'est une compréhension approfondie de ce phénomène, pourquoi de nombreuses personnes choisissent consciemment ou inconsciemment des habitudes et des attitudes qui les font échouer et échouent dans la vie, et comment certaines personnes s'auto-sabotent inconsciemment. à travers certains schémas d'habitudes appris et mémorisés qui les font échouer.

Pour réussir dans la vie, il ne s'agit pas seulement de prendre systématiquement une série de bonnes décisions et d'actions, mais aussi la capacité de prendre ces décisions correctement lorsqu'elles s'avèrent ne pas être si bonnes, mais cela implique également de ne pas faire les mauvaises choses, sinon l'impact de ces actions opposées s'annuleront simplement.

Il soutient donc que le succès et la richesse sont créés, tout comme la pauvreté et une vie infructueuse sont également créées. Ce que vous choisissez de créer dépend entièrement de vous et de votre choix, et tout est sous votre contrôle.

La bonne nouvelle est que, tout comme une vie de «presque là-bas», une vie de manque et de pauvreté est créée, une telle vie peut également être recréée en une vie de succès et de richesse. Il suffit de suivre les mêmes principes que chaque personne qui réussit a suivi pour réussir et réussir.

État d'esprit des dirigeants détaille clairement ces principes, avec des illustrations et des scénarios vifs pour aider à une compréhension approfondie afin que vous puissiez commencer à gagner et réussir. Vous pouvez transformer votre vie et votre vie peut devenir grande, c'est tout votre choix et entièrement sous votre contrôle.

COMPLAISANCE - LE TUEUR DES REVES

«Ce n'est pas la plus forte des espèces qui survit, ni la plus intelligente qui survit. C'est celui qui est le plus adaptable au changement. » - Charles Darwin

Une phrase courante que nous entendons souvent dans le monde d'aujourd'hui est «c'est la survie du plus apte», et la plupart des gens croient souvent à ce dicton, mais c'est une déformation flagrante de la citation de Charles Darwin. Charles Darwin n'a jamais dit que c'était l'espèce la plus forte ou la plus intelligente qui survit, mais plutôt celle qui était la plus adaptable au changement.

Considérez ceci, pourquoi les êtres humains sont-ils les plus réussis et au sommet de l'évolution sur cette planète? C'est uniquement parce que nous sommes la machine d'adaptation la plus réussie de cette planète. Selon Rick Potts, «L'évolution de notre cerveau est l'exemple le plus évident de la façon dont nous évoluons pour nous adapter», a-t-il expliqué que l'homme avait deux avantages clés, notre cerveau et notre capacité de culture. «Nos cerveaux sont essentiellement des cerveaux sociaux, nous partageons des informations, nous créons et transmettons des connaissances, c'est ainsi que les humains sont capables de s'adapter et de s'adapter à de nouvelles situations.

Nous pouvons examiner plus en détail ce scénario de compétences en adaptabilité humaine dans notre environnement commercial. Les entreprises qui survivront et continueront de prospérer dans l'avenir à venir ne sont pas celles qui enregistrent le plus de chiffre d'affaires, de ventes, de bénéfices ou de flux de trésorerie, mais celles qui sont les plus adaptables au changement. Dans l'histoire moderne de notre monde, de nombreuses entreprises ont échoué à grande échelle simplement parce qu'elles ne pouvaient pas s'adapter à un environnement changeant.

Kodak est un bon exemple d'entreprise qui a subi un échec massif en raison de son incapacité à s'adapter rapidement au changement. L'incapacité de la direction de Kodak à considérer la photographie numérique comme une technologie de rupture, alors même que ses propres chercheurs ont repoussé les limites de la technologie, a conduit à l'échec de l'entreprise. Selon Forbes, «il y a peu de bévues d'entreprise aussi stupéfiantes que les opportunités manquées de Kodak dans la photographie numérique, une technologie qu'il a inventée.» Cet échec stratégique était la cause directe du déclin de Kodak depuis dix ans alors que la photographie numérique détruisait son activité cinématographique. modèle.

Kodak n'est pas la seule entreprise sur la liste des entreprises ayant échoué, il y en a plusieurs autres qui ont échoué, car elles n'ont pas réussi à s'adapter à un environnement commercial changeant. Et cette histoire n'est pas différente dans la vie individuelle de nombreuses personnes. Beaucoup de gens vivent une vie infructueuse parce qu'ils n'ont pas réussi à s'adapter aux temps changeants, certaines de ces personnes ont connu des succès et des richesses dans le passé, mais vivent maintenant une vie pauvre et ratée parce qu'elles ont perdu leurs capacités d'adaptation. Ils étaient probablement très adaptables au début, mais comme ils ont trouvé des succès dans leurs voyages de vie, ils sont devenus à l'aise et complaisants. Et lorsque vous devenez complaisant, vous perdez votre concentration et devenez incohérent dans votre offre et vos processus, puis l'échec s'installe.

Ainsi, l'échec dans la vie et dans les entreprises peut être considéré comme orchestré soit à cause de ce que quelqu'un a fait soit de ce qu'il n'a pas fait, de toute façon c'est sous son contrôle et entièrement à son choix. Revendiquer ou ignorer les temps qui changent, les tendances émergentes et les préférences ne peut être une excuse, car l'un des attributs du succès est la capacité d'anticiper le futur, c'est-à-dire la sagesse de pouvoir aller dans le futur et y revenir. vivre le futur dans le présent.

La plupart des entreprises échouent en raison de la complaisance, elles peuvent être considérées comme le tueur silencieux des entreprises et peuvent également être considérées comme la menace la plus dangereuse pour toute entreprise. Selon Chris Ruisi, «la complaisance fait que les organisations hésitent à contester le statu quo, car elles sont à l'aise avec où elles se trouvent. Le résultat est qu'ils se positionnent, ainsi que leur organisation, pour une catastrophe future. »

Bob Iger, président et chef de la direction de Disney, a déclaré un jour que «la chose la plus risquée que nous puissions faire est simplement de maintenir le statu quo», et cela se produit généralement lorsque l'organisation atteint ses objectifs et ses objectifs commerciaux, qu'elle devient à l'aise et pense au statu quo restera ou la dynamique commerciale et le paysage concurrentiel resteront les mêmes. Cet état d'esprit aboutit au «syndrome de la pensée héritée» qui donne la fausse croyance que les choses continueront à rester telles quelles.

Dans la vie, le changement est inévitable, et généralement le changement est une invitation au futur. Et parce qu'il y aura toujours un changement, un changement de ce qui est connu à ce qui est inconnu, et même la plupart du temps, certains changements seront agréables tandis que d'autres seront désagréables, mais ce qui est certain, c'est que le changement comporte des risques. Par conséquent, pour nous adapter au monde en mutation, nous devons être en mesure d'absorber les risques que le changement entraîne avec lui.

Si nous essayons, nous essayons d'éliminer tous les risques de nos vies, ce que nous faisons invariablement est d'essayer d'éliminer toutes les possibilités de nos vies. Puisque le changement est inévitable, nous devons tous apprendre à absorber les risques pour réussir dans la vie. Et quand nous apprenons à absorber les risques dans la vie, nous évoluons, et c'est la mentalité de voir le changement comme une opportunité de croissance, de transformation et d'évolution.

La différence entre les gens qui font les choses et les autres, c'est la pure volonté. Le courage et la détermination de faire face aux risques et aux défis de la vie, et de persévérer dans la douleur et les épreuves sans abandonner, voilà ce qui différencie les réussis des échecs, les gagnants des perdants.

Si votre POURQUOI, la raison de votre objectif est assez grande, alors votre VOLONTÉ sera assez puissante pour vous voir à travers le COMMENT atteindre votre objectif. Par conséquent, vous n'avez pas besoin de considérer le manque de ressources comme la raison de l'abandon ou de la non-réalisation de votre objectif, car si votre POURQUOI est assez grand, alors vous SEREZ suffisamment puissant et vous deviendrez plein de ressources. C'est la différence entre les gens qui voient les choses comme possibles et ceux qui ne le font pas, mieux vaut dire, les gens qui font les choses et ceux qui ne le font pas, ou les gens qui réussissent et ceux qui échouent dans leur métier, et probablement dans leur vies.

Albert Einstein a dit un jour: «Si vous voulez vivre une vie heureuse, attachez-la à un objectif», pas aux gens et pas aux choses parce que les choses et les gens changent et souvent, nous n'avons aucun contrôle sur eux. Mais si vous vous concentrez sur vos objectifs et que vous travaillez continuellement pour vous améliorer et atteindre vos objectifs, vos vies peuvent être significatives et vous pouvez trouver votre accomplissement.

Par conséquent, pour réussir et maintenir le succès dans la vie, nous devons continuellement nous développer et nous améliorer, nous devons améliorer nos connaissances, nos compétences et notre attitude. Ces trois attributs sont des éléments clés pour réussir et vivre vraiment une vie épanouissante.

Vous pouvez vivre vos rêves et votre vie peut être belle.... Tout est sous votre contrôle.

Vivez votre vie avec INTENTION

Demain est un autre jour!

FOND DE ROCHE

"Même la nuit la plus sombre se terminera et le soleil se lèvera." - Rumi.

Parfois dans la vie, frapper «Rock-Bottom» peut être l'un des plus grands cadeaux de la vie, car frapper le fond du rocher réveille souvent la plupart des gens de leur sommeil et les amène à réévaluer leur vie pour changer ce qui doit être changé dans leur vie. vies.

C'est généralement un moment de correction de cap dans la vie de la plupart des gens, un moment où les gens découvrent souvent qu'ils ont été sur une mauvaise voie pour atteindre leurs objectifs de vie et que le chemin ne leur donne pas la satisfaction et l'épanouissement qu'ils désirent. À ce stade de la vie, c'est comme escalader la mauvaise montagne ou s'engager dans des activités de survie, et pour certaines personnes, c'est à un moment où les dures épreuves et les douleurs de la vie les sortent de leur sommeil et de leur vie médiocre. ils se rendent compte que leur vie peut être meilleure que ce qu'elle est.

Quand les choses vont bien, les gens ne changent pas, si les choses sont juste un peu mauvaises, les gens ne changent pas, ils continuent à s'adapter et à gérer la situation et à faire face pour survivre, mais lorsque votre vie touche le fond du ciel, le changement devient indispensable. Cependant, la question est de savoir pourquoi devons-nous attendre que nos vies touchent le fond ou que nos vies soient dans un état de chaos avant de pouvoir changer ce qui doit être changé?

Le fait est que les gens n'aiment pas changer, la majorité des gens aiment généralement le statu quo, ils préfèrent continuer à endurer la situation avec l'espoir que d'une manière ou d'une autre leur vie changera pour le mieux par miracle ou par magie, sans aucune action consciente de leur part pour faire naître le changement. D'un autre côté, d'autres personnes ne changent pas parce qu'elles ont peur du changement, et le changement inconnu pourrait entraîner. Ces personnes craignent le changement comme si le changement serait pire que la situation dans laquelle se trouve actuellement.

Habituellement, les gens changent de deux manières, soit dans un état de joie et d'inspiration, soit dans un état de douleur et de souffrance. La partie évidente est qu'à un moment de notre vie, le changement doit se produire, car nous devons tous changer quelque chose dans notre vie avant de pouvoir commencer à évoluer vers une meilleure version de nous-mêmes. Et cela ne peut se produire que de l'une ou l'autre de ces deux manières, et la façon dont le changement se produira est un choix qui dépend entièrement de nous.

Frapper le fond de la pierre est une indication de la nécessité d'une correction de cap dans nos vies, un changement de certaines habitudes, croyances, orientation ou direction de la vie, mais JAMAIS un panneau d'arrêt. Le fait de toucher le fond nous apprend certaines des leçons les plus importantes de la vie et nous donne également les compétences et l'humilité nécessaires pour naviguer dans le nouveau cours de la vie.

Souvent, pour la plupart des gens, après avoir émergé du fond du rock, ils trouvent des mots profonds et perspicaces sur la vie tels que:

"J'ai appris à garder Dieu dans ma vie, et Il m'a gardé humble" - Denzel Washington

"L'humilité, ce n'est pas penser moins à soi-même, c'est moins penser à soi" - C.S Lewis

"L'humilité est vraiment importante car elle vous garde frais et nouveau" - Steven Tyler

"Ayez plus d'humilité, rappelez-vous que vous ne connaissez pas la limite de vos propres capacités, réussies ou non, si vous continuez à vous dépasser, vous enrichirez votre propre vie - et peut-être même plaire à quelques inconnus" - A.L Kennedy

Frapper le fond est dur, c'est dur et peut être humiliant et solitaire. Parfois, la famille, les amis, les connaissances et les êtres chers peuvent vous abandonner, et partout où vous vous tournez pour obtenir de l'aide, peuvent être un mur de briques de frustrations et de déceptions, et vous sentez que tout va au sud sur vous. Vous pouvez même découvrir que les personnes que vous avez aidées ou soutenues d'une manière ou d'une autre quand tout allait bien avec vous, et vous pensiez qu'elles devraient pouvoir vous offrir de l'aide, mais il s'est avéré qu'elles ne se souciaient pas de ce que vous alliez. à travers maintenant. À ce stade, vous êtes seul, et les jours et la nuit semblent longs et très peu de choses ont à nouveau un sens.

C'est un état où vous commencez parfois à tout remettre en question sur vous-même, vos décisions, votre confiance, vos capacités, vos capacités et vos compétences, et vous commencez à vous sentir comme l'ombre de vous-même. À ce stade, c'est la vie qui gagne des centimètres sur vous, et vous découvrez que vous perdez des choses ou tout, et tout ce que vous touchez ou essayez de faire finit par aller vers le sud, le tout se soldant par une tentative ratée ou une autre grande déception. Cela peut être un moment extrêmement difficile et stimulant dans la vie, et souvent le temps, la plupart des gens ne survivent pas à ce moment, car ils manquent de force de caractère et de discipline pour rester calme quand tout semble hors de contrôle et déprimé.

Frapper le fond du rocher entraîne beaucoup de situations stressantes, et le stress pousse votre cerveau à sécréter du cortisol, une hormone qui vous fait prendre du poids et devient moins intelligent dans vos actions, mais c'est à ce moment précis que vous devez être à votre le meilleur. TD Jakes, a dit une fois que «le stress est un indicateur, il peut être un avantage et cela peut aussi être une faveur, cela vous aide à savoir que vous êtes à vos limites mais cela ne signifie pas que vous devez vous arrêter». signifie que vous devez changer quelque chose, «vous devez changer de structure, et vous devez changer votre stratégie pour faire face et sortir du fond.

Les moments sombres et solitaires du fond du rocher peuvent être assez frustrants et difficiles, et c'est le moment de la vie où il est le plus difficile de faire tout ce que vous devez faire pour vous sortir de cet état, mais si vous devez quitter le rock-En bas, vous devez discipliner votre esprit mental, et vous devez travailler le plus dur pour vous sortir de cette situation.

Au fond de vous, les gens pourraient se moquer de vous et ne pas vous soutenir, et vous vous retrouvez seul à chaque tournant de votre voyage hors du fond. Il est cependant temps de rester calme et de se rappeler que l'arbre qui a poussé en solitaire dans le champ est plus fort que l'arbre qui a poussé dans la forêt car, il doit développer des racines fortes et profondes et ne dépendre que de lui-même pour résister aux vents violents de la nature, tandis que l'arbre qui pousse dans la forêt a d'autres arbres sur lesquels s'appuyer pour obtenir de l'ombre et briser collectivement les vents forts de la nature.

Dans le livre «L'homme à la recherche du sens de Viktor Frankl», Viktor Frankl était un neurologue et psychiatre autrichien ainsi qu'un survivant de l'holocauste, qui a survécu à quatre camps de concentration nazis différents, mais a malheureusement perdu toute sa famille dans les camps. Il a dit qu'une chose clé qu'il a observée à maintes reprises dans tous les camps de concentration était: «La chose dont la plupart des gens meurent, dans les camps de concentration, c'est la perte d'un POURQUOI, le pourquoi de continuer à vivre face au plus absurde, situations douloureuses et déshumanisantes dans les camps de concentration.

En outre, a déclaré Frankl, il croyait que les gens sont principalement motivés par «un effort pour trouver un sens à sa vie» et que c'est ce sens du sens qui permet aux gens de surmonter des expériences douloureuses. En gros, lorsque nous perdons le sens de la vie, nous perdons l'essence pour survivre. Ainsi, alors que nous sommes au plus bas, nous devons encore nous accrocher à l'essence de la vie et à ce qui donne un sens à notre vie, car c'est la seule façon pour nous veulent sortir de la roche-bas.

Pour vraiment avoir un aperçu de la vie, examinons la vie sur les quatre pivots détaillés ci-dessous:

- La NATURE de la vie
- Le sens de la vie
- La VALEUR de la vie et
- Le BUT de la vie.

La nature de la vie est dans sa variabilité, selon Sir William Osler «La variabilité est la loi de la vie, car il n'y a pas deux visages identiques, aucun corps ne se ressemble et aucun individu ne réagit et ne se comporte de la même manière dans les conditions anormales que nous connaissons comme une maladie. » Comme souvent dit, nous avons tous la même histoire mais des détails différents, les différents détails de nos vies découlent de la nature de la variabilité de la vie, nous avons tous des expériences de vie différentes et uniques et nous continuerons à expérimenter cette nature dynamique de la vie parce que de la variabilité de la vie.

Le sens de la vie son adaptabilité, car nos expériences de vie sont variées et continueront de se dynamiser, notre vie a tendance à avoir un sens lorsque nous sommes capables de nous adapter à cette nature dynamique de la vie, et c'est par ce processus d'adaptation à la nature que nous commençons pour développer une compréhension plus profonde de la nature et du sens de la vie en soi.

La valeur de la vie sa «progressibilité» notre vie a de la valeur quand il y a un progrès dans nos vies. Lorsque nous pouvons faire plus de notre vie, nous sommes en mesure de donner plus et de partager plus, notre vie devient plus précieuse pour nous et pour les personnes que nous avons un impact et transformer leur vie.

Le but de la vie dans sa perfectibilité, l'essence de la vie est de toujours s'efforcer d'améliorer continuellement, devenant continuellement une meilleure version de nous-mêmes, et de cette façon, nous sommes en mesure d'avoir un meilleur impact sur notre monde et aussi être en mesure de rendre ce monde un peu mieux que nous l'avons rencontré. Par conséquent, quand un homme perd le POURQUOI de son existence, il perd tous ces attributs de la vie, et la vie devient sans espoir et vide.

Fredrick Nietzsche a dit un jour, si vous avez un pourquoi, vous pouvez survivre presque de toute façon, car vous pouvez toujours changer la façon dont vous pensez à quelque chose. Et lorsque vous changez votre façon de penser à quelque chose, vous changez en fait l'événement, et il a maintenant une signification entièrement nouvelle. C'est le pouvoir de l'esprit humain, et lorsque vous libérez le pouvoir de l'esprit humain, vous débloquez une vie sans limitation. Ainsi, nous pouvons toujours trouver la raison de nous accrocher à l'essence de la vie quelle que soit la situation dans laquelle nous nous trouvons dans la vie, tout est dans notre état d'esprit.

Selon le Dr Wayne Dyer, «lorsque vous changez votre façon de voir les choses, les choses que vous regardez changent», cela veut donc dire que dans n'importe quelle situation, nous pouvons toujours changer ce que nous voyons, et ce sur quoi nous nous concentrons dans la vie est généralement ce sur quoi nous avons tendance à comprendre, parce que nos yeux sont comme un pointeur pour notre esprit, ce que nous voyons est ce à quoi nous avons tendance à penser et à nous attarder.

Lorsque vous touchez le fond, il peut être difficile d'essayer de rester concentré et de maintenir la motivation, mais c'est quelque chose qu'il faut faire, car toucher le fond peut faire perdre à quelqu'un la nature, le sens, la valeur et le but. de la vie. Et c'est aussi le moment où il faut rester le plus ferme.

Comme le légendaire pilote Chuck Yeager, le premier homme à franchir le mur du son a dit une fois lors d'une conférence de presse après avoir accompli l'exploit remarquable, un journaliste lui a demandé ce que cela faisait de briser le mur du son. Il a répondu que lorsque vous êtes sur le point de franchir le mur du son, c'est lorsque le cockpit tremble le plus. Donc, la plupart du temps, c'est au plus bas niveau que les choses deviennent les plus difficiles et les plus difficiles, mais c'est aussi le moment dont vous avez le plus besoin pour maintenir la discipline et vraiment maîtriser vos émotions.

Cependant, frapper le fond de la pierre peut parfois être une bénédiction parce que le fond de la pierre vous apprendra les leçons que le sommet de la montagne ne fera jamais, le fond de la montagne vous montrera à quel point vous êtes vraiment fort, et le fond de la pierre est la base pour que vous vous leviez et commencez à créer une toute nouvelle vie pour vous-même.

Lorsque vous êtes au plus bas, les leçons de fond, calmeront votre âme, et vous deviendrez très attentif aux leçons, aux vibrations et au sens de tout ce qui vous entoure, vous développerez une compréhension profonde de la vie, sa nature, sa signification, sa valeur et son but, et à ce stade, vous commencerez à voir les raisons des leçons que vous traversez au plus bas, et comment tout cela s'additionne et où cela vous mène. En outre, vous commencerez à voir les possibilités et les choses que vous devez continuer à faire pour sortir de votre fond.

De plus, au plus bas, vous êtes déjà à votre point le plus bas et les deux seules options auxquelles vous êtes confronté sont soit de choisir de rester à ce point le plus bas, soit de monter. C'est comme une situation où vous choisissez de couler ou de nager. Si vous choisissez de couler, c'est-à-dire de rester au fond du rocher et de ne rien faire, alors vous coulerez en effet comme une tonne de plomb. Cependant, si d'un autre côté vous choisissez de nager, ce qui se passe, c'est que vous vous surprendrez à développer d'incroyables compétences en natation, même si cela va être difficile, mais vous découvrirez que tout et l'univers commenceront à coopérer avec vous, et les choses vont commencent progressivement à se mettre en forme.

À ce moment bas, lorsque vous décidez de nager et que vous décidez où voulez-vous que votre vie aille et quel prix êtes-vous prêt à payer pour y arriver, il n'y aura pas de bonne ou de mauvaise réponse à la quantité de travail que vous devez faire. mis à votre disposition pour vous sortir du fond de la pierre, car le choix de ce que vous voulez pour votre vie dépend entièrement de vous, et quelle que soit la vie que vous voyez par vous-même, la valeur correspondante du paiement que la vie collectera, et il n'y a pas de paiement par versements ou facilités de crédit, les paiements doivent être effectués en totalité et à l'avance.

Essentiellement, c'est votre décision et tout votre choix, et cela dépend des efforts que vous êtes prêt à déployer pour sortir votre vie du fond de la pierre, et une fois que vous commencez à exécuter ces décisions en actions, le seul autre moyen est UP , sortir du fond du rocher, et quand vous vous élevez, vous vous élevez entre les belles mains de Dieu, vous vous élève avec un nouveau but, et vous vous élève comme une nouvelle personne, une personne plus forte, une meilleure personne avec une expérience de vie plus riche, et avec une compréhension plus profonde de la valeur du succès et des leçons de l'échec.

De plus, comme un papillon sortant de son cocon sombre ou comme un aigle prenant son premier vol après la renaissance, vous émergez dans un monde magnifique dans un état mental clair, avec une concentration et une clarté intenses sur votre but de vie, vos objectifs et les étapes de l'action. que vous devez prendre pour commencer à vous déplacer vers la réalisation de vos objectifs et aussi pour maintenir le succès.

L'expérience du fond du rocher vous apprendra les faits concrets de la vie et façonnera votre pensée et vos perspectives sur la vie. Cela vous aidera à définir correctement vos priorités et vous fera comprendre que vous ne faites pas des choses qui ne vous servent pas, vous venez en premier. Et pour jouer sur la scène mondiale, vous devez vous juger et être responsable envers vous-même.

L'expérience de Rock-Bottom vous rendra également humble et vous gardera probablement humble. De plus, cela vous aidera à mieux apprécier les petites choses de la vie autour de vous et le don de la nature auquel vous ne pensez pas, n'appréciez pas ou ne vous rappelez pas de rendre grâce.

Un exemple, combien de fois il est, que nous ne pensons même pas à la quantité d'énergie et au temps qu'il faut pour faire pousser une carotte, nous l'achetons simplement à l'épicerie sans trop réfléchir à ce qu'il faut pour faire pousser la carotte. Mais lorsque vous cultivez votre propre carotte et que vous comprenez le temps qu'il faut pour mûrir et toutes les choses que vous devez faire pour la nourrir jusqu'à la maturité qui sont hors de votre contrôle, vous serez certainement reconnaissant lorsque vous récolterez le légume.

Alors, n'ayez pas peur d'essayer et d'échouer ou de frapper le rock-bas, c'est un chemin pour devenir un MEILLEUR VOUS, et c'est le chemin du succès, après tout quel sera le sens du succès sans les leçons de l'échec?

Albert Einstein a dit un jour, l'échec est le succès en devenir, et si vous n'échouez pas, vous n'apprenez pas parce que c'est au moment de l'échec que nous apprenons le plus et que nous nous développons le plus. C'est en période d'échec que nous développons la force de caractère, la ténacité, la persévérance et le courage qui nous façonnent dans une meilleure version de nous-mêmes. C'est également en période d'échec que nous développons la compréhension de la vraie valeur du succès.

Alors, ne vous laissez pas décourager par la peur de l'échec, les leçons de l'échec sont inestimables, et cela peut parfois être une bénédiction déguisée.

Vivez votre vie avec INTENTION

Demain est un autre jour!

VOUS DETERMINEZ VOTRE LIMITE

"Pour le pessimiste, le verre est toujours à moitié vide mais pour l'optimiste le verre est toujours à moitié plein"... Jim Rohn

Réfléchissez aux perspectives contrastées de ces deux groupes, bien que ce soit le même verre avec la même quantité de contenu, mais l'un le voit à moitié plein et l'autre le voit à moitié vide, la différence de ces perspectives divergentes réside dans leur état d'esprit, leurs schémas de pensée et la façon dont ils voient la vie, ce qui est essentiellement ce qui motive tout ce qu'ils choisissent de faire ou de ne pas faire dans leur vie, et ce sont ces actions ou inactions sur les problèmes, les opportunités de la vie et les défis qui déterminent le succès ou l'échec en la vie.

Rien ne se passe dans la vie par hasard, accident ou chance, ne pas agir sur les opportunités de la vie ne mènera à rien d'autre que le vide et cela en soi est un échec. Prendre les mauvaises actions sur les opportunités de la vie mènera également à l'échec, mais prendre les bonnes actions sur les opportunités de la vie et être cohérent avec de telles actions positives peut conduire au succès dans la vie, et le mot clé ici est «peut» car faire les bonnes choses seul sera pas conduire au succès, mais vous devez être capable de faire la bonne chose à chaque fois pendant une longue période de temps, et aussi éviter de faire les mauvaises choses, puis un jour le succès viendra sûrement.

Cependant, être cohérent pour faire les bonnes choses et faire les mauvaises choses ne donnera pas de succès, il faut donc être prudent, conscient et intentionnel de toujours faire les bonnes choses, car le chemin du succès dans la vie est rempli de défis, de douleur, déceptions et échecs, il faut donc travailler dur et éviter consciemment ces pièges à échecs pour trouver le succès qui est souvent caché dans le labyrinthe des échecs, des douleurs et des déceptions.

La question est la suivante: pourquoi certaines personnes choisissent-elles d'être pessimistes sur tout ce qui se passe dans leur vie et d'autres optimistes quant à la vie et à toutes les opportunités et potentiels qui les entourent? Un exemple, imaginez deux personnes regardant le même scénario, il est possible que l'un puisse voir le potentiel dans les défis et l'autre seulement sombre, la question est pourquoi?

Un conte célèbre sur un tel scénario était le cas de deux vendeurs travaillant pour une entreprise de chaussures, tout en essayant d'étendre leur marché dans un nouveau territoire, le premier vendeur est arrivé sur une île et a découvert que les habitants de l'île ne portent pas de chaussures et après avoir observé pendant des jours cette tendance partout sur l'île, il a rappelé à son siège social pour annuler la commande d'expédition proposée vers l'île car personne ne porte de chaussures sur cette île et les ventes peuvent être pratiquement impossibles, voire nulles.

Quelques semaines plus tard, l'autre vendeur est arrivé sur la même île et a observé la même chose que le premier vendeur, que personne ne porte de chaussure sur l'île, il a rappelé à son siège social et a demandé que sa commande de chaussures pour l'île soit doublée, lorsqu'on lui a demandé pourquoi, il a répondu, parce que personne ne porte de chaussures sur cette île, alors je vois un énorme potentiel pour vendre beaucoup de chaussures sur cette île.

Considérant attentivement ce scénario, c'est le même défi que les deux vendeurs ont rencontré, mais l'un a vu une impossibilité et l'autre une possibilité. Et cela est vrai de presque tout dans la vie. Face au même problème, certaines personnes choisiront de voir les opportunités déguisées en problème tandis que d'autres choisiront de voir l'impossibilité, les obstacles, la douleur et les épreuves dans le problème, et parce que c'est ce qu'est la compréhension et l'interprétation du problème. scénario dans leur esprit, ils continuent à agir conformément à leur compréhension et choisissent ensuite de ne rien faire à ce sujet, ou encore d'aller de l'avant pour aborder le problème, mais avec un état d'esprit défaillant.

Cependant, l'autre groupe qui a vu les opportunités déguisées dans le problème abordera le scénario avec un état d'esprit positif et une «attitude positive», et ils continueront à travailler dur pour résoudre le problème et ils gagneront. L'autre groupe avec un état d'esprit d'échec passera rapidement des commentaires pour rabaisser le travail acharné du succès pour annexer l'opportunité au problème, mais veut plutôt donner l'impression que quelque chose de magique ou de chance était en jeu et ils continuent. pour dire des choses comme "j'y ai pensé aussi ou je l'ai essayé aussi mais ça n'a pas marché, il a dû obtenir de l'aide de quelque part, peut-être qu'il avait juste de la chance, son succès est en fait un mystère".

Comme souvent dit, «toutes choses sont mystérieuses quand elles ne sont pas comprises», le mystère est un autre nom de l'ignorance, une fois qu'on le comprend, ce n'est plus un mystère. Et tout comme Hans Shelly l'a dit, "adopter la bonne attitude peut transformer un stress négatif en un stress positif." L'échec engendre souvent le mépris, les personnes qui échouent ont tendance à toujours vouloir rabaisser le succès des gagnants comme de la chance ou quelque chose d'autre responsable de leur succès, et c'est parce que le succès des autres leur expose leurs carences, leur incapacité et leur paresse.

La raison pour laquelle deux personnes différentes peuvent regarder la même chose ou être témoins du même événement et proposer des interprétations différentes est due à leur état d'esprit. Cela est essentiellement dû à ce qu'ils ont programmé leur esprit pour voir et comment ils ont programmé leur esprit pour fonctionner. Il existe essentiellement deux types d'état d'esprit, un état d'esprit FIXE et un état d'esprit CROISSANCE.

Si vous avez conditionné votre esprit à un état d'esprit fixe, vous ne grandirez ni ne vous améliorerez jamais, car tout ce que vous verrez autour de vous, ce sont les impossibilités dans les choses, la rareté et les insuffisances. Vous ne verrez jamais le potentiel ou les côtés positifs de quoi que ce soit, vous ne verrez jamais la possibilité dans une situation apparemment impossible, car vraiment il n'y a rien de tel que l'impossibilité, c'est seulement impossible jusqu'à ce que quelqu'un le fasse, une fois que c'est fait, ce n'est pas plus impossible. Et le fait de la vie est que nous ne sommes limités que par nous-mêmes, une fois que nous enlevons le capuchon de notre esprit, nous pouvons devenir sans limites.

Il y a deux scénarios à propos de chacun de nous, c'est soit vous êtes né avec trop, soit vous êtes né avec trop peu, et les deux ont leurs forces et leurs faiblesses. Les personnes nées dans une famille pauvre peuvent se considérer moins chanceuses que celles nées dans une famille riche, mais c'est un mythe qui a été démystifié individuellement par les faits statistiques de la tendance des riches dans le monde.

Statistiquement, quatre-vingts pour cent des millionnaires mondiaux sont autodidactes, ce qui prouve qu'il y a une grande force à naître avec peu ou pas assez. De plus, les personnes nées avec trop de ressources pourraient avoir une longueur d'avance dans la vie et gagner facilement des progrès accélérés, ce qui en soi est une force, mais qui peut aussi être une faiblesse.

Tout est dans notre état d'esprit, ce que nous choisissons de voir dans la vie et comment nous choisissons de le voir. Ce que nous pensons de nous-mêmes lorsque nous sommes seuls. Fondamentalement, les vérités personnelles que nous avons créées ou choisies de croire à propos de nos vies, ce sont les croyances qui guident tout ce que nous faisons dans la vie, et ce sont elles qui déterminent essentiellement pourquoi une personne réussit et l'autre un échec. Ainsi, le succès dans la vie est auto-fait, et l'échec dans la vie est également auto-fait.

L'ironie est l'échec de ne pas voir cette perspicace, ils sont prompts à pointer du doigt ou à donner des excuses quant à la raison pour laquelle ils échouent, pour eux c'est toujours quelqu'un ou quelque chose responsable de leur échec dans la vie.

Il est cependant étonnant que vous entendiez des gens qui réussissent parler fièrement de leur succès et du chemin de leur réussite, ils parlent d'être responsables de leurs actions qui ont produit les résultats qui leur ont donné le succès, ... ils sont autodidactes! Mais vous n'entendez jamais aucune personne qui échoue se qualifier d'elle-même, elle n'assume jamais la responsabilité de ses actions et de ses inactions qui produisent des échecs sur leurs objectifs qui se résument à leur vie infructueuse.

Le fait est que les gens qui réussissent ont échoué beaucoup plus que les gens qui n'ont pas réussi dans la quête de leurs objectifs et de leurs rêves, la seule différence est que lorsque le succès a échoué, ils n'ont pas abandonné, ils ont absorbé les échecs, en ont appris et continuent à repousser les limites jusqu'à ce que ils reussissent.

Notre vision de la vie détermine tout dans nos vies, car c'est l'aperçu des attractions à venir. C'est l'observation dans notre esprit de la vie future que nous pouvons créer pour nous-mêmes, et franchement, c'est ce que notre esprit voit que nous pouvons donner vie. Personne ne peut ou n'a jamais dépassé la vision de son esprit parce que vous devez le voir dans votre esprit avant de pouvoir commencer à le créer. Et ce que nous voyons avec notre esprit conduit notre croyance et tout ce que nous choisissons de faire ou de ne pas faire.

Même le livre saint a noté que mon peuple périt faute de vision. Donc, là où il n'y a pas de vision, il n'y a pas de progrès, et là où il n'y a pas de progrès, il ne peut y avoir que régression dans une telle vie. Et une vie en régression perpétuelle ne peut guère produire rien de positif, et elle ne peut pas non plus avoir un impact positif sur le monde.

Le pessimiste, le plus souvent, vit dans un état perpétuel de régression et de malheur. Lorsque les gens conditionnent leur esprit à toujours rechercher les imperfections des choses, à toujours trouver des défauts ou des raisons pour lesquelles quelque chose ne fonctionnera pas, pourquoi cela échouera ou pourquoi cela sera impossible, alors, c'est tout ce qu'ils verront, impossibilités, échecs, etc. Ils ne verront jamais les possibilités et l'espoir, mais plutôt les négatifs et de telles vies ont tendance à être dépourvues d'espoir. Et une vie remplie de désespoir devient une vie de misère, de tristesse et de frustrations, car l'expression «comme attire comme» est absolument vraie dans tous les domaines de notre vie.

Nous attirons dans nos vies, ce que nous sommes, nos vies et la situation en elle est une somme totale de qui nous sommes. Si nous sommes meilleurs que qui nous sommes, notre vie sera meilleure que ce qu'elle est. Par conséquent, si nous voulons que nos vies soient meilleures que ce qu'elles sont, nous devons d'abord nous changer pour être meilleures que ce que nous sommes, et à mesure que nous continuons à changer qui nous sommes, notre vie continuera de s'améliorer. Si nous changeons, nos vies changeront!

Comme l'a dit un jour Jim Rohn, "le pauvre pessimiste mène une vie laide, il n'essaie pas de comprendre ce qui est juste, il essaie toujours de comprendre ce qui ne va pas". Lorsque vous vous concentrez sur la recherche du mal, vous verrez toujours le mal car une réalité de la vie est qu'il y a tellement de torts dans ce monde, rien n'est jamais parfait, la vie elle-même change continuellement, elle est dans un état d'amélioration continue . Ainsi, lorsque le pessimiste est toujours à la recherche des torts, des imperfections, il y a de fortes chances qu'il en trouve toujours beaucoup. Et parce qu'ils sont absorbés par la recherche des imperfections, ils finissent par manquer le bien de la vie et les énormes opportunités potentielles de sable qui abondent au milieu de ces imperfections.

En outre, parce que les échecs ne parviennent pas à voir les potentiels et les opportunités qui les entourent au milieu de toutes les imperfections et problèmes de notre monde, ils ratent l'occasion de trouver des solutions créatives pour annexer les opportunités déguisées en problèmes, puis de livrer cela. en tant que produits ou services qui pourraient transformer positivement les expériences humaines dans ce monde, et dans le processus trouver l'épanouissement et aussi la richesse pour eux-mêmes et leurs proches.

Fait intéressant, parce que le cynique regarde toujours le côté négatif des choses, il ne fait jamais l'effort conscient de s'améliorer lui-même, mais focalise plutôt son attention sur les torts et les inconvénients, et les choses que les autres ne font pas bien ou ne font pas. du tout. Ils ne se regardent jamais à l'intérieur d'eux-mêmes, et ils n'ont jamais une compréhension consciente de leur état et de leur état d'esprit, mais ils croient toujours que les raisons de leurs difficultés de vie viennent des autres et non d'eux-mêmes. De plus, ce sont les autres personnes qui doivent changer pour s'adapter à elles. Ils ne comprennent pas que ce sont eux qui doivent changer pour s'adapter au monde, le monde ne fait pas acception de personne et en tant que tel, le monde ne s'arrêtera pas ou ne s'adaptera pas à quiconque pour prospérer, nous nous adaptons plutôt au monde auquel réussir et prospérer.

Nous devons comprendre le monde, les tendances, la dynamique politique, le cadre juridique, les tendances socioculturelles, les progrès économiques, environnementaux et technologiques pour comprendre et annexer les opportunités dans notre monde. Nos objectifs et nos rêves ne peuvent réussir que s'ils sont adaptés au monde, c'est-à-dire que c'est ce que le monde veut, et non ce que nous voulons et attendons que le monde s'adapte à nous.

Les échecs croient généralement que le monde devrait s'adapter à eux, plutôt que de devoir s'adapter au monde, et cela peut généralement être classé comme la pensée d'hommes irréalistes, qui aiment jouer la victime, et ceux qui croient toujours en avoir besoin. être aidés dans leur cheminement de vie avant de pouvoir réussir. Ils n'ont pas compris que le monde ne doit rien à personne, et le monde ne pense pas que quiconque est spécial, ce n'est pas que le monde est cruel, mais c'est juste la façon dont le monde est.

En outre, un fait clé de la vie est que le monde ne donnera à personne ce qu'il ne mérite pas, le monde ne se livrera qu'aux personnes qui le méritent. Essentiellement, nous obtenons du monde ce que nous sommes, non pas ce que vous pensez que nous méritons, mais ce que nous sommes. Donc, si vous voulez plus de la vie, changez qui vous êtes et soyez meilleur, et la vie s'abandonnera davantage à vous.

De plus, lorsque le pauvre pessimiste regarde par la fenêtre, il ne voit pas le coucher de soleil, la beauté de la nature autour d'elle, les arbres, les oiseaux dans le ciel etc., mais ne voit que les spécifications sur la fenêtre, et il ne voit pas essayez de chercher la vertu, mais cherche les défauts et quand il la trouve, il est ravi et se sent justifié. Justifié de trouver des fautes, justifié de voir les imperfections des autres, alors qu'il est en fait couvert de tant d'imperfections que les personnes qu'il regarde.

Au fait, qui dit que nous sommes parfaits? nous sommes tous des travaux en cours, marchant sur le chemin de devenir une meilleure version de nous-mêmes. Il est étonnant de voir comment les pessimistes consacrent leur temps, leurs efforts et leur énergie à des activités inutiles sans valeur ajoutée et à des problèmes sans conséquence qui n'ajoutent aucune valeur à leur vie, juste pour justifier leur mode d'existence.

Le fait est que le cynique ne comprend pas qu'il existe trois sortes de vérité selon Neil de Grasse Tyson:

- ·   Vérité personnelle
- ·   Vérité politique et
- ·   Une vérité objective qui façonne notre monde.

Au contraire, le cynique ne vit que dans un monde de sa vérité personnelle construite, de ce qu'il croit sur lui-même, en jouant au jeu de la victime, en croyant que la vie n'est pas juste pour lui, et c'est la faute des autres pourquoi ils sont là où ils sont dans la vie, et en tant que tels, en raison de cette pensée myope, ils passent à côté de toutes les autres perspectives de la vie. Essentiellement, ils en savent un peu sur eux-mêmes, leur vie et le monde qui les entoure, mais pas assez pour savoir et comprendre qu'il y a encore tant de choses qu'ils ne savent pas et qu'ils manquent de perspectives précieuses sur les problèmes et la vie en général.

Friedrich Nietzsche a écrit un jour: «ceux qui ont été vus danser, ont été considérés comme fous par ceux qui ne pouvaient pas entendre la musique.» Cette citation a souvent été interprétée comme «ne pas comprendre quelque chose ne signifie pas que vous pouvez le rejeter ou minimiser le problème, et qu'il n'y a pas un seul bon mode de vie »parce que la vie est ce que nous en faisons en tant qu'individus, et le succès dans la vie est ce que nous définissons comme le succès pour nous-mêmes.

C'est généralement le concept d'avoir un état d'esprit réussi, croyant que notre chemin vers le succès dans la vie nous est personnel, et tout ce que nous devons faire pour trouver notre chemin unique vers le succès dans la vie est de suivre notre boussole intérieure qui est le non- partie rationnelle de nous, qui ne peut être correcte que pour nous guider vers notre destination de succès.

Une question courante que beaucoup de gens se posent est la suivante: comment trouver et suivre ma boussole intérieure? Pour y répondre, examinons un concept jadis partagé par le Dr Wayne Dyer, sur "Le secret de la brise du matin", il a dit que nous nous rendrons compte qu'à un moment de notre vie, nous nous réveillons toujours entre 3h00 et 3h00: 40 heures du matin, et pour la plupart des gens lorsque cela se produit, ils ont tendance à se lever et à dire qu'il est juste 3 heures du matin et à aller aux toilettes ou simplement à se rendormir. Mais en fait, c'est à ce moment que notre corps est le plus fidèle à lui-même, dans lequel il n'y a pas de distractions. C'est probablement le meilleur moment pour réfléchir à notre âme, pour nous poser des questions profondes et essayer d'acquérir une compréhension plus profonde de nous-mêmes, de nos forces, nos faiblesses, nos croyances et notre orientation vers la vie, c'est l'état d'esprit des apprenants et c'est un bien il est temps de découvrir sa boussole intérieure!

Ceux qui ne réussissent pas, n'ont pas l'état d'esprit des apprenants et un état d'esprit pour s'améliorer, ils supposent qu'ils savent tout et sont prompts à rejeter ce qu'ils ne savent pas comme faux ou incorrect, comme Neil deGrasse Tyson a dit «ils en savent juste un peu sur la vie mais pas assez pour savoir qu'il y a encore tant de choses qu'ils ne savent pas sur la vie. "Et à cause de cet état d'esprit myope, ils ratent l'occasion d'apprendre et d'enrichir leurs connaissances et d'en découvrir

plus sur eux-mêmes et sur ce monde incroyable qui est le nôtre
.

Robert Kiyosaki, l'auteur du très acclamé Rich Dad Poor Day, a dit un jour: «Une question ouvre l'esprit tandis qu'une déclaration ferme l'esprit.» Un état d'esprit qui cherche à apprendre pose des questions, et c'est cet état d'esprit qui obtient des réponses et l'état d'esprit qui a le plus de chances de réussir dans la vie. Alors qu'un cynique cherche toujours l'opportunité d'une déclaration, il pense qu'il sait déjà et pense seulement que ses propres perspectives existent ou sont correctes, mais le fait tel que posé par Ahmed Al Shareefis "il n'y a pas de bonnes ou de mauvaises réponses, il n'y a que des perspectives et un point de vue »et cela est généralement influencé par nos croyances et la société dans laquelle nous vivons.

Être pessimiste ou optimiste est donc un choix comme pour tout dans la vie, et souvent nos choix dans la vie découlent de nos croyances qui s'acquièrent avec le temps. Et tout comme nous avons appris certaines croyances négatives, nous pouvons également les désapprendre, il est en notre pouvoir de faire le choix et tout est sous notre contrôle.

Par conséquent, surveillez votre attitude et faites un effort conscient pour changer ce qui doit être changé, vous ne pouvez pas vivre la vie avec désinvolture, vous devez éviter une vie de regret et une vie infructueuse.

Ne soyez pas pessimiste, changez votre pensée et changez votre VIE!

Vivez votre vie avec INTENTION

Demain est un autre jour!

L'INTENTION EST LA DIRECTION

«L'intention est l'une des forces les plus puissantes qui soient. Ce que vous entendez quand vous faites une chose déterminera toujours le résultat. La loi crée le monde. » - Brenna Yovanoff

Au réveil, la première chose à faire est de rendre grâce pour la vie, pour une bonne santé, pour vos proches et tout ce qui est beau et bon dans votre vie. Donnez de la gratitude pour la belle vie, appréciez la beauté de la nature, l'air que vous respirez, la terre sous vos pieds, les arbres autour de vous, les oiseaux dans l'air et tout ce qui vous entoure qui rend votre vie entière et complète.

La première chose à faire est de NE PAS décrocher votre téléphone pour vérifier Facebook, Instagram, WhatsApp, Twitter, etc., ce n'est pas une vie de gratitude, qui permet à d'autres personnes de programmer votre esprit et votre journée. Ce sont d'autres personnes qui définissent le déroulement de votre journée, vous mettant en mode réactif perpétuel aux stimuli qu'ils émettent dans le monde qui vous entoure et que vous prenez dans votre propre vie consciemment ou inconsciemment qui finissent en quelque sorte par influencer. comment votre journée se passera finalement.

Traverser la vie de cette façon, ce n'est pas vivre votre vie, mais vivre la version de la vie des autres comme la vôtre, penser et réagir le long de leurs propres pensées, que les pensées qu'ils émettent soient bonnes ou mauvaises, insensées ou sensées . Et en plus, ce sont les pensées des autres et pas les vôtres, et en tant que telles, elles ne sont pas originales pour vous, mais quelque chose que vous avez choisi au hasard sans trop de pensées, de sérieux et de concentration.

En raison de la prolifération d'Internet et des médias sociaux, tant de pensées et d'opinions divergentes sont constamment bombardées dans les vagues des médias sociaux qui, en plus de programmer l'esprit des gens sur des choses arbitraires, créent également une énorme vague de distractions. Par conséquent, il devient de plus en plus difficile, voire presque impossible, pour les gens de rester concentrés sur quelque chose de significatif dans leur vie pendant assez longtemps pour en faire un succès, sans l'une de ces formes de distraction ou une autre, sauf que vous les excluez consciemment.

TD Jakes a dit un jour: «notre génération est maintenant plus occupée que les générations précédentes», mais le fait est que parce que nous sommes plus occupés ne signifie pas que nous sommes efficaces, que nous sommes occupés à être occupés, à gravir la mauvaise montagne ou à nous occupation de survie.

Notre monde est rempli de nombreuses choses sans valeur ajoutée, comme les milliards de tweets sur les réseaux sociaux qui ne servent que d'une manière ou d'une autre à divertir et combler le vide dans la vie de certaines personnes, mais ils restent extrêmement distrayants et font perdre du temps.

Lorsque vous vous réveillez, réveillez-vous avec INTENTION et déterminez comment vous voulez que votre journée se déroule, puis poursuivez-la avec tout votre esprit, toute votre attention et toute votre énergie, et souvent au fur et à mesure que vous planifiez votre journée, ainsi cela ira. Vous découvrirez que vous créez les éléments constitutifs du succès et que vous donnez vie à l'expérience que vous souhaitez créer dans votre vie.

Votre vie deviendra authentique et productive, car vous êtes essentiellement en train de créer et de planifier votre vie, et avec chaque jour qui passe, vous commencerez à voir des changements dans votre façon de penser et comment vous agissez, et généralement comment vous vivez. Et votre vie commencera à devenir significative, car vous commencerez à avoir un jour productif après l'autre et l'impact de ces petites actions que vous prenez jour après jour commencera à se faire sentir et à devenir visible et clair dans votre vie.

L'intention conduit au succès et non à la chance, personne n'a jamais gravi une montagne par chance, il faut l'intention de monter, il faut l'intention d'aller à l'encontre de la force de gravité, il faut l'intention d'aller contre l'échec et une vie ordinaire, il faut l'intention de réussir, et il faut l'intention de réaliser tout ce qui vaut la peine d'être accompli, car la vie ne se produit pas par accident, elle n'arrive qu'avec intention.

Tout dans la vie tend vers un état d'entropie selon la deuxième loi de la thermodynamique, il faut donc de l'intention et de l'énergie pour planifier, organiser et mettre les choses dans un ordre ordonné pour créer une chaîne de valeur sur un concept et finalement réussir.

Considérez l'univers, notre univers est une structure ordonnée élaborée à de nombreux niveaux différents, il n'y a pas de désorganisation dans l'univers, c'est pourquoi les astronomes peuvent lire la position des étoiles, les anciens voyageurs du temps suivent les départs pour naviguer sur leur chemin. De plus, dans la nature, l'énergie est utilisée pour atteindre et maintenir un état ordonné, les structures et modèles ordonnés sont les conduits par lesquels l'énergie circule dans la nature, et lorsque nous violons cet ordre, il y a le chaos. Et il en va de même pour nos vies, nos vies doivent être ordonnées, et il faut de l'intention et de l'énergie pour maintenir continuellement un état d'ordre dans nos vies, et lorsque nous violons cet ordre, il y a un désordre qui aboutit au chaos.

Pour réussir dans la vie, vous devez courir après la vie que vous voulez et continuer à courir après elle. Si vous n'avez pas de direction pour votre vie, vous n'arriverez JAMAIS parce que l'intention détermine la direction. Et une fois que vous avez identifié la direction de votre vie, poursuivez-la avec INTENTION et commencez à créer la vie que vous voulez vraiment.

Bien qu'une INTENTION elle-même ne fasse pas bouger les choses, mais INTENTION vous aidera à définir la direction. Ainsi, lorsque vous définissez votre intention pour la journée, vous devrez poursuivre cette INTENTION avec tout votre esprit, votre cœur et chaque once de force en vous. Cela va être difficile, cela va être difficile et stimulant, mais si vous gardez votre concentration, maintenez votre motivation et continuez à travailler vers votre intention, alors avec le temps, vous arriverez et vous atteindrez votre objectif.

Parfois, même après avoir travaillé dur, on peut encore échouer, car l'échec en soi est un chemin vers le succès, et la plupart des gens qui ont réussi dans leur métier ont tous rencontré une forme d'échec, parfois de nombreux échecs et même une dépression nerveuse.

Pour le succès cependant, l'échec est une leçon sur ce qu'ils ne savaient pas ou ce qu'ils ne font pas bien, l'échec rend les gagnants plus forts et plus affamés de continuer à poursuivre leurs objectifs et de continuer à s'améliorer, en travaillant plus dur et plus intelligemment, mais pas cesser de fumer jusqu'à ce qu'ils atteignent leur objectif.

Lorsque les gagnants rencontrent un échec, c'est pour eux une leçon, un obstacle qu'ils doivent surmonter sur leur chemin vers le succès. De plus, les gagnants voient l'échec comme un succès en cours, comme l'a déjà noté Albert Einstein.

Pour réussir, l'échec est la voie du succès et l'un des éléments constitutifs du succès. De plus, l'échec est un carburant qui alimente leur passion, celle de s'améliorer, de grandir et de réussir. Ainsi, lorsque l'échec survient, les gagnants n'abandonnent pas en raison de leur motivation intérieure et de leur persévérance, ils sont intrinsèquement motivés et ils comprennent que le chemin du succès n'est pas seulement parsemé d'échecs, mais rempli d'échecs mais seulement repéré par le succès. Par conséquent, la capacité d'absorber l'échec est un attribut clé des gagnants, car sur le chemin du succès, il y aura de nombreux échecs, ils doivent donc être en mesure d'absorber l'échec après l'échec et de persévérer, et de ne pas abandonner, mais continuer à rester concentré sur la vision.

Un attribut clé du succès est que les gens qui réussissent savent où ils vont et c'est pourquoi ils y parviennent. Ils sont clairs sur leur objectif et visiblement clair sur ce qu'ils doivent faire pour atteindre leur objectif. Les gens qui réussissent sont clairs sur leurs objectifs parce qu'ils RECHERCHENT la clarté, ils ne l'ont pas seulement obtenu, mais ils l'ont recherchée.

En outre, ils savent qu'en cours de route, il y aura des obstacles, des défis et des difficultés, mais comme ils sont assez clairs sur leur objectif et les mesures à prendre pour atteindre leurs objectifs, ils continuent de passer même en cas d'échec. , ils absorbent l'échec, en tirent des leçons et utilisent la leçon pour s'améliorer davantage.

Cela s'appelle adopter l'état d'esprit de l'apprenant, ce qui est une chose que les gens qui réussissent ont le plus que ceux qui ne réussissent pas. Les échecs ont un état d'esprit catastrophique qui leur fait voir l'échec comme une fin, une impossibilité et un panneau d'arrêt, et en tant que tels, ils s'arrêtent.

Les gens qui réussissent développent un état d'esprit clair sur leurs objectifs et ce qu'ils doivent faire pour y parvenir, ils comprennent que sans clarté, il n'y a pas de direction. Imaginez que vous essayez de voyager vers une destination que vous n'avez pas été auparavant et que vous ne savez pas comment vous y rendre, vous n'avez pas de plan, pas de carte et pas de système de navigation GPS, évidemment, tout chemin semble être le choix évident pour vous y rendre la destination. Et il est certain qu'un tel chemin ne vous mènera pas à la destination, mais à un endroit que vous n'avez pas souhaité, et ce ne sera probablement pas une bonne destination ou un choix préféré. Et comme il n'y a pas de clarté sur la façon d'arriver à destination, lorsque les obstacles et les défis se présentent comme ils le font toujours, de telles personnes sans plan d'action et sans concentration objective trouveront rapidement toutes les raisons d'arrêter.

Les personnes qui réussissent ne se découragent pas ou ne sont pas dissuadées par les obstacles temporaires, les difficultés et les défis qui surgissent en cours de route, mais elles absorbent les douleurs et les déceptions qui se manifestent en cours de route, même lorsqu'elles se présentent aux moments les moins attendus, peut-être quand ils sont dans leurs moments difficiles et ils sont faibles et épuisés mentalement et émotionnellement, ils refusent toujours de se décourager, ils continuent plutôt sur le chemin de leur objectif, affrontant les obstacles, en tirant des leçons et en améliorant leurs aptitudes et compétences pour devenir plus intelligents , plus efficace et efficient.

Une chose que les gens qui réussissent ne font jamais est de cesser de fumer. Ils n'abandonnent jamais tant qu'ils n'ont pas atteint leurs objectifs et leurs rêves, et même lorsqu'ils atteignent leurs objectifs, ils continuent à travailler dur pour s'améliorer parce qu'ils comprennent que le vrai succès et l'épanouissement ne consistent pas seulement à atteindre l'objectif, mais surtout à maintenir les réussites.

Le succès est au présent et non au passé, ce n'est pas un succès d'être grand hier et d'être un pauvre aujourd'hui, ou d'être un champion aujourd'hui et un perdant demain, ce n'est pas un succès. Le vrai succès consiste à réussir et à maintenir le succès. Et c'est dans le maintien du succès que se situe le véritable défi du succès, car c'est là que les vraies qualités du succès sont testées, telles que la discipline, l'engagement, la cohérence, la persévérance et la résilience mentale.

Le succès est tout dans l'esprit, tout dépend de la façon dont vous pensez et comment vous pensez est influencée par votre état d'esprit. Alors, définissez votre état d'esprit pour être positif, travaillez dur, engagez-vous à vos objectifs et soyez cohérent pour atteindre les objectifs sans arrêter. Et en continuant à faire cela, vous gagnerez un jour sur votre objectif, et même si vous gagnez, vous ne vous arrêtez pas mais continuez à vous améliorer dans votre métier et à gagner plus et un jour, vous deviendrez un succès et une grande.

Il est évident que la façon dont nous pensons détermine notre réussite dans la vie ou autrement. Si nous pensons à des pensées réussies, ce qui nous amène à faire les bonnes choses, alors nous réussirons, mais si la pensée est pauvre et assombrie par des schémas de pensée d'échec, alors une telle personne ne reussira pas.

Le succès dans la vie ne consiste pas seulement à faire les bonnes choses, mais aussi à ne pas faire les mauvaises choses. Faire les bonnes choses à lui seul ne garantira pas le succès, car si vous faites les bonnes choses et faites également des choses qui ne sont pas bonnes, les effets des deux finiront par s'annuler et une telle personne pourrait finir par empirer. Pour réussir, il faut des actions cohérentes, c'est-à-dire être cohérent en faisant une série de bonnes choses qui s'empilent pour donner du succès.

Le succès est donc intentionnel, et il faut une bonne réflexion pour trouver la bonne intention, et une fois que vous êtes clair à ce sujet, engagez-vous et devenez cohérent à suivre l'intention, à travers la douleur, les difficultés et les défis et si vous restez. à elle assez longtemps, vous réussirez.

Puisque la pensée est le moteur du succès, il est vrai que si vous CHANGEZ votre PENSÉE, vous CHANGEREZ votre vie. Alors la question est, comment changez-vous votre PENSÉE?

Considérons ce scénario, si vous souhaitez changer votre corps, votre poids, votre forme.... comment le changez-vous? ..... Vous changez votre corps en changeant ce que vous nourrissez votre corps et vous changez votre corps en changeant la façon dont vous travaillez votre corps .... et la même chose est vraie pour notre PENSÉE.

Nous changeons notre façon de penser en changeant ce que nous nourrissons notre esprit, et c'est un fait clair qui ne peut jamais être surestimé! Si vous changez ce que vous nourrissez votre esprit, ce à quoi vous pensez changera, et la façon dont vous pensez changera également, et votre vie changera.

Changez ce que vous nourrissez vos pensées, nourrissez-le d'affirmations et de croyances positives, alimentez-le avec de nouvelles connaissances sur le développement personnel, les progrès récents, les percées technologiques et les tendances économiques et sociales mondiales, et vous commencerez à penser de nouvelles pensées et à voir des opportunités tout autour de vous qui n'a jamais réalisé l'existence ou était là.

Si vous apprenez à changer, vous changerez, et à mesure que vous changez, les choses commenceront à changer pour vous. À mesure que vous vous améliorerez, votre vie commencera également à s'améliorer. Changer votre vie, ne nécessite que l'intention, cela vous oblige à définir l'intention de changer votre façon de penser et votre vie commencera à changer.

Fixez l'intention de vous améliorer, entraînez votre esprit avec des livres et de l'audio qui développent vos compétences, développez-vous en apprenant plus, en faisant plus de choses que les gens qui réussissent font! Et si vous continuez à faire cela assez longtemps, vous réussirez et votre vie deviendra plus riche, meilleure et épanouissante.

En outre, vous pourrez avoir un impact sur votre monde, en utilisant les dons que la nature vous a accordés pour façonner votre monde de la manière dont vous seul le pouvez, et ce faisant, donner de l'espoir aux désespérés et aux moins privilégiés autour de vous, et aussi servir, comme modèle pour les autres. Parce que quand ils vous verront, certains diront: "s'il peut y parvenir, je peux aussi réaliser mes rêves et mes objectifs" parce que vous leur aurez montré que tout ce qu'il faut pour réussir, c'est juste du travail acharné, de l'engagement, de la cohérence et de la persévérance , qui sont des qualités que chacun peut développer et mettre dans ses objectifs s'il le désire, pour rendre ce monde un peu meilleur.

C'est essentiellement ce que nous sommes tous ici pour faire, pour rendre cet endroit un peu meilleur que ce que nous avons rencontré en ayant un impact positif sur le monde qui nous entoure. Et en faisant cela, nous créerons une vie d'immortalité pour nous-mêmes, car lorsque nous serons partis depuis longtemps, les gens parleront encore de nous et de la façon dont ce monde était un peu meilleur parce que nous sommes venus. De la même manière que le monde continue de parler des grands comme Albert Einstein, Martin Luther King Jr, Steve Jobs, Mother Theresa, etc.

Pour rendre ce monde un peu meilleur que vous ne l'avez rencontré, vous devez réussir et être vivant, car les personnes qui ne réussissent pas ne peuvent pas changer le monde, et les morts ne peuvent pas non plus rendre le monde meilleur. Ainsi, vous devez améliorer chaque domaine de votre vie, votre état d'esprit, votre état d'âme et votre état de santé.

Vous ne pouvez pas vous permettre de rester dans la même position que vous étiez pendant les cinq, dix, quinze ou vingt dernières années, jouant toujours la victime, et toujours le preneur, ceux qui croient toujours qu'ils ont besoin d'être aidés, ou ils ont besoin de l'être. donné quelque chose avant de pouvoir réussir.

Au contraire, contrôlez vos émotions et contrôlez votre vie, vous n'avez pas besoin que le monde s'arrête pour vous ou attendez que quelqu'un vous aide avant de pouvoir réussir, croyez en vous et croyez que vous pouvez réussir et que vous réussirez un jour ... ... CHANGEZ VOTRE VIE, et commencez à VIVRE et non seulement à exister!

Les gens qui réussissent vivent leur vie, ils font vivre la vie pour eux et non la vie qui leur arrive. Ils contrôlent leurs émotions et leur vie, et en tant que tels, ils continuent à vivre une vie belle, excitante, aventureuse, merveilleuse et heureuse!

Alors, pourquoi choisir une vie triste, amère, infructueuse, une vie entourée de manque et de misère alors que vous pouvez vivre toutes ces belles expériences de vie? Et le fait est que nous avons déjà reçu tout ce dont nous avons besoin pour créer ces belles expériences de vie pour nous-mêmes, tout ce que nous devons faire est de faire le travail qui inaugurera le succès.

S'il vous plaît, réorientez votre vie, utilisez les dons et le talent que Dieu vous a donnés pour réaliser votre plein potentiel, physiquement, spirituellement, émotionnellement, financièrement et socialement, pour vous offrir les expériences de vie positives que vous désirez!

Vivez votre vie avec INTENTION

Demain est un autre jour!

BUT DE LA CONNAISSANCE

"Le point de la connaissance est de contrôler sa propre vie" - Albert Einstein

La connaissance peut être définie comme une prise de conscience, une compréhension et une compétence acquises par l'expérience. Et comme le note Carlie, la connaissance a un impact lorsqu'elle met en évidence des contradictions et des dilemmes qui remettent en question ce qui est tenu pour acquis dans des contextes particuliers, et lorsqu'elle alimente des processus réflexifs capables de soutenir des actions entreprises pour changer le système d'activités.

Le but de la connaissance est d'appliquer la conscience et la compréhension acquises pour contrôler nos vies, ce qui signifie que si nous n'avons aucune connaissance ou si nous manquons de connaissances dans certains domaines de notre vie, il peut être difficile de contrôler notre vie ou ce domaine particulier. de notre vie. Et, lorsque nous avons également des connaissances, mais que nous ne les appliquons pas pour contrôler nos vies, cela pourrait faire en sorte que nos vies tombent sous le contrôle d'une autre influence.

Cependant, la question clé ici est la suivante: les gens contrôlent-ils leur vie ou la vie les contrôle-t-ils? Réagissent-ils aux stimuli de la vie ou envoient-ils leurs stimuli dans leur environnement pour contrôler le monde qui les entoure? C'est une question clé à laquelle nous devons tous répondre sur nos vies, pour comprendre essentiellement comment nous faisons les choses dans le jeu de la vie.

Il y a un vieux dicton selon lequel la connaissance est le pouvoir, mais en vérité c'est faux, la connaissance n'est pas le pouvoir, c'est l'application de la connaissance qui donne le pouvoir. Si la connaissance donne du pouvoir, avec la prolifération des internets, des médias sociaux et des appareils de communication intelligents, et une large diffusion d'informations à travers le monde à une échelle que le monde n'a jamais connue, alors tout le monde aura été puissant et pourra transformer sa vie avec le pouvoir qu'ils possèdent. Pourtant, très peu de proportions de la population mondiale ont pu utiliser ces connaissances pour avoir un impact sur leur monde et transformer leur vie.

Dans le passé, avant l'avènement et la prolifération d'Internet, ce sont ceux qui ont l'information, ceux qui ont le pouvoir, et ce sont eux qui réussissent. Cependânt, dans le monde d'aujourd'hui avec la prolifération d'Internet et des appareils intelligents, le jeu a changé depuis. Ce ne sont plus ceux qui ont l'information qui réussissent car chacun peut désormais accéder à n'importe quelle information sur n'importe quel sujet, il le désire et être bien informé sur le sujet.

Par conséquent, à l'heure actuelle, ce sont ceux qui peuvent appliquer les connaissances acquises de manière créative dans leur monde qui réussissent. Essentiellement, ce sont les gens qui comprennent que c'est l'application des connaissances qui donne le pouvoir, ce sont eux qui vont et ont pu utiliser les connaissances acquises pour contrôler leur vie. Ils ne sont pas comme la généralité du monde qui ont également le potentiel d'accéder à la richesse d'informations disponibles dans le monde et autour de nous, qu'ils peuvent utiliser pour mieux comprendre et contrôler leur vie, mais choisissent plutôt de ne rien faire pour cette opportunité.

En outre, il existe un autre groupe de personnes qui sont en fait exposés à cette richesse d'informations, mais leur interprétation de l'information et tout ce qu'elles y trouvent est pour le plaisir, le divertissement ou une autre forme de gratification momentanée, comme gagner une dispute, pour prouver qu'ils ont raison et prouver la supériorité d'avoir les informations les plus récentes, mais ne jamais utiliser ces informations pour faire quelque chose qui compte dans leur vie, qui pourrait leur apporter le succès.

Un exemple, dans cette génération de réseaux sociaux se connectent, la plupart des gens se réveillent le matin et la première chose qu'ils font est de vérifier leurs messages sur les réseaux sociaux, comme WhatsApp, Facebook, Instagram etc. Donc dès le moment où ils se réveillent, leur l'esprit entre dans un mode réactif, et ils entrent dans un état de réception et de réponse aux messages, aux twits et généralement aux stimuli d'autres personnes.

Lorsque les gens font d'aller consulter leurs tweets sur les réseaux sociaux la première chose qu'ils font lorsqu'ils se réveillent le matin avant de planifier leur journée pour eux-mêmes, ils gèrent essentiellement leur capacité à décider comment leur journée ira à d'autres personnes pour la contrôler. leur. Parce que les messages et les tweets qu'ils reçoivent sur les réseaux sociaux influencent leur esprit et font que leur journée est programmée par d'autres personnes à qui ils ont invariablement cédé leur libre arbitre.

En permettant à d'autres personnes de programmer ce sur quoi elles se concentrent, ce à quoi elles pensent et probablement ce sur quoi elles dépensent leur énergie pourrait finir par influencer et déterminer comment leur journée se déroulera, et cela pourrait signifier confier ce que leur journée sera à d'autres. gens. Lorsque vous agissez de cette façon, au cours de la semaine, des mois et des années, cela pourrait signifier gérer la vie d'autrui à d'autres personnes pour qu'ils le programme, et une telle personne pourrait finir par travailler sur le plan d'autres personnes pour leur vie comme si c'était la leur.

Ainsi, lorsque les gens sont réactifs et ont leur journée programmée par d'autres stimuli, en influençant ce qu'ils pensent, ce sur quoi ils se concentrent et ce sur quoi ils dépensent leur énergie, ils vivent invariablement le jour des autres et non le leur. Et quand cela dure pendant une certaine période comme un an, il est alors prudent de supposer qu'ils ont vécu une année de leur vie en se basant sur la réflexion des autres. Et une telle expérience peut être rien de moins qu'une vie sans direction et sans but mais bien remplie, une vie occupée à ne rien faire.

De plus, si cela dure toute leur vie, cela signifie également qu'ils n'ont vécu que la vie des autres personnes sur cette terre comme la leur. Et ils auraient probablement raté leur but sur cette terre parce que notre but est unique à nous. Pensez-y, à quel point cela peut-il être triste de venir dans ce monde, de passer plus de sept décennies à exister ou à vivre la vie de quelqu'un d'autre et jamais la vôtre. Et seulement pour découvrir à la fin que tout cela a été un gaspillage!

Il y a un dicton selon lequel, lorsque vous êtes en mode offensif, vous n'êtes jamais aussi fatigué que lorsque vous êtes en mode défensif. La même chose s'applique à ce scénario, lorsque vous êtes en mode réactif, passant tout votre temps précieux et le plus important à répondre et à réagir aux stimuli d'autres personnes, vous perdez toute l'énergie et l'attention précieuses dont vous avez besoin pour faire avancer votre vie de manière proactive.

De plus, vous devenez esclave des souhaits des autres, gaspillez votre énergie mentale et votre temps à grimper sur la mauvaise montagne ou à faire des choses sans importance, ou à vous engager dans une tâche qui n'ajoute aucune valeur à votre vie, mais qui ne fait que rendre les autres plus riches, par le nombre de likes. et opinions sur leurs publications sur les réseaux sociaux. Pendant que vous appréciez seulement les pics de dopamine momentanés en regardant les photos du petit-déjeuner, du déjeuner ou du dîner d'autres personnes, ou leurs photos de vacances en train de bronzer ou de faire d'autres choses amusantes quelque part dans un charmant paradis de vacances serein, pendant que vous ne profitez que des rires et des sourires momentanés. ils vivent leur vie ... Quelle triste façon de vivre.

Le but de l'éducation est de nous donner les connaissances et la compréhension nécessaires pour contrôler nos vies, mais lorsque les gens vivent leur vie de manière réactive, passant leur temps précieux à faire des tâches sans valeur ajoutée qui n'ont aucun impact positif sur leur vie, cela implique qu'ils ont a manqué l'essence de l'éducation et les connaissances et la compréhension qui en résultent qu'ils sont censés tirer de l'éducation. Et ils sont maintenant devenus esclaves de la même éducation qui était censée fournir des connaissances pour contrôler leur vie.

Lorsque les gens perdent l'essence de l'éducation dans leur vie, cela peut être considéré comme une chose terriblement triste. Par exemple, comme cité dans le bon livre «mon peuple périt faute de compréhension», le bon livre n'a jamais dit «mon peuple périt faute d'information» mais périt faute de compréhension. La compréhension étant le produit de l'éducation et du savoir. Ainsi, là où l'essence de l'éducation est mal placée, la connaissance et la compréhension deviennent déficientes et, à ce titre, les gens perdent le pouvoir d'avoir un impact positif sur ce monde et de transformer leur vie et ceux qui les entourent.

Les personnes qui réussissent conservent le contrôle de leur vie, comprennent l'essence de l'éducation et apprécient davantage les connaissances et la compréhension qu'elle apporte, et elles utilisent ces connaissances pour transformer leur vie et avoir un impact sur leur monde. Ils comprennent également que le vrai succès ne peut être maintenu qu'en se développant et en s'améliorant continuellement, en devenant plus compétents dans le domaine de leur choix pour être en phase avec les derniers développements et les avancées récentes. Et aussi, appliquer continuellement ces connaissances pour s'améliorer et améliorer leurs offres au monde.

Les gens qui réussissent adoptent généralement l'approche de l'apprenant tout au long de la vie, ils sont toujours désireux d'apprendre, de mieux comprendre et d'adopter les connaissances dans leur vie. Ils ne croient jamais qu'ils ont atteint le meilleur de leur forme ou le summum de leurs connaissances, ils croient plutôt qu'il leur reste tant à apprendre et à découvrir dans ce monde. Et au fur et à mesure qu'ils continuent de mieux comprendre dans leur domaine de prédilection, ils continuent également à appliquer les connaissances pour améliorer leur vie et le monde qui les entoure, car ils comprennent que ce n'est que comment ils peuvent continuer à grandir et à améliorer leur vie.

Stephen Hawking a dit un jour que le plus grand ennemi de la connaissance n'est pas l'ignorance; c'est l'illusion de la connaissance - l'illusion de penser que les gens en savent assez sur quelque chose alors qu'en fait il y en a encore tant, ils ne savent pas sur le sujet.

Neil deGrasse Tyson a également mis cela sous une autre forme, il a déclaré que l'un des plus grands défis de ce monde est que les gens en savent suffisamment sur un sujet pour penser qu'ils ont raison, mais pas assez sur le sujet pour savoir qu'ils ont tort.

Les personnes qui réussissent comprennent ce dilemme, alors elles se considèrent souvent comme des apprenants à vie, elles lisent et apprennent toujours quelque chose pour en découvrir davantage pour s'améliorer. Pour témoigner de cela, on a une fois demandé à Bill Gates «quelle superpuissance aimerait-il posséder» et il a répondu «il aimerait avoir le superpuissance pour pouvoir lire des livres beaucoup plus rapidement» parce qu'il aspire à en découvrir plus, il sait que dans malgré son succès et en fait l'un des hommes les plus riches du monde, il croit toujours que, il y a encore tant de choses qu'il ne sait pas, donc il est toujours absorbé par l'apprentissage.

Il en va de même pour M. Warren Buffet, qui préside et dirige Berkshire Hathaway, l'une des plus importantes sociétés multinationales de portefeuille de conglomérats. Warren Buffet est connu pour passer environ cinq heures à lire chaque jour, bien qu'il soit un homme remarquablement occupé à la tête d'un si grand conglomérat. Et à quatre-vingt-neuf ans, il est toujours tellement absorbé par l'apprentissage et l'amélioration de lui-même. Pourtant, il y a des adolescents et certains jeunes cadres qui ne peuvent pas rester concentrés pendant une heure pour lire et apprendre à se développer et à s'améliorer. Ce qui n'est pas étonnant, on dit souvent que la plupart des gens deviennent analphabètes après avoir obtenu leur diplôme parce qu'ils ne passent jamais de temps à lire et à apprendre les développements récents dans leur domaine pour s'améliorer, ils conservent plutôt les mêmes faits anciens mais maintenant dépassés, ils ont appris lorsqu'ils étaient à l'école.

Selon Fuller, jusqu'en 1900, les connaissances humaines doublaient environ chaque siècle, mais à la fin de la seconde guerre mondiale en 1945, elles doublaient tous les 25 ans, et maintenant elles doublaient tous les 12 à 13 mois. IBM estime qu'en 2020, avec l'Internet des objets, les connaissances humaines doubleront toutes les 12 heures.

Par conséquent, tout ce que nous savons a une date d'expiration, Samuel Arbesman l'a noté une fois dans son livre The Half Life of Facts; qui stipule que «la demi-vie de la connaissance ou la demi-vie des faits est le laps de temps qui doit s'écouler avant que la moitié des connaissances ou des faits dans un domaine particulier ne soient remplacés ou se révèlent faux.»

Par exemple, le tabagisme est passé du statut recommandé par les médecins à celui de mortel, nous pensions aussi que la Terre était le centre de l'univers et que Pluton était une planète, ce qui est maintenant faux. Ainsi, lorsque nous ne parvenons pas à mettre à jour continuellement ce que nous savons avec des découvertes récentes, ce que nous pensions être des faits pourraient tous devenir obsolètes et remplacés par de nouveaux faits.

En général, les personnes qui échouent ne sont pas des apprenants à vie, elles sont soit trop paresseuses pour engager l'énergie nécessaire pour apprendre et se développer soit leur ego les empêche de s'humilier pour apprendre. Ils sont souvent proches d'esprit et pour eux, tout ce qu'ils voient dans l'éducation est la gratification immédiate, généralement sous la forme d'un emploi, d'un divertissement ou d'une chance de faire valoir ou de prouver qu'ils ont raison. Mais ils ne voient pas l'impact profond de l'essence de l'éducation qui est d'acquérir la sagesse et la compréhension pour contrôler leur vie.

Dans ce monde actuel, tout ce qui nous concerne, ce sont des données, où nous allons, ce que nous faisons, comment nous les faisons et généralement notre style de vie. La capacité d'interpréter ces données nous fournit les connaissances et la compréhension de nos vies, et lorsque nous appliquons ces connaissances, cela nous donne la sagesse de façonner et de contrôler nos vies. Les personnes qui échouent ne comprennent pas ces séquences, elles sont souvent peu profondes dans la profondeur et la qualité de l'interprétation qu'elles obtiennent des données de leur vie, et en tant que telles, peu profondes dans leur compréhension et leur application des connaissances acquises.

Les réussis ont par contre une compréhension profonde de ce flux, ils sont détaillés avec leur observation et en même temps approfondis avec la qualité de leurs données, car ils comprennent que la qualité de leurs données, déterminera la qualité des informations qu'ils peuvent extraire des données et la connaissance qui en résulte. Donc, ils sont intentionnels dans leur quête et se concentrent sur ce qu'ils espèrent sortir de la chaîne.

Jim Rohn a dit un jour, "les gens doués apprennent à obtenir de la journée, ils ne laissent pas passer la journée sans avoir gagné quelque chose de la journée." Pour sortir de la journée, pour apprendre de la journée, vous devez réfléchir à la journée, et vous ne pouvez réfléchir à la journée que si vous l'avez enregistrée, et en mettant un compte rendu de votre vie, vous serez plus responsable de ta vie.

C'est ainsi que pensent les gens qui réussissent et c'est l'état d'esprit du succès et la raison pour laquelle les gens qui réussissent ont réussi et le resteront probablement, car l'état d'esprit est le moteur de tout.

Vous pouvez changer votre vie et réussir, en faisant simplement ce que font les réussis ... Veuillez choisir de développer les habitudes des réussis!

Vivez votre vie avec INTENTION

Demain est un autre jour!

UNE MAUVAISE PENSEE MENE A UNE MAUVAISE VIE

"Les pauvres sont pauvres parce que leur pensée est pauvre, et les gens riches sont riches, parce que leur pensée est riche" - Robert Kiyosaki (Le célèbre auteur de Papa riche, papa pauvre)

Si la seule différence entre les riches et les pauvres réside dans leur manière de penser, qu'est-ce que penser en soi? La pensée est la capacité cognitive que nous utilisons pour traiter l'information, résoudre des problèmes, générer de nouvelles idées et prendre des décisions. C'est un acte d'utiliser son esprit pour produire des pensées sur un problème ou une idée. Et nous utilisons des capacités de réflexion lorsque nous essayons de donner un sens aux expériences, d'établir des liens entre les événements, d'organiser les informations, de générer des tendances, de planifier et de prendre des décisions.

Il existe différents styles de pensée dont le choix dépend de la situation en question et de l'objectif. Les styles de pensée généraux sont:

- La pensée créative
- Pensée analytique
- Pensée concrète
- Esprit critique
- Pensée holistique
- Pensées divergentes
- Pensée convergente
- Pensée abstraite et
- Pensée séquentielle

Tous ces styles de pensée et les processus de pensée se produisent dans notre esprit qui est appelé notre faculté de penser. Et l'ensemble des facultés de pensée comprenant les aspects cognitifs, tels que la conscience, l'imagination, la perception, la pensée, le jugement, le langage et la mémoire, ainsi que les aspects non cognitifs tels que l'émotion.

Cette analogie démontre que les riches et les pauvres ont tous la même faculté de penser, nous avons tous la même capacité de par notre conception, mais la façon dont nous utilisons nos capacités de réflexion individuelles est ce qui nous différencie, et ce qui distingue les riches des pauvres, et le succès de l'échec.

Nous avons tous la chance d'avoir le même cerveau, nous avons tous environ quatre-vingt-six milliards de neurones dans notre cerveau, et chaque être humain a ce même nombre de neurones. Alors, la question est de savoir comment moins de gens utilisent mieux leurs cellules cérébrales, leurs neurones et les cellules gliales que la plupart des gens, comment se fait-il que très peu de gens soient capables de mieux utiliser leur cerveau pour annexer des opportunités de vie et améliorer leur vies, et la majorité des gens n'utilisent pas la leur à leur avantage. Ils n'utilisent pas leur puissance cérébrale pour avoir un impact et améliorer leur vie, mais l'utilisent plutôt pour s'auto-saboter, en s'engageant dans des tâches non productives et sans valeur ajoutée, qui n'ont aucun impact réel sur leur vie.

Ce scénario simple revient à la façon dont notre cerveau est programmé. C'est un fait établi que nos cerveaux sont tous créés de la même manière, mais conditionnés et entraînés différemment. Et c'est ainsi que nous avons tous conditionné et formé notre cerveau qui se traduit par des différences dans nos vies. Le type d'état d'esprit que nous développons, la façon dont nous voyons les situations de la vie et ce que nous voyons dans les situations, sont ce qui nous conduit à réussir ou à ne pas réussir dans la vie.

Les sept premières années de notre vie sont les années de base pour la programmation de notre cerveau, c'est-à-dire lorsque nous développons la personnalité et devenons la personne que nous deviendrons probablement dans la vie. C'est pourquoi le jésuite dit depuis plus de quatre cents ans «donne-moi un enfant jusqu'à ce qu'il ait sept ans et je te montrerai l'homme».

La science a appelé les ondes cérébrales des 7 premières années de la vie d'un enfant «Thêta», une étape dans laquelle l'esprit d'un enfant est considéré comme inférieur à la conscience. Et ce sont les années pendant lesquelles l'esprit de l'enfant est programmé pour devenir ce qu'il ou elle deviendra probablement dans la vie. Et c'est généralement lorsque nous développons la personnalité et les attributs de la personne que nous finirons par devenir dans la vie.

Dans les ondes cérébrales Thêta, un enfant apprend en observant les parents et le monde qui l'entoure et commence à apprendre les attributs de la façon de vivre dans ce monde. C'est aussi le stade où l'enfant apprend la norme et les valeurs de la communauté en observant. Ainsi, un enfant né dans une famille pauvre commence à observer et à apprendre l'attribut de l'existence dans une famille pauvre, qui sont généralement une forme de réflexion sur la rareté, la gestion du manque, du stress et d'autres schémas de pensée et croyances médiocres comme «Il ne peut pas être fait »« c'est impossible »« personne ne le permettra »etc. Et tout cela entre dans l'esprit subconscient de l'enfant et fait partie des croyances et des schémas de pensée de l'enfant.

D'un autre côté, un enfant né dans une famille riche observe, entend et apprend du parent aussi comme un enfant né dans une famille pauvre, mais ici l'enfant entend et apprend des choses comme les investissements, les transactions commerciales, la planification stratégique, la gestion d'entreprise, les compétences de leadership et d'autres comme celles des parents et du monde qui l'entoure, et cela entre également dans l'esprit subconscient de l'enfant et forme le fondement des modèles de pensée de l'enfant.

Par conséquent, les deux enfants grandissent avec les apprentissages qui ont été programmés dans leur subconscient.

Et dans la vie des deux enfants, la tendance dans les schémas de pensée de chaque enfant commence à se manifester à mesure qu'ils grandissent dans l'âge adulte.

Une statistique bien prouvée fait également écho au résultat de ce concept qui est: «Si quelqu'un est né pauvre, il a une probabilité plus élevée de mourir pauvre, et si quelqu'un est né riche, il a également une probabilité plus élevée de mourir riche. " C'est un fait établi qui trouve son origine dans la qualité de la programmation qu'un enfant a reçue au cours des 7 premières années de sa vie.

Je crois maintenant; plusieurs personnes qui ne réussissent pas commenceront probablement à penser à blâmer leurs parents pour le type de programme qu'ils ont reçu et la raison pour laquelle leur vie est là où elle est maintenant. Et penser comme ça est un élément de l'état d'esprit d'échec, un état d'esprit qui cherche une justification facile et qui ou quoi blâmer pour un événement désagréable.

Par conséquent, penser à blâmer nos parents pour le type de programme que nous avons reçu au cours des sept premières années de notre vie et qui en est venu à définir qui nous sommes sera une approche totalement erronée car, si nos parents savaient mieux, ils nous auront appris mieux. , après tout, ils nous ont aimés. Et eux aussi ont probablement eu la même programmation de leur parent. Donc, ce n'est la faute de personne, c'est un manque de connaissances tout au long de la lignée générationnelle, et en plus, cette compréhension commence à peine à émerger à partir de connaissances et de découvertes scientifiques récentes.

Cependant, le fait que certaines personnes aient pu avoir des programmes de mauvaise mentalité au cours des sept premières années critiques de leur vie ne signifie pas qu'elles devraient échouer et échouer dans la vie, car nous pouvons tous, et nous avons tous les capacités de reprogrammer nos esprits pour le succès et en effet devenir un succès.

Notre subconscient contrôle environ 96% de nos vies, donc si vous voulez passer de l'échec au succès ou améliorer votre niveau de succès, tout ce que vous avez à faire est de reprogrammer votre subconscient au niveau de succès que vous désirez. Si votre subconscient est reprogrammé au niveau de succès que vous désirez, alors environ 96% du temps de votre vie, vous ferez inconsciemment les choses qui vous apporteront ce succès, et le plus souvent le succès viendra.

L'esprit subconscient apprend par accoutumance, c'est-à-dire par répétition. Comme à la maternelle, vous deviez répéter ABC plusieurs fois avant de pouvoir le réciter par cœur et maintenant, vous l'utilisez simplement dans des mots et des phrases sans trop y penser. Donc, si vous voulez reprogrammer votre esprit pour commencer à penser comme celui qui réussit, alors étudiez la vie des réussis et vous découvrirez qu'ils sont des apprenants à vie, et ils mettent l'apprentissage en pratique, c'est-à-dire en expérimentant consciemment l'apprentissage. et grâce à ce processus de répétition, un tel apprentissage est programmé dans leur esprit subconscient.

Comme l'a dit un jour Albert Einstein, j'ai abordé tout dans la vie avec «une ignorance bien consciente», c'est-à-dire en croyant ne rien savoir sur le sujet, alors il va sur le sujet comme un débutant! Vous pouvez imaginer ces mots, de l'un des esprits les plus brillants qui aient jamais vécu sur cette terre.

Lorsque nous abordons la vie avec l'état d'esprit des apprenants et que nous pensons qu'il reste encore beaucoup à apprendre, nos esprits s'ouvrent à de nouvelles perspectives sur les problèmes, et nous découvrons beaucoup de nouvelles idées et apprentissages que nous n'avions jamais connus, qui pourraient ensuite continuer à impactent et façonnent nos pensées et nos croyances.

Par conséquent, alors que nous continuons à apprendre et à absorber les nouvelles informations, idées et connaissances dans notre esprit, notre subconscient est progressivement programmé avec ces nouveaux apprentissages. Ainsi, la clé de la reprogrammation de notre esprit est d'adopter une approche de l'apprenant tout au long de la vie, en continuant à lire, en acquérant de nouvelles connaissances et une exposition.

Un exemple des différents modes de pensée du succès et de l'échec peut être démontré davantage dans le scénario de la célèbre phrase «Le verre est à moitié plein ou à moitié vide», rappelez-vous que c'est le même verre, ce que vous choisissez de voir dépend de comment vous pensez et comment votre esprit est programmé.

Les personnes qui réussissent verront le verre à moitié plein tandis que les personnes qui ne réussissent pas verront toujours les insuffisances, les impossibilités et les lacunes dans les choses, et non le potentiel de la chose. Et ils verront toujours les spécifications sur la fenêtre au lieu de la belle pelouse et du soleil à l'extérieur. Leur esprit se fixe sur les insuffisances et les insuffisances des choses et non sur les possibilités et les potentiels de telles choses. C'est ainsi que pensent les personnes qui échouent et c'est l'état d'esprit de l'échec.

En général, les résultats d'idées et d'autres choses sont produits à partir de l'état d'esprit, si vous décidez qui vous voulez être et développez l'état d'esprit pour ce résultat, cela se produira très certainement. Cependant, lorsque l'état d'esprit est négatif et déjà focalisé sur les insuffisances et les lacunes de l'initiative, il est certain que cela ne fonctionnera jamais, car l'esprit est comme un laser, il va là où vont les yeux, et tout ce qu'il fera voir seront les lacunes et les insuffisances autour de telles choses.

Comme souvent dit, il est difficile de donner vie à un rêve qui s'étouffe déjà sur des excuses. Les champions ne donnent jamais d'excuses; ils savent déjà qu'il y aura des moments difficiles et ils s'y préparent. Comme les alpinistes, ils se préparent à l'attendu et à l'inattendu, l'attendu sont les défis qu'ils peuvent anticiper et peuvent se frayer un chemin, le cas échéant, tandis que l'inattendu est celui qu'ils ne peuvent pas prévoir quand et si cela se produira, mais sachez qu'il y a une probabilité que cela se produise. Et quand cela se produit, ils ne peuvent pas se frayer un chemin seuls, mais ont besoin des compétences expertes d'un guide pour les aider à surmonter ce défi.

En alpinisme, ces défis sont le blizzard, les chutes de pierres, etc., vous ne pouvez pas dire où, quand ou de quel côté de la corniche de la montagne il apparaîtra, mais quand c'est le cas, l'expertise de votre guide déterminera la différence entre survie et mort. . Dans le monde des affaires, le guide représente ici nos mentors, nos coachs et «les personnes qui nous soutiennent».

Robert Kiyosaki a partagé une expérience, a-t-il déclaré, lorsqu'il était pilote militaire stagiaire pendant la guerre de Corée, tous ses entraîneurs de vol étaient d'anciens pilotes de chasse, qui ont combattu sur un front de bataille et ont tous expérimenté ce que c'est que d'être abattu. par le feu ennemi et ils comprennent aussi ce que c'est que d'être sur le front de guerre.

Cependant, regardez le système scolaire actuel, vous verrez beaucoup d'enseignants, de médecins et de professeurs enseigner l'entrepreneuriat et les affaires, mais ils n'ont jamais démarré d'entreprise de leur vie ou n'ont jamais dirigé d'entreprise auparavant. Par conséquent, s'ils n'ont aucune connaissance pratique de ce que l'on ressent sur le paysage commercial, des défis avec les banquiers et financiers, les partenaires de gestion et les intérêts divers des parties prenantes, les défis avec la concurrence, le cauchemar logistique, les maux de tête de production / opérations, la gestion du personnel et la discipline, alors comment peuvent-ils comprendre ce que l'on ressent vraiment dans le paysage des affaires?

Aussi, comment peuvent-ils comprendre ces défis et le fait de faire face à ces défis sur le terrain des affaires alors qu'ils ne l'ont pas vécu? Et que vont-ils vraiment enseigner en classe à part quelques approches théoriques qui ne résisteront probablement pas à l'épreuve dans le monde pratique. Le point clé ici est que, dans la vie, si quelqu'un n'a pas fait ce que vous essayez de faire auparavant, ses conseils sur cette question n'ont aucun sens.

Les personnes qui réussissent choisissent le bon mentor pour les guider à travers le paysage commercial, elles sont concentrées, pratiques et intentionnelles, et en tant que telles, elles choisissent un mentor qui leur servira de modèle pour apprendre l'art qu'elles essaient de construire, ainsi que le mentalité comportementale pour conduire le succès en créant des habitudes.

Les échoués, en revanche, n'ont généralement pas de mentor, ni virtuel ni physique. Et même quand ils le font, ils ne sont pas si stratégiques avec leur choix de mentor, ils en choisissent plutôt un au hasard sans aucune réflexion approfondie sur l'expérience du mentor et l'utilité de l'expérience du mentor dans son cheminement vers ses objectifs et ses rêves. Au contraire, ils sont émus par l'estime de la foule dans leur choix de mentor.

En outre, même la réunion mentor-mentoré est généralement transformée en un moyen de discuter de plaisanteries, de discussions sociales ou politiques et d'autres discussions sans valeur ajoutée mais divertissantes, ce qui détourne leur attention de l'essence sur laquelle ils ont lancé le programme de mentorat. Cela détaille également clairement à quel point les personnes qui ne réussissent pas sont simplement occupées et permettent à leur concentration de s'éloigner du vrai problème en question.

En outre, parce que les échecs abordent tout avec légèreté, ils sont toujours mal préparés, dans leur approche des affaires, du travail et d'autres choses. Et à cause de leur mauvaise préparation, à la vue des moindres difficultés ou défis de la vie, ils s'effondrent. Et comme ils n'ont aucune orientation stratégique, aucune direction ou approche du problème, ils sont facilement submergés.

De plus, parce qu'ils n'ont pas un état d'esprit dur et un processus de réflexion riche pour planifier et mettre en place la bonne stratégie, et aussi pour obtenir l'aide nécessaire pour surmonter ces situations de vie difficiles et difficiles et inattendues lorsqu'ils s'installent. Ils manquent ou perdent toutes les opportunités disponibles pour gagner sur leurs objectifs et transformer leur vie, au contraire, ils continuent à utiliser leur mauvaise pensée pour saboter leurs vies.

Un fait connu de la vie est que la pensée sage mène à la bonne vie, tandis que la pensée stupide conduira à la mauvaise vie. Donc, si vous voulez vivre correctement, choisissez la pensée sage et si votre préférence est une vie mauvaise et pauvre, à laquelle je pense que personne ne devrait aspirer, consciemment ou inconsciemment, alors choisissez la pensée pas si sage, le choix vous appartient.

Par conséquent, si vous avez vécu une mauvaise vie, maintenant vous en connaissez la cause, et tout ce que vous devez faire pour changer la mauvaise vie est d'arrêter la pensée pas si sage et de commencer à penser correctement.

Votre PENSÉE détermine le monde que vous voyez, PENSEZ RICHE pour voir un monde magnifique!

Vivez votre vie avec INTENTION

Demain est un autre jour!

POURSUIVRE UN OBJECTIF

"Poursuivre un grand objectif décisif avec force et détermination" - Cal von Clausewitz

La plupart du temps dans la vie, nous sommes confrontés à tant de bonnes idées, en fait, les opportunités ne manquent jamais dans ce monde, elles sont partout sur nous et elles sont toujours là, et ne cesseront jamais d'être disponibles aussi longtemps. comme il y a des problèmes et des défis, et qu'il y aura toujours besoin d'améliorations, une autre façon de faire les choses mieux, plus vite et plus intelligemment.

C'est la quête d'améliorations qui ouvre les portes des opportunités. Aussi longtemps qu'il sera toujours nécessaire de faire mieux les choses, il n'y aura jamais de pénurie d'opportunités que nous pouvons tous annexer pour avoir un impact positif sur notre monde et, à son tour, créer du succès pour nous-mêmes.

Cependant, si nous essayons de prendre toutes les bonnes idées qui nous bombardent constamment, le résultat ne sera rien d'autre qu'un échec catastrophique, car en fait, vous pouvez faire tout ce que vous voulez dans la vie, mais le fait est que vous ne pouvez pas faire. tout cela en même temps. Nous devons donc développer un bon sens de la hiérarchisation, mettre nos idées dans «l'ordre hiérarchique» de celles qui peuvent nous donner les gains rapides et le coup de pouce (ressources et confiance) dont nous avons besoin pour prendre le suivant et le suivant. etc.

Tant de gens tombent dans le piège d'essayer de faire tant de choses en même temps, ils veulent prendre tellement de bonnes idées qu'ils voient constamment autour d'eux. S'il est vrai que l'annexion des opportunités autour d'une bonne idée peut entraîner la création d'un impact significatif qui peut changer notre monde et à son tour créer une certaine richesse pour l'exécuteur de l'idée, mais le fait est que pour faire fonctionner une bonne idée et le transformer en quelque chose de significatif qui peut avoir un impact positif dans notre monde, nécessite une concentration approfondie, un engagement fort, de la cohérence et de la persévérance.

Pour faire fonctionner une bonne idée et la transformer en quelque chose de valeur, il faut aller à l'encontre de beaucoup de probabilités, de périodes difficiles et difficiles, et de beaucoup de douleur et d'épreuves. Ainsi, lorsque notre attention est divisée entre tant de bonnes idées concurrentes, nos ressources - temps, énergie et finances - se répartissent et nous perdons notre attention et nous concentrons sur la profondeur et les détails de l'idée. Et le succès ne se trouve que dans la profondeur et dans les détails.

On peut assimiler ce scénario au concept de multitâche, la science a montré que le multitâche n'est pas seulement problématique, mais qu'il endommage également le cerveau. Les recherches menées à l'Université de Stanford montrent que le multitâche est beaucoup moins productif que de se concentrer sur une seule tâche à la fois. Les chercheurs ont constaté que les personnes qui effectuent régulièrement plusieurs tâches à la fois ne peuvent pas se concentrer correctement, se souvenir d'informations ou passer d'un travail à l'autre, ainsi que celles qui accomplissent une tâche à la fois.

En fait, dans l'étude, le chercheur a comparé un groupe qui pensait que le multitâche donne un coup de pouce à leurs performances par rapport à une seule tâche. Cependant, le chercheur a découvert le contraire, le groupe avait en fait des performances bien pires que le groupe de tâches uniques car ils avaient plus de mal à organiser leurs pensées et à filtrer les informations non pertinentes, et ils étaient également plus lents à passer d'une tâche à une autre.

De plus, les chercheurs concluent que le multitâche réduit l'efficacité et les performances car notre cerveau ne peut se concentrer que sur une chose à la fois. Lorsque nous essayons de faire deux ou plusieurs choses à la fois, le cerveau n'a pas la capacité d'effectuer les deux tâches avec succès simultanément. Ainsi, il est tout à fait évident que lorsque nous essayons de saisir autant d'occasions à la fois, nous devenons inefficaces et inefficaces, et la qualité de nos décisions s'en trouve altérée.

Richard Branson a dit un jour, pouvoir dire NON à une bonne idée est l'un des facteurs critiques de succès. De ces sages paroles, on peut déduire que le fait de pouvoir dire non à certaines bonnes idées peut également être considéré comme un élément de succès en soi, car dans le processus de résumer le courage de dire NON à d'autres bonnes idées concurrentes, ce serait ont donné à la personne l'occasion d'évaluer les idées de manière critique pour comprendre pleinement le potentiel des idées et sélectionner le meilleur choix à annexer.

De plus, dire non à d'autres idées concurrentes donnera l'idée qu'une telle personne travaille sur un autre «souffle de vie» et une chance de réussir en raison de la profondeur de concentration, de l'engagement et de la persévérance qui seront concentrés sur l'idée d'en faire un succès .

Ce scénario peut être assimilé à un cas où un investisseur aux ressources limitées est confronté à plusieurs bonnes idées et a décidé d'investir dans toutes les bonnes idées, il est certain que presque toutes les bonnes idées subiront une forme de pénurie, soit en termes de ressources financières, d'attention, de supervision / contrôle ou d'autres formes de ressources nécessaires pour gérer une entreprise prospère.

En fait, le manque de profondeur des processus de prise de décision dans les entreprises a été identifié comme l'une des principales raisons de l'échec des entreprises. Bien qu'il y ait une foule d'autres raisons, mais où l'analyse approfondie fait défaut dans le processus de prise de décision commerciale, la qualité des décisions prises est forcément faible et imparfaite et n'aura aucune force ou avantage stratégique, ce qui pourrait en fait entreprise à échouer.

Le processus de construction d'un modèle commercial autour d'une idée peut être assez difficile, car il y a beaucoup d'étranges et d'inconnus en cours de route, et il y aura également beaucoup de temps orageux et d'eaux sombres que l'entrepreneur devra traverser pour réussir. le travail de l'entreprise.

Lorsqu'un modèle d'entreprise est faible, il est déjà défectueux et il résiste à peine aux défis du monde des affaires, car en vérité, tout ce que quelqu'un essaie de faire maintenant a probablement été fait d'une manière ou d'une autre par quelqu'un d'autre. Nous sommes donc dans un monde qui récompense l'efficience et l'efficacité. Essayer d'entrer dans le monde des affaires avec une idée stratégiquement déficiente ou stratégiquement faible est voué à l'échec, car le monde ne récompense pas la médiocrité.

Comme souvent dit, il y a une grande différence entre un entrepreneur et un entrepreneur prospère, et la principale différence est le mot «succès». De plus, tout comme il y a une grande différence entre concourir et gagner, parce que le monde ne récompense pas le concours et les concurrents, le monde ne récompense que les gagnants.

De même, le monde ne récompense jamais les tentatives ou les essais, mais il récompense uniquement le succès. Donc, si vous voulez faire quelque chose, c'est un gaspillage et inutile de faire une tentative médiocre ou d'être mal préparé et juste de vous justifier que j'ai essayé, ou que j'ai essayé, et comme le dit le vieil adage, tout vaut cela vaut la peine de bien le faire.

Un exemple, si vous vous lancez dans une bataille, vous passez beaucoup de temps à vous préparer, à la fois pour l'attendu et l'inattendu, et vous entrez dans la mentalité de gagner, comme ne vous donner aucune place pour reculer, couler ou nager, et lorsque vous abordez votre idée avec cet état d'esprit, le plus souvent, l'idée deviendra une entreprise prospère. Et si en cas d'échec, vous apprendrez pourquoi il a échoué, vous obtiendrez un aperçu approfondi de l'idée et serez en mesure de repenser la stratégie et de revenir dans le jeu pour gagner.

J'ai lu une fois une histoire sur un âne accablé qui avait faim et soif, l'âne avait été accablé toute la journée et était devenu très soif et affamé, alors qu'il traversait encore le fardeau d'un champ, l'âne est tombé sur une pile de foin d'un côté et de l'eau de l'autre côté du champ.

Au début, il y avait de l'excitation chez l'âne, mais l'âne était si confus qu'il ne pouvait pas décider lequel choisir en premier, ... le foin en premier ou l'eau en premier, et cette confusion et cette indécision ont continué pendant un certain temps. point où l'âne s'est déshydraté, est devenu inconscient et est mort de soif. Le point ici encore est que vous pouvez réaliser tout ce que vous voulez dans la vie, mais vous ne pouvez JAMAIS tout faire en même temps, vous devrez établir des priorités.

Imaginez un scénario différent si l'âne avait décidé d'aller d'abord chercher l'eau pour étancher sa soif et là après aller chercher le foin, évidemment l'âne a peut-être survécu à la situation. Le même scénario est également vrai pour la plupart des gens, leur concentration et leur attention sont divisées sur tellement de choses qu'elles deviennent inefficaces et inefficaces dans la gestion de ces opportunités, et en tant que telles, elles échouent à transformer l'une des idées en quelque chose de significatif.

Ce scénario n'est en rien différent de celui de l'âne accablé; le seul point est que le cas de l'âne chargé a brossé un tableau très vivant des conséquences du manque de concentration, de hiérarchisation et d'indécision. Et les conséquences sont généralement vraies pour les gens, la seule chose est que les gens ne le voient pas de manière vivante comme dans le cas de l'âne.

La capacité de prioriser les idées et tout ce qui concerne la vie est une compétence clé sur laquelle les gens qui réussissent mettent beaucoup l'accent. Lorsque les idées commerciales sont classées par ordre de priorité en fonction de certains critères de classement élaborés par la personne impliquée compte tenu de ses forces, faiblesses et autres facteurs environnementaux identifiés, cela fournit une base pour que cette personne prenne des décisions éclairées, intelligentes et intelligentes qui pourraient aider à assurer le succès du projet. initiative.

Agir de cette manière signifie prendre le contrôle de la situation et prendre le contrôle de sa vie, en n'agissant pas aveuglément ou en espérant avoir de la chance, ou des pouvoirs magiques ou miraculeux pour les aider à réfléchir, mais plutôt croire qu'ils sont capables, et ils ont tout ce qu'il faut pour faire les tâches mentales d'analyse adéquate de la situation et de prendre des décisions éclairées qui peuvent aider à résoudre les défis et à gagner la partie, et dans le processus, faire avancer leur vie.

Un autre gouffre de l'échec dans des questions comme celle-ci est le danger de «paralysie de l'analyse». Cela peut être une faiblesse majeure pour beaucoup de gens, et cela se produit lorsque les gens suranalysent un problème au point où ils se retrouvent maintenant dans un état de confusion par leur propre analyse, ce qui les pousse ensuite dans un état d'inaction, où ils devenir paralysé par la peur ou submergé par la profondeur de l'information.

Ces personnes deviennent confuses et paralysées par la «surinformation» à laquelle elles sont exposées parce qu'elles espèrent habituellement voir le chemin complet ou une image claire de la façon dont toute l'idée ira, ou au mieux la séquence de progression sur le chemin avant de acte. Le fait est cependant qu'il est souvent pratiquement impossible de tracer tout le chemin du succès parce que la vie arrive et qu'il y a des événements imprévisibles tout au long du chemin du succès.

S'inspirant des paroles du Dr Martin Luther King Jr., qui dit: «Faites le premier pas dans la foi, vous n'avez pas à voir tout l'escalier, faites simplement le premier pas.» Le fait est que nous ne pouvons jamais savoir comment une idée fonctionnera du début à la fin, car les idées ne sont jamais complètement formées et il y a des incertitudes et beaucoup d'inconnues sur le chemin de la transformation de l'idée. Compte tenu de cela, nous devons nous assurer que nous avons un plan approprié en place sur la façon de parcourir le chemin vers notre destination, mais parce que nous savons que les chemins sont remplis d'inconnus et d'incertitudes, nous devons être prêts à réviser notre plan en conséquence. la situation évolue.

Rumi a noté un jour que «lorsque vous commencez à marcher sur le chemin, le chemin apparaît» donc nous ne pouvons pas attendre et en fait nous n'avons pas besoin de voir tout le chemin vers notre destination avant d'agir. Les personnes qui réussissent n'ont pas envie de voir le chemin complet vers leur destination avant de déménager.

Une fois qu'ils ont compris leur destination, ils commencent à agir et commencent à découvrir le chemin vers leur destination, car ils comprennent que les inconnues tout au long du voyage, qui seront rencontrées sont ce qui les définira, ce sont eux qui façonneront leurs compétences et leur compréhension. de ce qu'il faut pour arriver à destination.

En outre, le succès est en fait dans le voyage, car c'est dans le processus que le succès est né et que la valeur du succès est réalisée. C'est là que nous développons la force de caractère et la discipline pour gérer le succès.

Les personnes qui réussissent développent toujours l'habitude de rester concentrées sur leur destination. Ils gardent les yeux rivés sur l'objectif, et ils sont prêts et déterminés à mettre tout ce qu'il faut, à sacrifier tout ce qui devait être sacrifié, pour atteindre leur objectif.

Ils comprennent que le voyage sera dur et difficile, et qu'il y aura quelques ou plusieurs moments sombres et solitaires en cours de route, mais cela ne les décourage pas car ils se concentrent sur leur objectif et non sur ce qu'ils doivent céder. pour arriver à leur objectif.

Les personnes qui ne réussissent pas, par contre, se concentrent toujours sur le voyage et non sur le but. Ils pensent toujours à la difficulté et aux défis sur le chemin et aux obstacles qu'ils doivent surmonter pour atteindre leur objectif. Par conséquent, ils deviennent facilement dépassés par ces obstacles et défis au cours du voyage et ils laissent tomber la balle, et en tant que tels, ils n'atteignent pas leur destination et ne réalisent jamais leur rêve.

Un fait de la vie est, ce sur quoi vous vous concentrez, c'est ce que vous verrez, parce que l'esprit est comme un missile guidé, lorsque vous vous concentrez sur les défis et difficile sur le chemin vers un objectif, ce que vous verrez est la difficulté et non le but. De même, lorsque vous vous concentrez sur l'objectif, les douleurs et les frustrations le long du chemin du voyage auront moins de conséquences sur votre résolution.

Pour réussir dans la vie, vous devez prendre le contrôle de votre esprit et vous concentrer sur les choses appropriées, vous devez également apprendre à prioriser et à faire des choix intelligents parmi les nombreuses bonnes idées qui vous bombardent constamment. Et lorsque vous avez identifié ce que vous voulez faire, vous devez rester concentré sur l'objectif comme un missile guidé verrouillé sur sa cible, ou placé d'une autre manière comme un requin tournant et verrouillé sur sa proie.

Lorsque vous agissez de cette façon, vous avez de bonnes chances d'atteindre votre objectif et de trouver le vrai succès et l'épanouissement dans le voyage et la réalisation de vos objectifs.

Votre capacité à vous concentrer est votre pouvoir, utilisez-le à bon escient!

Vivez votre vie avec INTENTION

Demain est un autre jour!

PETITES CHARNIERES PIVOTANTES GRANDES PORTES

"Petites charnières pivotantes grandes portes" – W. Clement Stone

C'est un fait bien connu de la vie que les petites choses de la vie font la grande différence. Souvent, beaucoup de gens négligent cela, les petites choses de la vie comme ayant peu d'impact. Prenons par exemple nos habitudes et notre discipline qui sont deux styles de comportement qui ont un impact énorme sur nos vies, ce sont les petites choses que nous faisons au jour le jour, mais elles ont toutes deux un impact énorme sur nos vies. En fait, ils déterminent où nous en arriverons dans la vie, le genre de personnes qui choisiront de rester autour de nous, et généralement le genre d'expériences que nous aurons dans la vie.

Ce sont les petites charnières qui ouvrent les grandes portes, les petites choses de la vie qui façonnent le plus nos vies, les petites choses que nous faisons qui ouvrent la porte aux grandes choses de la vie.

Dans ce scénario, jetons un œil aux charnières d'une porte, il est étonnant qu'une si petite chose puisse faire une si grande différence. La charnière est la partie la plus obscure de la porte, c'est cette petite pièce cachée derrière l'attraction principale et la fonctionnalité de la porte. La charnière est comme une réflexion après coup, un petit détail trivial sans lequel la porte est inutile, c'est ce qui permet à la porte de remplir ses fonctions d'ouverture et de fermeture, permettant l'accès à certains et fermant l'accès à d'autres, mais souvent, on oublie quoi balance la porte, la plupart du temps on n'y pense pas, on se concentre uniquement sur la porte.

Nous pouvons comparer le concept de la porte à nos vies, comment les petites choses que nous faisons deviennent responsables de certaines des grandes réalisations et conséquences de nos vies. Nous nous concentrons et célébrons les grandes réalisations de nos vies, ou à un autre moment, nous sommes peinés et pleurons sur les échecs et les erreurs de nos vies, mais nous oublions que ce sont ces petites actions que nous faisons au fil du temps qui ont conduit à ces grandes les impacts.

Comme souvent dit, la porte du succès bascule vers l'intérieur, nos habitudes et notre discipline issues des petites choses que nous faisons et de la façon dont nous les faisons ont l'impact le plus profond sur nos vies, et ce sont les petites charnières qui ouvrent de grandes portes.

Lorsque nous identifions les petites choses dans nos vies, les habitudes et la discipline qui auront l'impact que nous désirons dans nos vies, nous commençons à voir le monde avec une nouvelle perspective qui nous aide à nous concentrer sur la bonne chose qui soutiendra notre dynamisme. pour le succes.

Bruce Barton a dit un jour: «parfois, quand je considère les énormes conséquences qui découlent de petites choses.... Je suis tenté de penser qu'il n'y a pas de petites choses. "Le fait de la vie est que ce sont les petites choses que nous faisons qui ouvrent la porte aux grandes choses de la vie. Il apparaît donc que si nous pouvons contrôler les petites choses dans notre vies, alors rien ne peut être vraiment hors de notre portée.

De plus, ces petites choses qui aboutissent à de grandes et remarquables réalisations, ce sont les choses que nous faisons tous les jours, nos décisions, nos émotions, nos pensées, notre attitude au travail, généralement comment nous abordons les choses de la vie, au jour le jour et les choses que nous choisissons. à faire et comment nous les faisons.

L'excellence dans tous les domaines de notre vie peut découler de la détermination des petites choses appropriées, puis de la concentration sur ces petites choses, avec engagement, cohérence et diligence.

Considérons ceci, succès de l'ingénierie inverse, et vous vous rendrez compte que ce n'est rien de plus que la capacité de décomposer de grandes choses en petits morceaux gérables, puis de travailler sur ces petits morceaux tous les jours, et vous commencerez à voyez comment ils sont devenus la feuille de route de tout ce que nous avons entrepris d'accomplir.

Comme les petites charnières qui ouvrent de grandes portes, ce sont ces petites choses que nous faisons dans la vie qui engendrent le succès. Chaque grande réalisation se produit une étape à la fois, et comme le vieil adage, le voyage de mille miles commence par un pas. Et le fait est que n'importe qui peut faire un seul pas, puis en faire un autre et un autre. De plus, n'importe qui peut chanter une note, puis une autre et une autre jusqu'à ce qu'elle devienne une chanson. Et encore une fois, n'importe qui peut écrire un mot, et un autre jusqu'à ce qu'il devienne un livre. Ainsi, nous pouvons tous réussir si nous choisissons de nous mettre au travail pour réussir.

Le fait est que ce sont les petites choses que nous faisons qui résument les grandes choses de la vie, et le fait est que nous ne pouvons pas obtenir de résultats substantiels sans maîtriser les pièces qui ont créé la base de ces résultats substantiels et formidables. Les grands comme Usain Bolt, Serena Williams, Eliud Kipchoje, Arnold Schwarzenegger, parlent tous de leurs sacrifices quotidiens comme des éléments constitutifs de leur grandeur.

Par conséquent, lorsque nous nous souvenons de ce qui ouvre la porte de la vie, des sacrifices quotidiens, de la sueur, des douleurs, de l'engagement et de toutes les autres cotisations qui doivent être payées d'avance, alors nous nous mettons en position de franchir la porte de la vie. du succès, avec la confiance de savoir que nous avons payé le prix du succès.

Le succès dans la vie est simple, mais pas facile, il faut de l'engagement et de la cohérence pour faire ces petites choses qui forment la base et la base du succès. Donc, une fois que vous avez décidé de ce que vous voulez faire dans la vie, poursuivez-le avec toute votre concentration, votre puissance et tout ce qui est en vous. Le voyage sera difficile et ce sera difficile, mais si vous restez résolu et continuez à persévérer, ces petits éléments de base du succès continueront de s'empiler, et un jour la pile deviendra grande, comme une montagne qui vous élèvera à le royaume des réussis et des grands.

En empilant les blocs et en gravissant la montagne du succès, il y aura des pas manqués, parfois beaucoup plus de pas manqués, car personne ne peut gravir une montagne sans faire quelques pas manqués. Et gravir la montagne du succès nécessite de nouvelles découvertes, apprendre ce qui fonctionne et ce qui ne fonctionne pas, et bien d'autres choses. Donc, il est normal que quelqu'un fasse quelques pas manqués tout en gravissant la montagne du succès en essayant de travailler sur ses objectifs.

De plus, tout au long du voyage, il y aura des échecs, des déceptions, des frustrations, des nuits sombres et orageuses et solitaires, mais ils font tous partie du prix à payer pour réussir, ce sont les attributs qui enseignent au succès la valeur du succès, et élever également le caractère nécessaire pour gérer le succès.

La discipline est l'élément clé qui maintient les gens qui réussissent concentrés sur les douleurs et les sacrifices de gravir les échelons du succès. Et c'est l'un des éléments clés du succès dans tous les domaines de la vie. Sans discipline, il n'y a pas d'accomplissement durable et avec un manque de discipline, il n'y a pas de succès. Les objectifs ne peuvent être atteints sans discipline; les rêves ne deviendront pas réalité, et sans discipline il n'y a pas de grandeur.

Contrairement aux personnes qui réussissent, les personnes qui ne réussissent pas manquent de discipline dans tout, que ce soit en ce qui concerne leur carrière, leurs finances et d'autres domaines de leur vie. Et parce qu'ils manquent de discipline, ils sont incapables de se concentrer ou de maintenir leur concentration sur leurs objectifs. Par exemple, certains des attributs indisciplinés de l'échec sont:

❖ Parce qu'ils sont indisciplinés avec leur temps, c'est pourquoi ils n'ont toujours pas le temps.

❖ Ils sont indisciplinés avec leur santé, leur mode de vie et ce qu'ils mangent, c'est pourquoi ils sont en mauvaise santé.

❖ Ils sont indisciplinés dans l'apprentissage, c'est pourquoi ils n'ont pas de connaissances et,

❖ Parce qu'ils sont indisciplinés avec leurs finances, c'est pourquoi ils sont sans ressources et pauvres.

La discipline est le fruit de la mentalité de champion, les gens qui réussissent sont disciplinés sur tout dans leur vie, ils ne croient pas que la vie arrive par accident ou par chance, mais plutôt en exécutant consciemment les actions souhaitées qui mèneront au succès. Par conséquent, lorsque des obstacles se présentent sur le chemin, ils ne s'inclinent pas devant les obstacles, ils font face aux obstacles et continuent à y travailler et à persévérer jusqu'à ce qu'ils surmontent le défi.

Les perdants, d'autre part, s'inclinent devant les obstacles, ils rétrécissent à la première vue des difficultés et des défis ou au mieux après une courte tentative pour surmonter les obstacles, et ils cèdent et proposent des dictons comme si c'était trop difficile, c'est trop difficile; cela ne peut pas être fait ou n'est pas censé fonctionner, etc.

En revanche, les champions font plier les obstacles, car ils continuent à persévérer et refusent d'abandonner, et dans le processus ils développent la force de caractère, la ténacité et la forte mentalité pour continuer à faire avancer leurs objectifs et leurs rêves.

Les gens qui réussissent comprennent également que le premier chemin vers le succès est de garder leur esprit, ce à quoi ils pensent et comment ils pensent, car notre pensée est énergie, et ce dans quoi nous mettons de l'énergie prospère et ce que nous affamons d'énergie meurt. Ils sont donc conscients de la nécessité de penser et de toujours s'attarder sur des pensées positives, car lorsqu'ils s'attardent sur des pensées positives, ils construisent et continuent de développer un état d'esprit positif, qui détermine ce qu'ils voient et comment ils voient les choses dans la vie. C'est le concept qui conduit au succès, et c'est simple, il faut juste être discipliné pour suivre le principe.

La deuxième voie vers le succès est de garder notre bouche. Les réussis sont conscients de la nécessité de toujours garder leur bouche, parce que nos mots donnent de l'action à nos pensées, c'est puiser de l'énergie dans ce que nous pensons, ce qui conduit ensuite l'action, qu'elle soit positive ou négative.

Les personnes qui réussissent sont conscientes d'être positives dans leurs pensées et dans leurs paroles en raison de leur énorme impact sur nos vies. Nos paroles sont si puissantes que, une fois que nous ouvrons la bouche pour parler, nous disons au monde qui nous sommes. Par conséquent, en raison de ce fait évident et particulièrement important, les réussis s'efforcent toujours et constamment d'améliorer leurs connaissances et leurs compétences en communication, afin de pouvoir continuer à s'améliorer dans la présentation d'eux-mêmes à leur monde.

La présentation de nos idées, stratégies, plan d'action, de tout et même de nous-mêmes au monde est un déterminant clé du succès ou de l'échec de l'initiative. La présentation est essentielle car c'est ce qui pousse les émotions des gens à agir en notre faveur ou contre une telle initiative.

Tout dans nos vies est construit sur la confiance, la façon dont les autres nous perçoivent, comment nous sommes acceptés et comment ils interagissent avec nous. Tout repose sur la confiance. Nous gagnons la confiance des gens par la façon dont nous nous présentons à eux, lorsque nous démontrons que nous sommes dignes de confiance, fiables, compétents, compatissants et accommodants, nous avons tendance à gagner la confiance, et lorsque nous continuons à démontrer ces traits, nous construisons et consolidons la confiance.

Lorsque les gens nous font confiance, ils veulent faire des choses avec nous, ils veulent investir dans nos idées, ils veulent collaborer avec nous et ils veulent patronner nos produits et services, car ils croient qu'ils obtiendront la valeur perçue promise. le produit ou les services.

C'est ainsi que les gens réussissent leur idée, et le succès d'une telle idée pourrait apporter richesse et renommée à une telle personne. C'est ainsi que les gens développent leur idée vers le succès et comment ils deviennent prospères et riches, ce n'est pas sorcier, il utilise simplement le même vieux principe testé et fiable d'être digne de confiance et de se présenter comme tel, et le monde collaborera avec nous en poussant nos objectifs et nos rêves vers le succès.

Les grands comprennent que, juste parce qu'ils ont une pensée ne signifie pas nécessairement qu'elle est correcte, ils passent donc beaucoup de temps et d'énergie à rechercher et à essayer d'apprendre et de découvrir plus sur le sujet. Ils sont fascinés par l'idée de nouvelles découvertes et leur capacité à comprendre les tendances futures. C'est pourquoi vous trouverez souvent de nombreuses personnes extrêmement prospères qui sont proactives et futuristes dans leur réflexion et leur approche des choses de la vie.

Is ne sont pas statiques mais toujours tournés vers l'avenir dans leur approche de la vie, et en tant que tels, ils ont tendance à connaître un succès après l'autre en raison de leur curiosité et de leur esprit insatiable. Et toujours en s'améliorant et en devenant une meilleure version d'eux-mêmes et en améliorant ainsi également leurs offres au monde.

Il est cependant ironique que beaucoup de gens aient tendance à croire que leurs pensées ont quelque chose à voir avec leur destin. Et quand les gens pensent de cette façon, leur vie ne va pas forcément changer tellement parce que la même pensée conduit aux mêmes choix. Par conséquent, s'ils continuent à penser de la même manière, ils ont tendance à produire les mêmes résultats que ce qu'ils ont produit auparavant, de sorte que leur vie ne changera probablement pas beaucoup.

C'est un fait établi que nous pensons à environ 60 à 70 000 pensées chaque jour et qu'environ 90% (quatre-vingt dix pour cent) des pensées sont les mêmes que la veille, nous avons donc tendance à continuer à faire circuler nos pensées jour après jour.

Par conséquent, si quelqu'un a un état d'esprit négatif et que la pensée négative se répète jour après jour, les mêmes pensées négatives conduiront toujours aux mêmes choix négatifs et à la même expérience négative, de sorte que leur vie n'ira nulle part de note ou d'importance. Et en tant que tel, ce ne sera probablement pas une vie réussie ou heureuse, mais plutôt une vie vécue dans la douleur, la frustration et la misère. Et une telle vie sera aussi une vie ennuyeuse, une vie de monotonie et de routine banale.

Il est ironique de constater que quiconque aspirerait à cela, consciemment ou inconsciemment.

Vivez votre vie avec INTENTION

Demain est un autre jour!

LES GENS N'AIMENT PAS PENSER!

«Le monde tel que nous l'avons créé est un processus de notre réflexion. Cela ne peut pas être changé sans changer notre façon de penser. - Albert Einstein

Les gens n'aiment généralement pas penser, non seulement parce que la réflexion est difficile, mais en partie à cause d'une surcharge d'informations et en partie en raison de l'ignorance due à une mauvaise expérience éducative dans l'enfance.

Comme Friedman l'a déjà noté, avec tant de bribes d'informations étranges à notre disposition maintenant, il est facile de trouver de la désinformation et de la désinformation délibérée et de s'y accrocher parce que cela résonne avec quelque chose, nous pensons déjà savoir. Tout ce qui semble familier sera le bienvenu, tandis que les informations inconnues ont tendance à être mises de côté pour examen, puis perdues dans le bourbier de notre vie quotidienne surchargée.

En général, les gens n'aiment pas les choses difficiles, mais plutôt les choses faciles, et il y a un vieil adage qui dit que - penser est le travail le plus difficile, c'est pourquoi la plupart des gens ne le font pas. En regardant cela d'un œil critique, les gens n'aiment généralement pas penser pour deux raisons évidentes:

Ils manquent de confiance dans leur propre prise de décision et, la deuxième raison est qu'ils ne veulent pas mettre l'énergie mentale nécessaire pour penser, car en vérité, la pensée est une tâche mentale et peut également être épuisante mentalement. Bien que la pensée soit difficile, cependant, les douleurs et les frustrations de ne pas penser sont encore plus difficiles, extrêmement pénibles et peuvent être éternellement douloureuses.

Les gens n'aiment souvent pas penser, uniquement parce qu'ils ne veulent pas investir l'énergie mentale pour passer par le processus de réflexion, et parce qu'ils n'ont pas confiance en leur propre processus de prise de décision, ils préfèrent souvent la voie rapide et facile qui est demander conseil à d'autres personnes, demandant ainsi techniquement à d'autres personnes de les aider à réfléchir à leur vie qu'elles ne voulaient pas faire elles-mêmes. Et l'ironie de cela est qu'ils croient aveuglément et acceptent les réponses ou les conseils d'autres personnes comme correctes et probablement les meilleures pour cette situation de leur vie.

La question cependant est: comment l'opinion des autres peut-elle être une décision correcte pour leur vie? Parce que nous sommes tous des individus uniques, avec une ténacité, des antécédents, une exposition et des croyances différentes. L'opinion ou les conseils d'autres personnes peuvent donner une indication, mais cela ne peut pas être une ligne de conduite totalement correcte pour votre vie, car les autres ne sont pas vous et il n'y a pas comment ils peuvent pleinement comprendre la personne en vous et ce que vous traversez et comment cela vous affecte. Alors, comment leur opinion peut-elle être totalement correcte selon laquelle les gens ont tendance à croire et à faire confiance aux autres avec les décisions de leur vie?

Il est vraiment étonnant de voir comment la plupart des gens confient facilement leurs décisions de vie entre les mains de quelqu'un d'autre, même s'ils ne connaissent pas vraiment ces personnes, ou que ces personnes ne se soucient même pas beaucoup d'elles. Pourtant, ils choisissent de faire confiance aux conseils de ces personnes plutôt qu'à leur propre esprit, et ils croient que ce que dit l'autre personne devrait être correct pour leur vie, mais pas ce que leur esprit pense.

Le fait est que souvent, les gens ne demandent jamais vraiment à leur esprit, ils ne se demandent jamais vraiment pourquoi ils ne pensent pas. Ils ne comprennent pas que personne ni rien ne peut savoir à leur sujet qu'eux. L'esprit, qui comprend et contrôle tout ce qui les concerne, est le même esprit qui a été là toute sa vie, qui sait qui ils sont, comment ils répondent aux problèmes et aux défis de la vie et leur orientation vers la vie en général. Pourtant, les gens ont tendance à chercher et à croire les conseils d'autres personnes, qui n'ont probablement aucune connaissance à leur sujet, par rapport aux leurs ... Quelle ironie!

La triste vérité est que les gens ne pensent pas parce qu'ils manquent de confiance en eux et ne veulent pas faire le travail mental nécessaire pour décomposer le problème en morceaux pour le comprendre en profondeur et proposer une gamme d'options qui pourraient le mieux résoudre le problème. situation. Ensuite, évaluez ces différentes options, puis sélectionnez la ligne de conduite la plus appropriée compte tenu de toutes les circonstances impliquées dans la situation.

Leur choix de décision peut probablement être le meilleur cours pour la décision de leur vie, ce qui est bien, mais s'il en était autrement, ils en auraient beaucoup appris, puis réévalueraient la décision et prendraient des mesures correctives pour prendre les bonnes décisions.

Comme souvent dit, les personnes qui réussissent ne prennent pas toujours la bonne décision, mais elles prennent toujours leurs décisions correctement. Et ils sont capables de le faire parce qu'ils sont passés par le processus de réflexion critique consistant à analyser la situation, à proposer une gamme d'options et à sélectionner l'option apparemment la plus appropriée.

Cependant, parce que la plupart des gens sont mentalement paresseux et ne sont pas passés par le processus de pensée critique sur la question, parce qu'ils ne veulent pas investir l'énergie mentale pour faire le travail de réflexion, ils choisissent plutôt de pousser le travail de leur vie à quelqu'un d'autre. de le faire pour eux, alors qu'en réalité c'est un travail dans notre vie que nous ne pouvons nous permettre de déléguer à personne, car personne ne peut le faire comme nous et personne ne le fera mieux que nous car personne ne nous comprend plus que nous.

Les personnes qui échouent ne réussissent pas par une seule action clé mais par la combinaison d'une série de mauvaises décisions et de mauvaises actions qui se sont transformées en habitudes, qui mènent à l'échec et à une vie infructueuse. De la même manière, les gens ne réussissent pas du jour au lendemain ou par une formule miracle, mais plutôt par une série de bonnes étapes d'action et de bons choix de décision qui ont conduit à de bonnes habitudes qui aboutissent ensuite au succès.

Ainsi, le succès et l'échec dans la vie dépendent en grande partie de nos habitudes, ce qui explique pourquoi certaines personnes, bien qu'elles soient brillantes sur le plan académique et au sommet de la classe, échouent dans la vie et deviennent pauvres et échouent à cause de leurs habitudes. Ils manifestent inconsciemment les habitudes infructueuses qu'ils ont prises de leurs parents, chez eux et au cours de leur vie qu'ils manifestent maintenant et sabotent inconsciemment les efforts de leur vie pour essayer de réussir.

Imaginez un autre scénario, quelqu'un peut être au bas de la classe ou ne pas s'intéresser au système scolaire et abandonner, mais à cause de son éducation par des parents riches et prospères, et du succès en créant des habitudes qu'ils ont acquises de leurs parents et Au cours de leur vie, ils traversent leur vie en exhibant inconsciemment ces habitudes positives, faisant inconsciemment les bonnes choses qui mèneront au succès et ils réussiront.

Ce scénario est exactement l'histoire de la vie de feu Steve Jobs d'Apple et Bill Gates de Microsoft. Tous deux se sont désintéressés des universitaires, ont abandonné l'école et ont créé leur entreprise et ils ont fini par devenir certains des hommes les plus riches du monde.

Comme souvent dit, la seule différence entre les personnes qui réussissent et les personnes qui échouent est leur façon de penser. Les riches sont riches parce que leur pensée est riche, et les pauvres sont pauvres parce que leur pensée est pauvre, c'est une simple réalité de la vie.

De plus, les gens échouent et sont pauvres dans la vie à cause d'une série de mauvais choix de décision dans leur vie au fil des ans qui sont devenus une partie de leurs habitudes subconscientes qu'ils manifestent sur le pilote automatique sans avoir besoin de réfléchir avant de montrer un tel schéma d'échec créant une habitude ou des actions. Et la même chose est vraie pour les gens qui réussissent, ils réussissent en raison du succès en créant des modèles de pensée qu'ils présentent inconsciemment.

En regardant cela d'un œil critique, le succès est simple, assez simple, mais pas facile. C'est dur, c'est intentionnel, et cela demande beaucoup de travail acharné, de bons choix de décision non seulement pour faire les choses correctement, mais aussi et surtout, faire les bonnes choses. Réussir dans la vie implique également de ne pas faire les mauvaises choses, car si vous faites les bonnes choses mais aussi les mauvaises choses, l'effet des deux s'annulera simplement, de sorte qu'une telle personne pourrait toujours échouer.

Le succès est simple car il ne nécessite pas de formule magique ou de chance, il faut faire la bonne chose à la fois consciemment et inconsciemment. Et parce que l'esprit subconscient contrôle environ quatre-vingt seize pour cent (96%) de tout ce que nous faisons dans notre vie, l'esprit subconscient qui est l'esprit d'habitude joue donc un rôle vital dans la réussite ou l'échec de quiconque dans la vie.

Généralement, le moment critique où notre subconscient commence à se programmer est la première partie de notre vie entre 1 et 7 ans, lorsque notre cerveau est dans un état appelé «Thêta» où le cerveau apprend par l'observation. C'est l'âge où un enfant développe la personnalité de ce qu'il deviendra dans la vie, et c'est pourquoi il y a plus de 400 ans, le jésuite a toujours dit "donne-moi un enfant jusqu'à ce qu'il ait sept ans et je te montrerai l'homme" . Ainsi, un enfant né dans une famille pauvre observe et apprend les chemins dans une famille pauvre. Et ce qui est généralement discuté dans la famille se concentre sur la réflexion sur la rareté, la gestion de la rareté, du manque, de l'inaccessibilité, de l'inquiétude, du doute, de la peur, etc.

D'un autre côté, un enfant né dans une famille riche est exposé à ce que les parents ou les gens de son entourage discutent à la maison. Et généralement cela implique des questions comme le leadership, les compétences en gestion, les investissements, les transactions, comment gagner, les compétences de négociation, la réflexion sur l'abondance, etc. Et cela continue pour former la pensée fondamentale dans l'esprit subconscient de l'enfant. Ainsi, quand ils grandissent, ces traits forment le fondement des habitudes de pensée subconscientes de l'enfant. Ainsi, plus de 96% du temps de leur vie, ils font inconsciemment les bonnes choses qui les mèneront au succès.

De plus, un enfant né dans une famille pauvre peut essayer de faire les bonnes choses consciemment, mais 96% du temps de sa vie, il peut faire inconsciemment des choses qui sabotent son effort conscient d'essayer de faire les bonnes choses qui le feront. conduire au succès. Et par conséquent, ils finissent par échouer.

D'un autre côté, un enfant né dans une famille riche peut être stupide et stupide, mais 96% du temps de sa vie, il fait inconsciemment les bonnes choses qui mèneront au succès, à cause du programme qu'il a reçu.

Cependant, cela ne signifie pas que les gens ne peuvent pas rompre avec leurs habitudes infructueuses qui les font échouer. Ils peuvent briser les habitudes d'échec subconscient en reprogrammant consciemment leur subconscient à travers le processus de répétition et d'habituation aux bonnes habitudes qu'ils veulent s'imprégner. Ce n'est pas un processus facile, mais il est réalisable et tant de gens ont réussi à reprogrammer leur subconscient avec succès pour réussir.

Les personnes qui réussissent ont développé l'habitude de programmer continuellement leur subconscient pour réussir, et elles le font en engageant leur esprit conscient avec la lecture, en écoutant des livres audio et d'autres formes d'apprentissage, et en faisant l'effort conscient de pratiquer l'apprentissage pour en faire un habitude.

De plus, les personnes qui réussissent se tiennent responsables de leurs décisions, et parfois lorsqu'elles prennent les mauvaises décisions, en fait la plupart du temps, elles prennent les mauvaises décisions, mais le fait est qu'elles apprennent à toujours prendre les bonnes décisions. Parce que comme tout le monde, ils ne sont pas parfaits, ce sont des travaux en cours, la seule différence entre eux est qu'ils se plongent dans leur travail, ils travaillent dur, ils réfléchissent dur et ils se tiennent responsables de toutes les actions et décisions de leur vie. Et ils ne s'arrêtent pas simplement là, mais ils agissent toujours, ils ne sont pas paralysés par la peur, l'inquiétude et le doute, mais ils sortent et se battent pour leurs objectifs et leurs rêves. En outre, ils s'efforcent continuellement de s'améliorer car ils comprennent que c'est le seul moyen d'atteindre un véritable succès et de maintenir le succès.

Les gens qui réussissent travaillent toujours pour devenir la meilleure version d'eux-mêmes, ils croient qu'ils ne sont pas parfaits, et lorsqu'ils font des erreurs en cours de route dans leur cheminement de vie, ils les corrigent et passent à faire mieux la prochaine fois, mais ils ne s'arrêtent jamais, ils ne quittent jamais, mais travaillent continuellement et s'efforcent d'être meilleurs dans leur métier. Ils croient que le succès ne passe que par un travail acharné et un dévouement, non par une formule magique ou une pilule miracle, mais par un travail acharné et une détermination à réussir.

Le succès est beau, c'est intéressant et amusant, mais il n'y a rien de glorieux ou d'excitant dans l'échec et la pauvreté, c'est plutôt douloureux, c'est triste et humiliant. Personne ne célèbre l'échec et personne ne veut s'associer à l'échec. Tout le monde veut parler des réussis, des grands, des performants, de ceux qui façonnent notre monde. Ce sont eux dont on se souvient même longtemps après leur départ, leur travail et leurs réalisations les immortalisent.

Comme souvent dit, il y a une différence entre un entrepreneur et un entrepreneur prospère, qui est le mot succès. Donc, essayer et échouer ne compte pas, personne ne célèbre l'échec et personne ne célèbre les tentatives, ceux qui réussissent le comprennent, c'est pourquoi ils continuent d'essayer malgré de nombreux échecs jusqu'à ce qu'ils réussissent, ce n'est que lorsqu'ils célèbrent leur succès.

Le monde n'a pas de place pour ceux qui échouent, ils sont inconnus et ne se souviennent pas, c'est comme s'ils se sont glissés tranquillement dans ce monde et sont sortis sur la pointe des pieds sans aucun impact. Comme Le Brown l'a déjà noté, "le jour le plus important dans la vie d'un homme n'est pas le jour de sa naissance ni le jour de sa mort, mais le jour où il a découvert pourquoi il est né" On peut dire que celui qui n'a pas réussi n'a jamais découvert la raison pour laquelle ils sont venus dans ce monde parce que s'ils l'ont fait, ils auront béni le monde avec leur don et auront un impact positif sur notre monde. C'est triste de dire qu'ils sont venus dans ce monde et sont partis, sans que personne ne sache qu'ils étaient ici.... Quelle perte de vie!

Sur la pierre tombale d'une personne, la date de sa naissance sera inscrite sur le côté gauche et la date de sa mort sur le côté droit. Ces deux dates ne sont pas si importantes car elles sont souvent oubliées, ce qui est important et ce dont le monde se souviendra probablement, c'est le tiret au milieu, qui représente tout ce que la personne a fait, ses réalisations sur cette terre avant sa disparition.

C'est ce qui déterminera si la personne se souviendra ou non, et comment on se souviendra de la personne. Que sa vie ait eu un impact sur le monde ou non et s'il a utilisé ses dons de Dieu pour bénir et le monde, ou s'il a gardé le don inactif en lui et l'a repris avec lui à sa sortie de ce monde.

En outre, le Dr Myles Monroe a noté un jour que «l'endroit le plus riche du monde n'est pas la Chine où se trouvent des géants de la fabrication ou l'Afrique du Sud où il y a d'énormes gisements minéraux, mais le cimetière, car vous y trouverez des rêves non réalisés et des cadeaux qui n'ont jamais été réalisés. utilisé, "et des talents qui n'ont jamais été développés, mais qui auraient tous pu être utilisés pour façonner notre monde et le rendre un peu meilleur, ils étaient plutôt confinés à la dormance et à la mort.

Alors, je vous implore tous de lutter pour une vie de succès, car c'est ce qu'est vraiment vivre. Et nous sommes tous conçus pour réussir, nous devons donc réussir, et il suffit de prendre une série de décisions simples, de faire ce qu'il faut, de montrer les bons modèles de comportement, les bonnes mentalités et les bonnes habitudes.

Nous sommes tous conçus pour réussir et, à ce titre, nous devons réussir. Veuillez choisir de réussir.

Vivez votre vie avec INTENTION

Demain est un autre jour!

PROGRAMMEZ-VOUS POUR REUSSIR

"À la fin, nous ne nous souviendrons pas des paroles de nos ennemis, mais du silence de nos amis" - le Dr Martin Luther King Jr.

Le silence est généralement un comportement conscient, intentionnel et déterminé. Alors que le silence peut être bon pour le bien-être individuel en termes d'apaisement du bruit autour de nous pour écouter clairement notre esprit et aussi aider à libérer le stress et la tension du cerveau et du corps. Cependant, il est généralement considéré comme un comportement négatif dans les contextes organisationnels parce que les gens cachent consciemment les connaissances sur les questions organisationnelles qui devraient être partagées ou exprimées pour améliorer l'apprentissage et les compétences organisationnelles. Par conséquent, cette connaissance est refusée à l'organisation, et en tant que telle, l'organisation en souffre. Si nous appliquons le contexte à nos vies, nous pouvons alors commencer à apprécier la lourdeur de l'impact des paroles du Dr Martin Luther King Jr.

Let us turn the wise words of Dr Martin Luther King Jr around, and personalize it to ourselves, our beliefs, attitudes and dispositions to life, how we handle life issues, and our belief about ourselves when we are by our self, then we will begin to understand that, being silent to issues about us that we need to summon the courage and vigor to speak or fight over, can be a dangerous thing that can impede us from achieving our goals, finding fulfillments and living a life truly worth living.

Retournons les sages paroles du Dr Martin Luther King Jr et personnalisons-les pour nous-mêmes, nos croyances, nos attitudes et nos dispositions face à la vie, la façon dont nous gérons les problèmes de la vie et notre croyance en nous-mêmes lorsque nous sommes seuls, alors nous le ferons. commencez à comprendre que le fait de ne pas parler de questions nous concernant pour lesquelles nous avons besoin de courage et de vigueur pour parler ou combattre peut être une chose dangereuse qui peut nous empêcher d'atteindre nos objectifs, de trouver des accomplissements et de vivre une vie qui vaut vraiment la peine d'être vécue.

La question ici est, quand nous sommes seuls, quelles sont ces choses sur lesquelles nous choisissons de nous taire et quelles sont ces choses sur lesquelles nous osons parler ou agir? Ces choix sont éclairés par nos croyances, ce que nous croyons de nous-mêmes lorsque nous sommes seuls. Et ce qui est étonnant, c'est que nos croyances contrôlent tout dans nos vies, nos comportements, ce que nous voyons et ce que nous acceptons. En général, il détermine notre altitude dans la vie, et comment nous montons à l'altitude quelle que soit la hauteur.

Imaginez le scénario d'un poisson et de l'eau, l'eau est si omniprésente pour un poisson qu'elle cesse d'exister sans elle, un poisson ne peut pas respirer sans eau, même si le type d'eau affecte également l'existence du poisson. Si nous comparons cela à nous, êtres humains, ce dont nous ne pouvons pas vivre, c'est l'air, nous avons besoin de l'air pour survivre mais l'air n'est pas ce qui nous fait prospérer, c'est notre état d'esprit qui peut nous faire prospérer. Fondamentalement, notre épanouissement dans la vie ne se trouve pas dans le fait d'être vivant mais dans ce que nous choisissons de faire, maintenant que nous sommes vivants.

De plus, c'est notre incapacité à voir que notre état d'esprit contrôle tout dans nos vies qui affecte nos vies, et quand les gens ne peuvent pas voir que leur état d'esprit est l'auteur de tout dans leur vie, ils ont tendance à chercher au-delà d'eux-mêmes les solutions à leurs problèmes. ou parfois blâmer d'autres personnes ou circonstances pour les situations de leur vie sans se rendre compte qu'elles sont la cause de tout dans leur vie et qu'elles sont totalement responsables envers elles-mêmes.

La science a prouvé ce concept de croyance sans aucun doute avec les concepts «Placebo» et «Nocebo». Et ce concept est si puissant que si quelqu'un croit qu'il ou elle va mourir à cause d'une maladie ou d'une maladie ou quelque chose, alors cette personne pourrait mourir de cette croyance.

La chose intéressante cependant à propos de notre système de croyance est qu'une fois que nous en devenons conscients et conscients, et que nous changeons notre croyance sur quelque chose, alors cette chose devient vraie dans notre esprit et nous commençons à agir de manière à y arriver. Un exemple, il a été scientifiquement démontré que le simple fait de regarder la peinture sur une œuvre d'art modifie notre modèle d'ondes cérébrales, et lorsque notre modèle d'ondes cérébrales change dans la direction de ce que nous pensons et souhaitons réaliser, nous commençons alors à agir de telle manière que cela se produise.

Donc, si quelqu'un choisit de croire qu'il est insensé, alors il deviendra insensé, car il commencera à agir d'une manière insensée. Mais si d'un autre côté vous croyez que vous êtes intelligent et que vous pouvez réussir, alors vous commencerez à agir de manière à devenir intelligent et à réussir. Le grand défi pour la plupart des gens pourquoi ils échouent est parce qu'ils continuent d'exister sans être conscients que leur système de croyance est ce qui façonne leur misère et leur vie infructueuse.

Ils vivent toute leur vie en pointant du doigt tout le monde et toute autre chose mais pas eux-mêmes, ils ne voient pas qu'ils sont la cause des problèmes de leur vie et tout est créé par leur système de croyances. Et malheureusement, ils continuent à vivre de cette façon pour le reste de leur vie dans la douleur et la misère, espérant qu'un jour, quelque chose changera soudainement ou miraculeusement pour eux et que les choses iront mieux.

Ironiquement cependant, ils continuent dans ce cycle «d'attente et d'espoir» pour la meilleure partie des années productives de leur vie, et certains portent cet état d'esprit à leurs tombes, tandis que quelques autres sont secoués de leur état d'esprit paresseux et infructueux par certains des défis de vie difficiles, qui les obligent à changer face à la douleur et à la souffrance. Le fait est de savoir pourquoi attendre de changer dans un état de douleur et de souffrance quand on peut changer dans un état de joie et d'inspiration, quand tout se passe bien.

Cependant, ce cycle se poursuit généralement à travers des générations de ces personnes, c'est pourquoi la plupart du temps, vous verrez des tendances de traits infructueux traverser des générations dans une famille, parce que le même mauvais état d'esprit et le même système de croyances qui a engendré et enraciné l'échec, et des habitudes de pensée infructueuses. dans une telle famille continuent à être transférés le long de la lignée générationnelle.

C'est le fléau pourquoi la plupart des gens ont tendance à attribuer un tel scénario à une forme de problèmes générationnels comme une malédiction. Mais la vérité est que ce n'est pas une malédiction, c'est la façon dont ils ont programmé leur état d'esprit dans une telle lignée générationnelle familiale qui a fini par produire le même modèle de résultats, et continuera à produire de tels résultats jusqu'à ce que quelque chose change radicalement.

La chose étonnante à propos de notre système de croyance est cependant que c'est une «construction», c'est quelque chose que nous construisons par choix, et si la croyance est une construction, comme toute autre construction, elle peut être modifiée et elle peut être manipulée en une nouvelle croyance. Et nous pouvons choisir de le faire à tout moment de notre vie, et au moment où nous choisissons de changer notre croyance à propos de quelque chose, cette chose commence à devenir vraie.

Et ce que nous devons faire ensuite, c'est continuer à marcher sur le chemin de la nouvelle croyance, et la nouvelle croyance commencera à produire les résultats souhaités dans nos vies.

C'est un fait connu que nous construisons notre système de croyance, et nous avons également le pouvoir de le reconstruire, cela fait partie du processus évolutif humain, le pouvoir qui nous est accordé par la nature, pour créer et reconstruire nos vies, et notre système de croyance comme nous le voulons.

Nous possédons le pouvoir de reconstruire notre système de croyances en quelque chose de plus puissant qui peut enrichir nos vies, éliminer les douleurs, la misère, les frustrations et les souffrances. Et le processus pour faire cela est simple, c'est simplement en changeant ce que nous croyons sur nous-mêmes, en quelque chose de plus responsabilisant, et nous permettant ainsi de faire des choses que nous ne pouvions pas ou n'oserions pas essayer un moment avant de prendre la décision.

Par conséquent, nous pouvons décider maintenant de devenir plus, de donner plus, de faire plus et de partager plus, et en suivant ce chemin consciemment, avec engagement, cohérence et persévérance, nous commençons à manifester de tels sentiments.

Donc, nous devons réaliser que tout ce que nous croyons est un choix, et une fois que nous changeons notre système de croyance en ce que nous voulons ou qui nous voulons devenir, alors nous devons payer le prix pour devenir cela. Tout est dans notre choix et c'est ainsi que fonctionne l'univers.

La science a fini par reconnaître ce fait sans aucun doute, comment nos croyances façonnent nos vies. La science médicale a inventé le nom Épigénétique pour évoquer le pouvoir de nos sentiments et de nos émotions sur les compositions de nos gènes. Ainsi, nos sentiments, nos émotions et nos expériences environnementales façonnent nos vies bien plus que les compositions de nos gènes.

Par conséquent, si vous vous considérez comme pauvre financièrement, émotionnellement et mentalement probablement en raison des situations de votre vie et des circonstances autour de vous, alors vous serez pauvre, car c'est tout votre choix et votre système de croyance qui détermine vos actions et inactions à problèmes. Et en choisissant de croire cela, vous pouvez également choisir de changer votre croyance en changeant ce que vous croyez de vous-même.

Au fur et à mesure que vous devenez conscient de votre système de croyances et que vous changez votre état d'esprit de celui que vous voulez devenir et que vous vous engagez à payer le prix pour devenir cela, vous deviendrez cette personne. La vérité est que votre cœur sait ce que vous voulez vraiment et qui vous voulez vraiment devenir, bien que la plupart du temps vos yeux ne puissent pas le voir, tout comme nous ne voyons souvent pas la terre fertile verte de l'autre côté de la rivière qui ne le fait pas signifie que ce n'est pas là. Mais une fois que nous décidons de prendre notre vie en main et de continuer à faire les choses qui réussissent à la naissance sans abandonner, nous arriverons probablement à la destination souhaitée ou à un endroit plus beau que nous ne l'étions.

Le succès dans la vie est simple mais pas facile, c'est difficile et pas pour les timides, pas pour ceux qui quittent ou pour ceux qui n'en veulent pas vraiment. Le succès demande beaucoup de travail acharné, et dans la quête du succès, vous traverserez des douleurs, des jours sombres et orageux, et plusieurs moments de solitude, que vous vous remettrez en question et direz parfois que je suis sûr de ne pas avoir commis d'erreur, est-ce que je fais les bonnes choses ou devrais-je simplement abandonner? etc.

De plus, dans la quête du succès, vous pouvez même frapper votre rocher au fond, et là vous vous rendrez compte qu'au fond, c'est très solitaire, et cela peut être une expérience humiliante. Mais le plus important est qu'au fond, vous apprendrez la leçon que le sommet de la montagne ne vous apprendra jamais, vous développerez la force de caractère que vous ne forgerez jamais au sommet de la montagne, et aussi lorsque vous serez au plus bas. , Le seul autre moyen est de monter, et ensuite, vous apprécierez et comprendrez la vraie valeur du succès.

C'est ainsi que beaucoup de gens qui réussissent énormément développent leur riche sens de l'humilité, et vous entendrez beaucoup d'entre eux dire des choses comme, j'ai gardé Dieu dans ma vie et Il m'a gardé humble. Le fait est que vous ne pouvez jamais tout à fait comprendre le vrai sens de l'humilité si vous n'êtes pas passé par le fond.

Ironiquement, les pauvres qui échouent prétendent souvent être humbles, car ils ne comprennent pas le mot humilité, ils supposent que l'humilité dénote la posture de votre corps ou l'acte de se pencher ou de se pencher pour saluer, plutôt l'humilité va bien au-delà de cela, il est l'état de l'esprit.

Le fait évident cependant est que les personnes qui ne réussissent pas sont rarement humbles, c'est juste que la fierté en elles a été emprisonnée par la pauvreté et la douleur du manque, mais elles ne sont pas vraiment humbles, car l'élément de fierté peut encore être observé dans leur comportement. et comment ils s'adaptent à apprendre de nouvelles choses ou à changer leurs anciennes habitudes. L'humilité supposée de l'échec est le résultat de la pauvreté qui les enveloppe, parce que chaque fois qu'ils arrivent à un peu d'argent ou que l'occasion se présente, la vraie personne en eux se présente.

Les gens qui réussissent cependant, lorsqu'ils traversent les temps sombres et orageux, croient toujours que cela mènera à une meilleure fin; ils comprennent que, ceux qui marchent seuls ont les ailes les plus fortes et ceux qui volent seuls ont la direction la plus forte, donc leurs yeux ne sont pas focalisés sur la douleur ou la gratification immédiate, mais ils sont prêts à traverser les moments difficiles qui forgent leur force de caractère et les habitudes du succès. Ce qui, selon eux, mènera à leur succès dans la vie.

En regardant cela de manière holistique, on peut voir que les personnes qui réussissent profitent du meilleur de tous les mondes de la vie, qu'elles peuvent se permettre le niveau de luxe qu'elles souhaitent pour elles-mêmes et leurs familles, et qu'elles apprécient également la joie mentale et psychologique du succès. Ainsi, ils vivent une vie fructueuse, heureuse et épanouie, et ils diffusent cette ambiance positive dans le monde qui les entoure.

Cependant, pour l'échec, les douleurs, les frustrations, le manque, la colère, l'humiliation, la faible estime de soi peuvent tous conduire à une existence douloureuse et à une vie vide remplie de soucis. Cela peut être classé comme une vie de douleur et de souffrance que personne ne devrait désirer consciemment ou inconsciemment.

Ne choisissez pas une vie infructueuse, VEUILLEZ réussir.

Vivez votre vie avec INTENTION.

Demain est un autre jour!

LE POUVOIR DES MOTS PARLES

"Une fois que votre état d'esprit change, tout à l'extérieur changera avec lui" - Steve Maraboli

Dans toute entreprise humaine, avant que quoi que ce soit puisse changer, le changement doit être conçu, et cela se produit avec la pensée. Nous pensons en secret et cela arrive. Notre pensée est une force puissante, qui concentre notre énergie sur notre objectif. Donc, pour que quiconque réussisse quelque chose dans la vie, le succès doit d'abord être envisagé dans nos pensées, et ce n'est que lorsqu'il y a une forte conviction en nous que nous réussirons sur l'objectif.

De même, l'échec commence aussi par des pensées, les pensées de ne pas croire que l'on peut réussir sur leur objectif et donc d'agir inconsciemment de manière à attirer et à conduire à l'échec. Par conséquent, le succès et l'échec ont tous leurs racines dans nos pensées. Ce à quoi nous pensons, c'est ce qui devient la réalité pour nous.

Pour réussir dans la vie, vous devez apprendre à contrôler vos pensées et vos émotions, car vos pensées et vos émotions déterminent tout dans votre vie, elles déterminent vos croyances, la façon dont vous percevez les choses, réagissez et répondez aux problèmes de la vie, et le genre de mots. qui sortent finalement de vous et que vous utilisez pour exprimer votre vision du monde.

Un point critique à partir de cela est qu'une fois que vous ouvrez la bouche pour prononcer ces mots qui vous définissent, vous dites essentiellement au monde qui vous êtes. Vos paroles ouvrent une fenêtre sur votre esprit et donnent au monde l'occasion de mieux comprendre et comprendre comment vous pensez et comment fonctionne votre esprit.

Un exemple, si vous avez une personne sans instruction et un professeur vêtus de tenues similaires et assis tranquillement l'un à côté de l'autre lors d'un événement, il peut être difficile de dire qui est qui, mais au moment où ils ouvrent la bouche pour parler, vous ne le feriez pas. besoin que quelqu'un vous dise qui est le professeur et qui est la brute sans instruction. C'est aussi ainsi qu'il est si facile pour les gens de bien comprendre notre vision du monde à partir de la façon dont nous parlons, du choix des mots que nous utilisons et de la façon dont nous les utilisons dans nos conversations.

La façon dont nous parlons découlent de la façon dont nous pensons, donc lorsque nous exprimons notre façon de penser au monde à travers nos mots, nous commençons le processus d'attirer ce que nous sommes dans nos vies, ce qui a informé le dicton "les esprits semblables s'assemblent.

Nos pensées sont ce sur quoi nous nous attardons, et ce sur quoi nous nous attardons est ce que nous devenons. Si vous vous attardez sur des pensées négatives, ce sur quoi la plupart des gens s'attardent souvent, c'est ce que vous rayonnerez dans le monde. Et l'énergie négative que vous rayonnez est ce que vous attirerez dans votre vie, et en même temps repoussera ou repoussera les personnes à l'esprit positif qui rayonnent d'énergie positive.

C'est essentiellement l'explication pour laquelle les gens aux vues similaires affluent ensemble, et même le dicton populaire, montrez-moi vos amis et je vous dirai qui vous êtes. Steve Harvey le dit aussi mieux quand il dit: «Si cinq de vos amis fument, vous serez numéro six, et si neuf de vos amis sont fauchés, vous serez le dixième. C'est à cause de la mise en miroir mentale mutuelle qui continue de se produire dans le cercle de vos amis.

Dans la vie, nous attirons ce que nous sommes dans nos vies. Si vous avez un esprit négatif et que vous rayonnez de l'énergie négative, c'est exactement ce que vous attirerez dans votre vie, et de même si vous avez un esprit positif et rayonnez une énergie positive, vous attirerez essentiellement des personnes à l'esprit positif dans votre vie.

Tout dans nos vies, et dans ce monde est énergie, nos pensées sont énergie et nos émotions et sentiments sont aussi énergie. Selon Nicola Tesla, le célèbre physicien, il a dit: «Pour trouver le secret de l'univers, pensez en termes d'Énergie, de Fréquence et de Vibrations», tout est composé d'énergie, vibrant à une certaine fréquence. Ainsi, lorsque vous vous attardez sur des pensées négatives, vous émettez de l'énergie négative à une certaine fréquence et ce que vous attirerez, c'est une autre énergie négative résonnant à la même fréquence que vous vibrez.

Un exemple, en supposant qu'après une longue et fatigante journée de travail, vous sortez pour rencontrer des amis au club, et quand vous y arrivez, vous ressentez la tension et les ondes négatives dans l'air autour du groupe, vous vous sentez un peu épuisé et mal à l'aise dans cette atmosphère, vous vous ennuyez et vous voulez en quelque sorte quitter cet environnement.

Cependant, imaginez un autre scénario avec le même groupe où il y a tellement d'ondes positives dans l'air. Lorsque vous entrez dans un endroit comme celui-là, vous vous sentez instantanément plein d'énergie et vous oubliez un peu la fatigue en vous, mais vous vous sentez chargé d'une énergie renouvelée.

Maintenant, imaginez si vous vous entourez continuellement de personnes qui rayonnent d'ondes positives, pensez à la productivité et à l'énergie de vos journées, pensez à votre vigilance mentale et à vos émotions positives. Puis imaginez une journée comme celle-ci se déroulant en semaines puis en mois et en années, imaginez à quel point votre vie pourrait être passionnante et belle.

Le fait de la vie est qu'il y a beaucoup plus de pensées et d'émotions négatives qui s'expriment autour de nous que de pensées positives. Si nous examinons l'état de l'univers lui-même, tout tend vers l'entropie, on l'appelle souvent la force cachée qui complique notre vie, et cela peut être considéré comme un impôt de la nature sur nos vies.

L'entropie est la deuxième loi de la thermodynamique qui stipule que «à mesure que l'on avance dans le temps, l'entropie nette (degré de désordre) de tout système isolé ou fermé augmentera toujours (ou du moins restera la même). L'entropie est simplement une mesure du désordre, et elle affecte tous les aspects de notre vie quotidienne, et si elle n'est pas contrôlée, elle augmente avec le temps, et nous perdons de l'énergie et les systèmes se dissolvent dans le chaos. Plus quelque chose est hautement désordonné, ou une vie est, plus elle est entropique.

Les personnes qui échouent ont tendance à être très entropiques, raison pour laquelle elles ont échoué, car elles ne semblent pas pouvoir mettre de l'ordre dans leur schéma de pensée et leur vie en général. Cependant, plus quelqu'un peut mettre de l'ordre dans un système ou dans sa vie, avec un état d'esprit positif et se concentrer sur les problèmes, moins il sera entropique et il aura plus de chances de réussir.

Ce principe est également le même en entreprise, créer et gérer une entreprise prospère nécessite de rassembler toutes les molécules nécessaires à la création et à la gestion de l'entreprise, qui sont généralement les personnes et les processus, dans un ordre défini, et dans un «ordonné état ", qui nécessite l'injection de beaucoup d'énergie externe pour faire fonctionner le système, en termes de contrôle, de surveillance et de gestion du processus. là où cette énergie externe est déficiente ou insuffisante, l'entropie s'installe et le degré de déficit énergétique est quelque peu proportionnel au degré d'entropie.

Chaque être humain pense à la fois des pensées positives et négatives, mais la différence est que les personnes qui réussissent ont développé des habitudes de contrôle de leurs pensées, en utilisant le simple processus d'affirmation pour expulser les pensées négatives et se concentrer sur les positives. Par exemple, pour chaque pensée négative qui traverse leur esprit, ils la remplacent par une pensée positive, et la disent à haute voix et à plusieurs reprises, plusieurs fois pour affirmer la croyance positive dans l'esprit subconscient.

Nous pouvons voir un exemple similaire dans le mode de vie des moines, les moines ont 108 perles dans leur perle de prière, et ils l'utilisent pour répéter une affirmation positive 108 fois pendant la prière, puis ils en choisissent une autre et une autre, mais chaque affirmation se répète 108 fois. Grâce à ce processus de répétition, ils sont capables de programmer une telle croyance dans leur subconscient, et une fois que cette croyance est programmée, l'esprit commence à agir de manière à ce que cette croyance se produise.

Un moine peut répéter des mots comme «Je suis en bonne santé», «Je suis heureux», «Je suis sous la grâce et non sous la loi» et ils répètent et méditent chacun 108 fois, avec une concentration et une attention indivis. programme leur esprit subconscient.

La philosophie de la célèbre phrase «IL Y A DE LA PUISSANCE DANS LES MOTS PARLÉS» peut s'expliquer par ce processus d'affirmation. Certaines personnes ont mal compris ce concept pour penser que l'expression est une philosophie religieuse, et aussi que l'expression «il y a du pouvoir dans les mots parlés» active un «esprit ou génie quelque part et d'une manière ou d'une autre» qui va faire que cela se produise.

L'ironie est que beaucoup de gens se sont accrochés à cette fausse croyance pendant longtemps et ont transmis la croyance d'une génération à l'autre sans vraiment comprendre ce que cela signifie et comment cela fonctionne. Et beaucoup de gens crédules acceptent simplement cette croyance sans se demander comment, ils passent plutôt leur vie à attendre que ce génie ou cet esprit supposé apporte le mot qu'ils espèrent passer dans leur vie. Et le plus triste, c'est qu'ils attendent, ils passent leur temps à attendre et à espérer jusqu'à ce qu'il soit trop tard et ils se rendent compte qu'il n'y a aucun génie de l'esprit nulle part venant insuffler la vie dans les mots vides qu'ils avaient prononcés, et certains s'accrochent même les croient jusqu'à leur sortie de cette terre.

La simple vérité est qu'aucun génie ou esprit ne vient, et c'est pourquoi, bien qu'ils aient prononcé ou répété les mots un milliard de fois et qu'ils continuent de le répéter, rien n'a changé dans leur vie, simplement parce qu'ils n'avaient pas la compréhension du phrase. Parce qu'affirmer des mots positifs va bien au-delà de la simple mise en bouche des mots, cela implique trois ingrédients de base qui sont; choix concis de mots positifs, une visualisation claire et des sentiments correspondants, les sentiments étant l'émotion, qui est l'énergie.

Ce n'est pas de prononcer les mots pour qu'un génie vienne faire arriver son désir de quelque chose, mais de répéter les mots comme des affirmations pour reprogrammer son subconscient qui nous amène alors à commencer à agir de manière à faire croire à la réalité et à attirer ce qui nous croyons en nos vies.

Le schéma de pensée consistant à croire qu'un génie quelque part, d'une manière ou d'une autre, fera passer le mot peut être supposé provenir d'un état d'esprit paresseux, qui est l'un des attributs clés qui conduit à l'échec dans la vie. Beaucoup de gens sont mentalement paresseux, veulent juste dire le mot et s'attendre à ce que le génie aille faire le travail pour eux et le réaliser, ils ne pensent pas faire le travail, pour eux c'est un raccourci et un ascenseur express vers le succès, mais le fait est qu'il n'y a pas de raccourcis ou d'ascenseur express vers le succès.

En outre, ils ne pensent pas à reprogrammer leur esprit subconscient avec l'affirmation de changer la pensée et de développer l'état d'esprit de réussite pour l'objectif qu'ils souhaitent, puis de commencer à agir de manière à attirer ce désir dans leur vie.

Cependant, ils choisissent de croire en disant simplement les mots et en espérant d'une manière ou d'une autre que leur désir se concrétisera, probablement un esprit ou un génie se mettra au travail pour faire de l'idée une réalité, ce qui n'est rien d'autre qu'une pure illusion et une hallucination.

S'il est possible que le simple fait de prononcer le mot amène des forces inexpliquées à faire le travail acharné pour réussir pour les gens, alors il n'y aura aucune raison pour que quiconque travaille dur parce que tout le monde ne fera que prononcer les mots pour les désirs qu'ils veulent, parce que ce sera une solution facile. Le fait évident est cependant qu'il n'y a pas de solution facile, le seul moyen est le travail acharné, l'engagement et la persévérance.

Comme l'a noté George Akomas Jr, «le succès est une attitude, un état d'esprit, une décision, un engagement, une promesse, la conviction que cela peut être fait, doit être fait et SERA fait», nous voyons ici que le succès est simple mais nécessite beaucoup ou un travail acharné. Tout ce qu'il faut, c'est suivre les principes simples du succès détaillés par George Akomas Jr., et faire le travail acharné et la persévérance nécessaires et le succès viendra sûrement.

En effet, il y a du pouvoir dans les mots parlés, lorsque vous avouez votre croyance de manière répétitive, cela continue pour reprogrammer votre subconscient avec cette croyance, et vous commencez inconsciemment à agir de manière à faire qu'une telle croyance se produise. Ce sont vos ACTIONS et non un esprit ou des forces qui peuvent provoquer le succès.

Le pouvoir de l'esprit subconscient de contrôler efficacement la plupart de tout ce que nous faisons dans nos vies peut être davantage démontré dans le scénario suivant: «Si vous êtes né pauvre, vous avez une probabilité plus élevée de mourir pauvre, et si vous êtes né riche, vous ont une probabilité plus élevée de mourir riche. »

Ce concept n'est pas dû à une influence spirituelle ou à une malédiction générationnelle, mais plutôt à la façon dont notre subconscient a été programmé dans les premières années de notre vie lorsque nos ondes cérébrales étaient en thêta.

Les schémas de pensée dans les foyers pauvres sont l'impossibilité, la «réflexion sur la rareté», la «gestion du manque», la réflexion sur la pauvreté, le stress, etc. Ainsi, un enfant qui grandit dans une telle maison grandit en apprenant de telles pensées et croyances, et celles-ci sont programmées dans l'esprit subconscient de l'enfant. Et quand l'enfant devient adulte, il commence inconsciemment à agir de cette manière dans toutes ses relations. Ce concept est mieux expliqué dans le livre à succès Papa riche, papa pauvre de Robert Kiyosaki.

Cependant, il y a eu plusieurs personnes qui sont nées pauvres mais qui sont maintenant devenues prospères et riches dans leur vie, et elles l'ont fait en reprogrammant avec succès leur subconscient par la lecture, l'apprentissage, le coaching et le mentorat, et en se développant et en s'améliorant continuellement.

Ces catégories de personnes croient également qu'il y a du pouvoir dans les mots parlés, mais ce qui est différent, c'est qu'ils comprennent ce que la phrase signifie vraiment. Et ils utilisent les affirmations pour renforcer leur croyance positive et reprogrammer leur subconscient pour réussir.

Le fait est que tout le monde peut le faire, tout le monde peut réussir, nous avons reçu tous les pouvoirs dont nous avons besoin pour réussir. La capacité de penser et de faire des choix, de faire des choix bons, éclairés et positifs, le pouvoir de discerner et le pouvoir d'être proactif et futuriste dans notre réflexion pour être en mesure de créer un service qui créera de la valeur pour la vie des gens que les gens seront prêts à payer, ce qui peut alors mener à notre réussite dans la vie.

C'est un cadeau que nous avons au-dessus de tous les autres animaux, hyènes, ânes, guépards etc. Donc, je vous implore d'utiliser votre don de choix donné par Dieu pour transformer vos vies et réussir, il n'y a rien d'intéressant ou d'excitant dans une vie de la pauvreté, une vie de manque et la gestion de la rareté tout au long de sa vie. C'est une expérience humiliante et humiliante que personne ne devrait jamais accepter ou approuver.

Nous avons tous tout ce qu'il faut pour réussir et réussir, mais c'est à nous de décider si nous choisissons de réussir ou d'être un échec!

Vivez votre vie avec INTENTION

Demain est un autre jour!

REALISEZ VOS REVES

"Un homme sage peut apprendre plus d'une question idiote qu'un imbécile ne peut apprendre d'une réponse sage" - Bruce Lee

J'ai lu une fois une histoire intéressante sur une grenouille dans l'eau; Au début, l'histoire semblait peu importante parce qu'il semblait y avoir des remarques uniques sur une grenouille dans un plan d'eau, parce que c'est là qu'elle est conçue pour vivre la plus grande partie de sa vie.

L'histoire est cependant devenue intéressante car elle raconte le comportement de la grenouille dans l'eau lorsque la température de l'eau est élevée, et sa stratégie d'adaptation à l'évolution de la température de l'eau ou, mieux, à l'évolution des conditions environnementales.

L'histoire se déroule ainsi, une grenouille a été placée dans un récipient rempli d'eau puis placée sur une cuisinière, par la suite la cuisinière a été allumée et la température de l'eau a commencé à augmenter. À mesure que la température augmente, la grenouille commence à ajuster sa température corporelle en conséquence. Et la grenouille continue à faire cela avec la température croissante de l'eau, jusqu'au moment où l'eau est sur le point d'atteindre son point d'ébullition, et la grenouille ne peut plus s'ajuster ou s'adapter à cette température élevée.

À ce stade, la grenouille décide de sauter hors du navire, et lorsque la grenouille tente de sauter, elle n'a pas pu le faire car elle a perdu toute sa force à s'adapter et à s'adapter à la hausse de la température de l'eau, et bientôt la grenouille meurt. La question ici est de savoir ce qui a tué la grenouille?

Pensez-y, beaucoup de gens diront probablement que c'est de l'eau bouillante, mais la vérité sur ce qui a tué la grenouille était sa propre incapacité à décider quand arrêter d'essayer de s'adapter à la hausse de la température de l'eau et de sauter, alors qu'elle avait encore la force de le faire. La mauvaise décision de la grenouille de ne pas savoir la différence entre quand continuer à persévérer et quand adopter un changement stratégique à un plan qui ne fonctionne pas, a conduit à sa mort.

La question suivante devrait être: pourquoi la grenouille n'a-t-elle pas pu sauter, parce que, de par la nature, elle est dotée de sangles sur ses pattes arrière pour se déplacer et sauter dans l'eau, alors pourquoi la grenouille ne pourrait-elle pas sauter hors de l'eau presque bouillante quand l'eau était devenue inconfortable et insupportable?

L'incapacité de la grenouille à sauter hors de l'eau presque bouillante à l'aide de sa sangle peut être attribuée non seulement à sa faiblesse après avoir brûlé toute son énergie en essayant de faire face à la hausse de la température de l'eau, mais également à la dynamique environnementale changeante, comme le la tension superficielle de l'eau a diminué en raison de la température d'ébullition proche.

C'est un autre défaut dans l'hypothèse de la grenouille. La grenouille n'a probablement pas pensé à l'évolution de la tension superficielle de l'eau ou a probablement supposé que toutes les autres conditions externes resteraient statiques. Cependant, comme pour toutes les situations de la vie, en ce qui concerne chaque être vivant dans ce monde, les choses ne restent jamais constantes, le monde dans lequel nous vivons est un monde dynamique. Si la grenouille s'était probablement rendue compte que la tension superficielle de l'eau s'abaisserait et qu'elle serait incapable de supporter son poids lorsqu'elle voudra sauter hors de l'eau, la grenouille aurait probablement agi autrement. Cependant, comme dans la plupart des scénarios de la vie, ces discussions sur les regrets ont peu ou pas de conséquences, car parfois les conséquences dures et irréparables auront déjà été livrées.

De même pour nous, êtres humains, nous pouvons toujours regarder en arrière avec le recul et dire que nous aurions fait autrement, mais le fait est que le monde ne récompense jamais «j'aurais aimé savoir» et le monde ne s'en soucie pas non plus, car souvent, il est généralement trop tard parce que l'expérience amère aurait été enseignée, et comme dans le cas de la grenouille, le prix de la leçon était sa vie.

Un autre point à réfléchir à nouveau est: qu'est-ce qui a poussé la grenouille à continuer à s'adapter aux conditions environnementales évidentes et dangereuses? La réponse plausible ne peut être que parce qu'elle avait peur du changement, peur de changer de ce qui était connu, de ce qui était autrefois confortable à un environnement relativement inconnu en dehors de l'eau, même lorsque tous les indicateurs montrent des conditions de détérioration évidentes dans l'eau. Au contraire, la grenouille a choisi de continuer à essayer de s'adapter et de s'adapter jusqu'à ce qu'elle brûle toute son énergie en essayant de s'adapter, et quand elle a finalement décidé de sauter hors de l'eau, elle n'avait plus d'énergie pour le faire.

En regardant de manière critique cette histoire, beaucoup de gens se comportent exactement de cette façon, ils n'agissent en rien de différent de la grenouille, et avec notre suprématie en tant qu'humains occupant le sommet de l'évolution, nos connaissances et nos expositions, mais beaucoup de gens choisiront toujours agir comme cette grenouille. Ils acceptent tout ce que la vie leur jette, ils sont peinés, gênés, attristés et troublés par cela, mais ils ne font jamais rien pour changer la situation.

Ils continuent de s'adapter, de changer, de se plaindre, de pleurer mais ils acceptent et tolèrent toujours les circonstances désagréables. Comme la grenouille, ils ont peur du CHANGEMENT, ils ont peur de l'inconnu, et ils sont aussi paralysés par leur peur de l'inconnu, alors ils restent dans la situation désagréable et acceptent et tolèrent tout ce que la situation leur jette d'horrible. Et malheureusement, ils continuent à tolérer la situation jusqu'à leur dernier souffle, et ils emportent la douleur, les frustrations et les tristes souvenirs avec eux dans leur tombe.

Bien que certains autres groupes de personnes se comportent comme la grenouille, ils continuent d'accepter les situations jusqu'à un point où ils sont poussés contre le mur et ne peuvent plus le supporter parce qu'il n'y a plus iota de force en eux pour faire face aux frustrations de la douleur, et l'humiliation de la circonstance. Par conséquent, ils essaient de lutter contre la situation, mais le plus triste est que, tout au long du temps qu'ils ont toléré la situation, ils ont brûlé toutes leurs forces utiles, leur volonté, leur opportunité, les relations et les connexions dont ils avaient besoin pour lutter contre le problème. . Et quand ils se sont finalement réveillés de leur sommeil ou de leur sommeil de mort, ils ont réalisé qu'ils n'avaient plus de temps utile.

À ce stade, la douleur du regret envahit, quand ils ont réalisé qu'ils auraient pu se battre et changer les circonstances désagréables beaucoup plus tôt, et que les problèmes auxquels ils étaient confrontés n'étaient pas aussi insurmontables qu'ils le pensaient. Je suppose que c'est aussi l'une des raisons pour lesquelles on dit que la plupart des gens regrettent sur leur lit de mort ce qu'ils auraient pu faire et non ce qu'ils ont fait.

Le fait de la vie est que le temps n'attend personne, et bien qu'il y ait toujours des opportunités, mais ces opportunités ne resteront pas toujours statiques, si nous ne parvenons pas à annexer les opportunités au moment opportun, et il est certain que quelqu'un d'autre le fera si nous ne le faisons pas. t. Ainsi, lorsque les gens par peur de l'échec et par peur de l'inconnu ne parviennent pas à faire quelque chose de positif dans leur vie ou à poursuivre leurs rêves, ils abandonnent invariablement toutes les opportunités que la nature leur a données pour les annexer pour transformer leur vie.

Comme l'a noté Ralph Waldo Emerson, «nous sommes des inventeurs, chacun partant pour un voyage de découverte, guidé chacun par une carte privée dont il n'y a pas de double». Chaque être humain est dans cette grande aventure de la vie, et le fait est que nous Je n'ai aucune idée où nous allons et où cette aventure de la vie nous mènera, et la carte de chacun de nous nous est privée. Alors, si telle est la nature de la vie, pourquoi alors les gens choisissent-ils d'être paralysés par la peur de l'inconnu et la peur de l'échec, mais choisissent plutôt de ne pas se lancer dans cette grande aventure de la vie.

C'est un fait que la vie est dure, et c'est aussi un fait que les aventures ne sont jamais faciles ni sûres, elles sont difficiles et entourées de risques. Donc, si la vie est une aventure, cela ne devrait surprendre personne que la vie sera dure, dure et risquée. Et les éléments de risque entrent en jeu car il y a plusieurs inconnues et il y a beaucoup d'eaux troubles le long du chemin.

Aussi, parce que notre chemin nous est privé, et que nous devrons suivre notre boussole intérieure pour nous guider à travers notre «carte de vie» que nous dessinons par tout ce que nous faisons et partout où nous voyageons dans notre vie. Et puisque nous sommes ceux qui tracent notre carte de vie par nos actions, il soutient que notre carte ne va pas être claire pour nous, nous devrons trébucher à plusieurs reprises le long du chemin pour tracer notre chemin.

Par conséquent, il est évident et normal qu'en parcourant ces chemins inconnus, nous rencontrerons des échecs, des risques, des moments difficiles et difficiles, parfois à un point tel que nous nous demanderons si nous sommes toujours sur la bonne voie, et nous faisons toujours le bonne chose, et même se demander pourquoi tout va au sud sur nous.

i telle est la nature de la vie, alors pourquoi les gens craignent-ils l'inconnu au point d'être paralysés par la peur? Sachant bien que ce n'est pas que la peur en elle-même est mauvaise, la peur peut être une bonne chose, car elle nous maintient dans un état de vigilance mentale, et d'ailleurs, qu'est-ce que le courage s'il n'y a pas de peur? Le courage, c'est ressentir la peur et le faire quand même. Et c'est le sentiment de surmonter nos peurs pour atteindre notre objectif qui nous donne le sentiment de satisfaction et d'épanouissement.

Par conséquent, lorsque nous sommes dans l'état de victime dans la vie, acceptant et tolérant toutes les situations de vie désagréables, tolérant la pauvreté, l'échec, la misère, le manque, la rareté et tous les autres stimuli négatifs de la vie, mais refusant de faire quoi que ce soit pour changer la situation, de la peur de l'échec, de la peur de l'inconnu et de la paresse mentale. Cependant, choisir plutôt de rester dans la fausse et relative sécurité de ce qui est connu mais entouré de douleur et de misère, on ne peut alors pas dire que c'est une vie qui vaut la peine d'être vécue.

De plus, on ne peut pas dire qu'une telle personne est vivante, mais qu'elle existe plutôt, car la «carte de vie» de cette personne sera vierge, rien ne vaut la peine d'être lu et rien ne vaut la peine d'être mentionné sur une telle vie, car elle n'a rien écrit de valeur sur sa carte de vie. . Et une telle vie ne peut être dite assombrie que par les regrets de choses qu'ils n'ont pas faites.

Il est triste de constater que beaucoup de gens gaspillent leur vie parce qu'ils choisissent de ne pas suivre ou vivre leur rêve par peur de l'inconnu. Et ce qu'est vraiment la peur, la peur est une émotion induite par un danger perçu, réel ou irréel, et cela provoque un changement physiologique et d'attitude chez les gens.

La peur de l'inconnu, c'est avoir peur de ce que nous ne savons pas. Le fait est que si nous n'avons aucune connaissance de quelque chose, comment savions-nous que nous devrions en avoir peur? C'est vraiment une ironie que la plupart des gens abandonnent leurs rêves et leurs objectifs de vie parce qu'ils développent une phobie pour ce qu'ils ne savaient pas, même réel ou non, mais la plupart des gens choisissent de laisser leurs rêves mourir à cause de cela. Et la triste vérité est que beaucoup de gens se font encore cela chaque jour de leur vie et permettent à la peur de gâcher leur vie.

La peur provoque une stagnation chez les gens, et elle fait également passer les gens à côté d'opportunités dans leur vie. Lorsque les gens développent de la peur sur un problème, ils veulent voir exactement comment tout fonctionnera de la première étape à la ligne d'arrivée, en tant que tel, ils deviennent enveloppés dans un état de paralysie d'analyse, une situation où ils analysent tellement le problème ou l'opportunité. dans la mesure où, ils deviennent paralysés dans un état d'indécision et de confusion par la profondeur de la surinformation.

Ce n'est pas que l'analyse soit mauvaise, c'est particulièrement bon et un outil utile pour aider à prendre une décision éclairée sur une question. Cependant, lorsque nous nous engageons dans une suranalyse au point où nous sommes paralysés par la profondeur de la surinformation, une telle action peut être contre-productive pour atteindre nos objectifs.

Comme Rumi l'a noté à juste titre, «au fur et à mesure que vous commencez à trouver le chemin, le chemin apparaît» lorsque nous nous fixons sur nos objectifs, tout le voyage ne sera pas tout à fait clair, parfois nous trébucherons et vacillerons pour trouver notre chemin, et c'est le processus de découverte de ce chemin que nous développons la ténacité et la force de caractère à forger à travers la vie. C'est également là que nous développons l'intelligence et la sagesse nécessaires pour poursuivre nos rêves de réussite.

Développer la peur de l'inconnu et ne pas réaliser nos rêves, mais choisir de conserver un emploi dont nous ne sommes pas heureux n'est pas une vie réussie. Se réveiller chaque matin pour aller à un travail qui ne nous satisfait pas, seulement passer huit heures chaque jour de notre vie à faire ce travail de construire le rêve de quelqu'un d'autre et de permettre à notre propre rêve de s'endormir n'est pas ce pour quoi nous sommes créés ici .

Nous sommes conçus pour être ici sur terre pour prospérer, réussir et vivre nos rêves, et non pour vivre une vie de douleur, de misère et de pauvreté abjecte ou simplement d'exister. Et tout ce dont nous avons besoin pour vivre une vie vraiment épanouissante et heureuse a déjà été déposé en nous, tout ce qui nous est demandé est de commencer à travailler nos rêves avec courage, engagement et persévérance, et un jour cela se révélera sûrement.

Comme l'a fait remarquer George Hebert, «n'attendez pas; le moment ne sera jamais «juste», commencez là où vous en êtes et travaillez avec tous les outils dont vous disposez, et de meilleurs outils seront trouvés au fur et à mesure ».

Kevin Ngo a également noté que «pourquoi devriez-vous continuer à poursuivre vos rêves? Parce que voir le regard sur les visages des gens qui ont dit que vous ne pouviez pas.... Sera inestimable. Il ne s'agit pas de vengeance, mais davantage du fait que vous inspirerez beaucoup de gens à croire en eux, et vous démystifierez également le succès comme ne nécessitant rien de plus que du travail acharné, de l'engagement et de la persévérance pour continuer à rester sur l'objectif. même face aux difficultés, à la douleur et aux frustrations.

Nous avons tous reçu ce dont nous avons besoin pour vivre nos rêves et réussir nos vies, c'est seulement notre choix de choisir de vivre nos rêves ou non. Mieux dit, que nous choisissions d'être un succès dans la vie ou un projet de vie raté, le choix nous appartient. Mais je vous exhorte à ne pas gâcher votre vie, veuillez vivre vos rêves!

Vous pouvez réaliser vos rêves parce que vous avez déjà tout ce qu'il faut pour y parvenir --- Alors vivez vos rêves!

Vivez votre vie avec INTENTION

Demain est un autre jour!

LA VIE NOUS ARRIVE A TOUS

"LE MONDE SE BRISE TOUT LE MONDE et après, beaucoup sont plus forts dans les lieux brisés" - Ernest Hemingway

La vie arrive en effet à tout le monde et personne n'est à l'abri des situations de la vie, nous devons tous traverser notre propre situation de vie à un moment ou à un autre de notre vie. Et quand nous traversons la vie, soit nous restons brisés par la vie, soit nous devenons plus forts dans les endroits brisés, le choix nous appartient entièrement.

La question étonnante est cependant: pourquoi ce n'est pas tout le monde qui devient plus fort dans les endroits brisés? Pourquoi est-ce que certaines personnes deviennent plus fortes à cause de la situation de la vie et les autres restent brisées par la vie et ne se relèvent jamais, pourquoi?

Cette question peut également être assimilée à l'expression «les diamants sont fabriqués à partir de charbon sous pression, mais tout le charbon ne devient pas du diamant». La même question ici est: pourquoi tout le charbon qui est soumis à la pression ne devient-il pas du diamant?

L'une des principales raisons pour lesquelles ce n'est pas tout le monde qui est brisé par la vie qui se renforce dans les endroits brisés peut être attribuée à la façon dont les gens réagissent aux problèmes de la vie. Parce que les gens réagissent différemment aux problèmes de la vie qui, souvent, le temps est éclairé par la façon dont nous avons programmé notre esprit à travers nos expériences et croyances passées, et essentiellement ces choses ou modèles que nous en sommes venus à accepter comme vrais pour nous-mêmes et les normes de notre vie.

Lorsque nous sommes confrontés à des problèmes de la vie qui surviennent toujours, la façon dont nous choisissons de répondre à ces problèmes compte beaucoup, car souvent, elle détermine la trajectoire de nos vies. L'attitude ou la platitude que les gens appliquent en réponse à de tels problèmes de la vie détermine ce qu'ils voient dans la situation.

Si quelqu'un aborde ces problèmes de la vie avec un état d'esprit positif, il est fort probable que même si la situation est mauvaise et difficile, il trouvera toujours cette lueur d'espoir dans cette mauvaise situation et commencera à voir comment il peut s'y prendre pour réussir. les choses sont meilleures.

L'état d'esprit positif les amènera à prendre en charge les situations et à prendre le contrôle de leur vie, avec la conviction qu'ils sont responsables de leur vie et qu'ils sont ceux qui se sortiront de la situation désagréable ou difficile et amélioreront les choses. pour eux-mêmes. C'est avoir un état d'esprit indépendant et la conviction qu'ils n'ont besoin de personne pour faire bouger les choses pour eux, et donc ils n'attendent personne, ils prennent leur vie en main et orientent leur vie dans la direction qu'ils veulent.

Cependant, lorsque d'autres personnes choisissent de voir cela d'un point de vue négatif et d'un état d'esprit de victime, tout ce qu'elles verront dans une telle situation est la douleur, les frustrations et la tristesse, et leur réponse à une telle situation ne peut pas être différente de ce que leur esprit voit dans la situation, l'interprétation et la compréhension de leur esprit donne la situation.

Par conséquent, de telles personnes s'assoient et se vautrent dans les douleurs et les frustrations de ce qui s'est passé, blâmant tout et tout le monde autour d'elles, et parfois même Dieu. Mais la vérité est que rien ne changera avec cette attitude, car avoir une attitude négative envers les choses signifie ne voir que de la tristesse et ne rien faire ou exécuter de mauvaises actions, mais attendre et espérer que les choses changeront.

Le fait est que, plutôt que de changer les choses, cela ira probablement de mal en pis. La première chose dans un scénario comme celui-ci est d'assumer la responsabilité de tout ce qui se passe dans sa vie, parce que nous sommes effectivement responsables, et parce que nous sommes l'architecte de tout dans nos vies, que ce soit par nos actions ou nos inactions.

Comme souvent dit, la vie est comme un jeu de cartes, nous ne pouvons pas choisir les cartes qui nous sont distribuées, mais nous pouvons certainement choisir comment nous mélangeons et jouons ces cartes. La plupart du temps, nous ne pouvons pas contrôler ce que la vie nous apporte, bien que la plupart des choses qui viennent à notre rencontre résultent de nos actions ou de nos inactions.

La chose intéressante cependant est que nous avons un contrôle total sur la façon dont nous réagissons aux situations. Nous pouvons soit répondre avec attitude ou platitude, nous pouvons soit nous lever et prendre le contrôle de nos vies malgré ce qui a pu arriver, et commencer à orienter nos vies dans la direction que nous voulons sortir de la situation ou, nous pouvons nous asseoir. et se vautrer dans les douleurs et jouer la victime, c'est tout notre choix et c'est entièrement à nous.

Se lever et prendre en main la situation malgré les revers et les frustrations sera dur, dur et douloureux, mais au fil du processus, le voyage nous définira, nous deviendrons plus forts et plus sages, car nous aurons aussi beaucoup appris le voyage et à la fin, nous serons probablement mieux après avoir vécu l'expérience des situations. En outre, nous pouvons probablement trouver une forme de «moments aha» au cours de l'expérience, car comme souvent noté, l'échec est parfois une manière de la nature de nous guider dans la bonne direction.

Il y a quelques années, j'ai lu l'histoire de Max Cleland, un vétéran de l'armée américaine qui a perdu les deux jambes et un bras pendant la guerre du Vietnam, quand une grenade est tombée accidentellement de la ceinture d'un autre soldat américain en descendant d'un hélicoptère et qu'elle a explosé.

L'accident a changé le cours de la vie de Max, il était brisé et déprimé, et il a été forcé de vivre une vie très différente de celle qu'il connaissait. Dans l'une de ses lettres aux vétérans américains, il a écrit: «Les blessures physiques ont été les premières à guérir et les plus faciles à traiter ... Les blessures mentales et émotionnelles, ainsi que toute une série de blessures spirituelles, ont été beaucoup plus difficiles à traiter. surmonter". Il a en outre écrit: «Quand nous arrivons au bout de notre corde», dit-il, «c'est là que nous avons le plus besoin de la grâce de Dieu et de l'aide de nos amis.» "En fin de compte, nous arrivons tous à un point où nous avons une situation que nous ne pouvons pas gérer nous-mêmes. Quelle chance sont ceux qui trouvent une sorte d'aide. Souvent, la manière dont vous expérimentez la grâce de Dieu passe par l'aide de votre copains".

Bien que cette histoire soit assez touchante, les leçons en sont incommensurables. Malgré la situation, la douleur et les épreuves, Max a pris sa vie en main, il a trouvé l'écriture comme moyen de guérir les blessures mentales et émotionnelles, et il a trouvé la grâce de Dieu grâce à l'aide d'amis, et il a pu pleinement surmonter les situations et, plus tard, atteindre de grands sommets et réussir dans sa vie de service et de politique.

Il a été nommé administrateur des Anciens Combattants en 1977, a été secrétaire d'État de Géorgie et a été élu sénateur des États-Unis de Géorgie en 1996, et maintenant il est actuellement secrétaire de l'American Battle Monuments Commission.

Si Max avait choisi de s'asseoir et de se vautrer dans la douleur, pensant qu'il n'avait aucun contrôle, permettant ainsi aux situations de le souffler au hasard dans n'importe quelle direction qu'il veut, il est bien évident qu'il n'aura jamais atteint tous les sommets qu'il a atteints en politique. et au service communautaire.

Cependant, si quelqu'un qui, à travers l'expérience de Max et choisit la mentalité de victime, croit que la vie lui arrive en fait, alors la vie sera très dure et douloureuse, car une telle personne sera essentiellement une victime dans le jeu de la vie. Et son expérience de la vie sera triste, simplement parce qu'il choisit de ne rien faire face à la situation, choisissant de ne pas prendre la responsabilité ou le contrôle de sa vie, mais adoptant la stratégie d'évasion de croire que les choses vont tout simplement disparaître ou s'améliorer. La vérité est que les choses ne peuvent pas changer ou s'améliorer sans faire consciemment quelque chose qui changera la situation.

Ne rien faire signifie que rien ne peut faire changer la situation pour le bien mais plutôt pour le pire, et cette approche est en fait une approche triste et paresseuse, car ne rien faire ne nécessite aucune action, ni aucune action, ne nécessite aucune énergie mentale.

Choisir de ne rien faire est une approche mentalement paresseuse et insaisissable, c'est comme jouer à l'autruche, en collant sa tête au sol et en supposant «puisque je ne peux pas vous voir, alors vous ne pouvez pas me voir aussi» Être insaisissable face aux défis peut en quelque sorte être une solution de facilité temporairement, mais en réalité, ce sera une expérience très douloureuse, difficile et amère à long terme, remplie de regrets, de moments sombres et solitaires.

La douleur, l'humiliation et l'expérience amère font généralement perdre à ces personnes leur fierté et leur estime de soi, et se considèrent probablement pas assez bonnes, comme les malchanceux, les seconds violons ou ceux qui ne peuvent jamais rien faire de bien, parce qu'ils ont perdu toute forme de confiance en soi. Et le fait est que chaque fois que nous perdons de vue la croyance en nous-mêmes, notre confiance en nous, nous sommes faits pour cela. Parce que nous sommes les seuls à nous sortir de la situation, alors quand nous perdons la conviction que nous pouvons le faire, cela ne sera jamais fait.

Perdre sa confiance en soi peut parfois être l'une des pires choses qui puisse arriver à qui que ce soit, car notre confiance en soi peut être décrite comme la capacité de croire en nous-mêmes pour accomplir toute tâche ou tout défi auquel nous sommes confrontés, quelles que soient les chances, peu importe la difficulté, l'incertitude ou l'adversité. Et le fait est que pour tout le monde vivant, il y aura des moments où nous serons confrontés à des problèmes de la vie qui susciteront probablement la peur, l'inquiétude, le doute et la douleur. Et lorsque ces moments se présenteront, c'est notre confiance en nous qui nous donnera la force, la volonté et le courage de faire face aux situations de front et de sortir de ces situations.

Par conséquent, quand quelqu'un perd sa confiance en soi, on peut dire que cette personne est faite pour cela. Donc le but ici est de ne jamais perdre notre confiance en soi quoi qu'il arrive, car les gens qui le font sont toujours ceux qui restent brisés par la vie, ils sont déchirés par les situations, et ils ne guérissent jamais ni ne développent la ténacité pour devenir plus forts. aux endroits cassés.

Le fait de la vie est que la «merde» arrive à tout le monde, tous ceux qui sont en vie ou qui l'ont été ont tous traversé une forme d'inconfort, de douleur, de frustrations, de difficultés et parfois de chagrin et même de dépression nerveuse. C'est la manière dont nous acceptons ces situations qui déterminera ce que nous en deviendrons.

Lorsque nous déterminons que notre histoire ne doit pas devenir notre avenir, nous surmontons la force et le courage de faire face aux situations inconfortables et de nager à contre-courant de l'inconfort, de la douleur et des frustrations de l'autre côté. Et traverser ce défi nous aide à découvrir des choses sur nous-mêmes que nous ne savions pas que nous avions. Nous découvrirons que nous avons la grandeur en nous, que nous avons du courage et de la force en nous, que nous avons du courage et de la résilience, et que nous sommes plus puissants que nous ne pouvons jamais commencer à l'imaginer.

De plus, nous réaliserons également que nous sommes plus grands que les circonstances auxquelles nous sommes confrontés, et lorsque nous en sortirons, nous en sortirons plus forts, plus sages et meilleurs, avec une plus grande confiance en nous-mêmes et une plus grande confiance en nous.

Dans la vie, tout le monde connaîtra à un moment donné une forme de douleur, de frustration et d'inconfort, et tombera et échouera. Et le fait est que les gens qui réussissent ont échoué beaucoup plus de fois que les gens qui échouent, mais le fait est que lorsqu'ils échouent et tombent, ils apprennent à atterrir sur le dos, car si vous pouvez lever les yeux, vous pouvez vous lever. Et en levant les yeux, vous verrez toujours les rayons d'espoir qui vous donneront envie de vous lever et de revenir dans le jeu, de vous lever et d'essayer encore et encore et encore jusqu'à ce que vous gagniez.

Par conséquent, échouer et tomber n'est pas la fin, car nous échouerons tous à un moment donné de la vie, mais tant que vous pourrez lever les yeux, vous n'abandonnerez pas, car vous trouverez toujours une raison de vous lever et d'essayer encore et encore. jusqu'à ce que vous gagniez.

En outre, Les Brown a noté un jour que l'échec est douloureux, la douleur peut durer une minute, une heure, un jour ou même plus, mais finalement elle disparaît. Mais quand vous arrêtez, cela durera toute une vie. Les personnes qui réussissent ont une compréhension détaillée de ce concept, de sorte qu'elles ne permettent pas à la douleur de les empêcher de se lever et de revenir dans le jeu de la vie.

Même lorsque toutes les situations semblent désespérées, ils trouveront toujours une raison de se relever et d'essayer encore et encore, et ils continuent d'essayer jusqu'à ce qu'ils gagnent. En vérité, l'échec n'est qu'un test, un test sur notre chemin pour atteindre nos objectifs et nos rêves, un test pour nous demander si nous croyons vraiment en nos objectifs et nos rêves et si nous le voulons vraiment ou non.

Tous ceux qui ont accompli quelque chose de remarquable sur cette terre ont échoué à plusieurs reprises dans le processus, la seule chose est qu'ils apprennent de leurs échecs et utilisent les connaissances pour améliorer leurs capacités. Et ils continuent d'essayer jusqu'à ce qu'ils réussissent. Personne n'a jamais réalisé quoi que ce soit d'important par accident ou par chance, mais seulement grâce à un travail acharné, un engagement, une cohérence et une persévérance dans leurs objectifs.

Les gens qui échouent, cependant, ont un état d'esprit totalement différent de celui des gens qui réussissent. Ils ont un état d'esprit paresseux et ont tendance à croire en la chance, ils manquent de ténacité, d'engagement et de cohérence, et peuvent difficilement se concentrer suffisamment sur leur objectif pendant une période suffisamment longue pour en faire un succès. Et le plus drôle, c'est qu'ils trouvent rapidement des excuses pour lesquelles ils ont échoué, ou les choses n'ont pas fonctionné pour eux.

De plus, lorsque les défis de la vie se posent et qu'ils tombent et échouent sur leurs objectifs, contrairement aux gens qui réussissent, ils choisissent de se poser sur leur visage, ils permettent l'échec de les enterrer. Et parce que leur vue et leur concentration sont enfouies dans le problème, la seule chose qu'ils voient est l'échec, la douleur et les déceptions, ils ne voient rien d'autre ou même une lueur d'espoir pour les amener à se relever et à réessayer.

Ils s'enveloppent cependant dans les douleurs, l'inconfort, les frustrations de l'échec, et en tant que tels, ils ne voient que le vide et le vide de la situation, mais ils ne parviennent pas à comprendre ou à voir les opportunités déguisées dans les problèmes. Et comme ils cherchent rapidement une issue, ils ne voient que l'impossibilité de la situation et la considèrent comme une justification suffisante pour abandonner sur l'occasion.

Le fait est que ce que vous voyez est ce que vous obtiendrez et deviendrez, car vous ne pourrez jamais vous élever au-dessus de votre vision. Donc, si ce que quelqu'un ne peut voir que dans une situation est le désespoir, le vide et le vide, c'est la seule chose qu'ils obtiendront, car notre vision est tout, elle contrôle ce que nous voyons et ce que nous croyons pouvoir devenir, ce qui finalement je ce que nous devenons. Personne ne peut s'élever au-dessus de sa vision!

Le point à noter ici est qu'à un moment donné, nous connaîtrons tous un échec dans nos efforts, nous devrions le voir comme un point d'apprentissage, une rétroaction. Et l'échec est généralement la nature qui tente de nous orienter dans la bonne direction. Donc, lorsque nous échouons et tombons, nous devons nous lever, en tirer des leçons et revenir dans le jeu et essayer encore et encore, car l'échec n'est jamais un signe d'arrêt, mais juste une pause et un retour.

Alors, relevez-vous et entrez dans le jeu!

Vivez votre vie avec INTENTION

Demain est un autre jour!

VOUS POUVEZ ETRE MAIS PAS SEUL

"Vous ne pouvez pas être seul si vous aimez la personne avec qui vous êtes seul" - Dr Wayne Dyer

La question est: pourquoi les gens sont-ils seuls? Pourquoi les gens se sentent-ils si seuls au point que certaines personnes tombent dans la dépression? Selon le Dr Wayne Dyer, les gens se sentent seuls parce qu'ils n'aiment pas la personne, ils sont seuls avec, c'est eux-mêmes! Et la seule raison pour laquelle quelqu'un ne s'aime pas est parce qu'il n'a pas cultivé l'habitude de savoir qui il est.

Le fait évident est que personne ne peut vraiment aimer ce qu'il ne sait pas ou en avoir une profonde compréhension. Par conséquent, si nous ne nous connaissons pas vraiment, le fait évident est que nous ne pouvons pas aimer ce que nous ne savons pas. Et puis ce n'est pas sorcier que de telles personnes puissent tomber dans la solitude avec elles-mêmes.

Le problème critique à ce sujet est que nous n'avons pas investi le temps et l'énergie nécessaires pour découvrir qui nous sommes vraiment, ce qui alimente notre passion, nos croyances et ces comportements intuitifs subtils qui motivent presque tout ce que nous faisons dans nos vies. Si nous avons une compréhension approfondie de ces attributs sur nous-mêmes et s'ils sont positifs, nous commencerons à développer un sentiment d'appréciation et d'amour pour nous-mêmes. Et si les attributs sont négatifs, nous commencerons à faire le nécessaire pour les améliorer.

Pour connaître les gens, vous passez du temps avec eux, du temps à parler, à discuter et à apprendre à connaître des choses à leur sujet. Découvrir leurs intérêts et aussi trouver les points communs qui vous rendent compatible avec eux. Et plus vous passez de temps avec eux, plus vous aurez de chances de mieux les connaître et de développer une bonne compréhension de ces personnes.

Un exemple, lorsque vous traînez avec des gens et que vous vous engagez dans des discussions sur la politique, l'économie, la technologie ou des questions socioculturelles, à partir des discussions, vous êtes en mesure de mieux comprendre leur esprit, de comprendre comment ils pensent et leurs perceptions de la vie. Une telle discussion ouverte est comme une fenêtre sur le cœur des gens où vous pouvez obtenir une compréhension profonde des croyances des personnes, de leur orientation vers la vie et de leur vision du monde en général.

La même chose est vraie pour vous-même, plus vous passerez de temps à essayer de vous connaître, plus vous vous connaîtrez et plus vous obtiendrez un aperçu de vos schémas de pensée subconscients qui motivent environ 96% de ce que vous faites chaque jour de votre vie. . Lorsque vous êtes en mesure d'acquérir une compréhension approfondie de vos schémas de pensée subliminaux, cela signifie littéralement que vous obtenez davantage d'informations sur votre vie et le fonctionnement de votre esprit, et par conséquent, vous commencerez à avoir une compréhension plus profonde de votre personne et à vous découvrir mieux.

Vous pouvez imaginer comment passer du temps avec vous-même pour apprendre à vous connaître peut avoir un impact positif sur votre vie et vos relations avec le monde qui vous entoure, après avoir acquis une connaissance plus approfondie de vous. Il est très certain que cela vous mènera à un meilleur vous, et de cette façon vous pourrez mieux connecter et influencer les gens autour de vous et avoir un meilleur impact sur votre monde.

La question est cependant, comment passez-vous du temps avec vous-même pour apprendre à vous connaître? Vous faites cela de la même manière que vous passez du temps à connaître d'autres personnes. Vous évitez les pensées errantes et vous parlez à vous-même, en vous posant des questions profondes et en vous répondant aussi honnêtement que possible.

Au début, cela peut sembler étrange ou difficile, mais plus vous le faites, mieux vous y arriverez et plus vous commencerez à acquérir une compréhension profonde de vous-même. Et au fur et à mesure que vous vous comprenez mieux, vos schémas de pensée changeront et la façon dont vous affectez les autres changera également. Parce que vous deviendrez plus conscient de vous-même et des actions qui vous définissent.

De plus, au fur et à mesure que vous commencez à changer ces actions, la personne en vous commence également à changer et vous commencerez à découvrir un vous nouveau et meilleur. Et en faisant cela, votre confiance et votre compréhension du monde qui vous entoure commenceront également à changer, et les choses commenceront généralement à s'améliorer pour vous.

Le défi est cependant de savoir à quelle fréquence passez-vous du temps avec vous-même à vous connaître? À quelle fréquence vous posez-vous des questions approfondies pour comprendre les modèles de vos choix et ce qui motive ces modèles? Et aussi pour comprendre l'intensité et la motivation avec lesquelles vous opérez naturellement et comment cela s'est produit?

La plupart des gens, après avoir commencé ce rituel pour se connaître, ne le soutiennent que pendant un certain temps avant de perdre leur concentration et de dire, je n'obtiens aucun résultat. Mais la clé est de continuer, d'être cohérent et de pratiquer continuellement ce rituel, car il ne peut y avoir de fin pour en savoir plus sur vous-même et pour vous améliorer continuellement. En fait, nous ne pouvons jamais atteindre le sommet de notre meilleur moi, mais nous continuons à grandir, et c'est en fait le succès.

Tout comme c'est le cas avec la loi de la pratique et comme pour toute autre chose dans la vie, plus vous pratiquez quelque chose, mieux vous y arriverez. C'est tout à fait vrai pour presque toutes les compétences ou tous les métiers de la vie, et il en va de même pour nos vies et pour en découvrir plus sur nous-mêmes.

Un exemple, Magic Johnson, n'est pas né comme l'un des plus grands joueurs de basket-ball, il est né comme toute autre personne, probablement né dans une famille quelque peu désavantagée ou moins privilégiée qu'un certain nombre de personnes. Mais ce qui le différenciait, c'était qu'il s'entraînait et s'entraînait dur, pratiquant continuellement le basket-ball, découvrant ses faiblesses et ses lacunes dans le jeu, puis travaillant dur pour améliorer ces zones de faiblesses afin qu'il puisse continuer à s'améliorer. Et il a continué la pratique de plus en plus avant de devenir l'un des plus grands. Et après avoir atteint le statut de grands, il a continué à pratiquer et à s'améliorer davantage parce qu'il croyait qu'il n'y avait pas de fin à être grand.

Kobe Bryant n'est pas non plus né comme l'un des grands, mais il s'est entraîné dur, pendant plus de huit heures chaque jour, dans le froid, sous la pluie et même lorsqu'il était malade, il a continué à s'entraîner, avant de devenir l'un des grands. . De même, plus vous passerez de temps à apprendre à vous découvrir, plus vous apprendrez à vous connaître et plus vous en découvrirez sur vous-même, comment vous rencontrez les autres et comment vous affectez tout et tout le monde autour de vous.

Les gens qui réussissent cultivent l'habitude de savoir qui ils sont, ils investissent le temps et les efforts nécessaires pour savoir qui ils sont vraiment, ils comprennent leurs dons, ce qui motive leurs croyances et comment ils apprécient les situations et réagissent aux stimuli qui les entourent. Ils font de ce processus de découverte d'eux-mêmes un rituel, c'est-à-dire quelque chose qu'ils font régulièrement, au quotidien. Et ils comprennent que le succès dans la vie ne consiste pas seulement à être intelligent mais plus à savoir en quoi vous êtes intelligent.

De plus, les gens qui réussissent comprennent que chacun sur cette terre a un but, et nous avons tous reçu un cadeau unique pour atteindre cet objectif. Ils font donc un effort conscient pour découvrir leur don, et dans le processus aussi pour découvrir ce dans quoi ils sont intelligents, puis pour trouver un moyen de le convertir en un objectif qui crée ou ajoute de la valeur à la vie des gens, que les gens sont prêts à faire. payer pour.

Habituellement, le but ne sera pas vraiment clair au début, mais au fur et à mesure que vous commencez à travailler sur votre don et à vous améliorer, le but commence progressivement à devenir plus clair. Le Dr Martin Luther King Jr a dit un jour: «faites le premier pas dans la foi, vous n'avez pas à voir tout l'escalier, faites simplement le premier pas» Cela montre que notre objectif de vie n'a pas besoin d'être entièrement formé ou clairement bien présenté à nous avant de pouvoir commencer à parcourir notre chemin de vie.

Alors que nous commençons à parcourir notre chemin de vie avec foi et en croyant que les choses s'arrangeront, puis en travaillant dur et intelligemment sur nos rêves pour les concrétiser, alors le chemin commencera à devenir plus clair. C'est ainsi que les gens qui réussissent entreprennent leur cheminement de vie pour découvrir leur but dans la vie et devenir prospères et riches dans le processus.

Les réussis comprennent que, leur don est ce qui leur fera de la place selon le bon livre, c'est la seule chose qui peut leur apporter un vrai succès et un épanouissement dans la vie. Pour eux, leur don est ce qu'ils font le mieux avec le moins d'effort. Ainsi, à travers le processus de découverte d'eux-mêmes, ils découvrent également leur don, et continuent à développer et à améliorer ce don. Et puis utilisez le cadeau pour créer quelque chose de valeur qui peut bénéficier et avoir un impact positif sur leur monde. Et en apportant de la valeur à leur monde, ils trouvent un véritable succès et un épanouissement tout au long du voyage.

Les gens travaillent généralement dur dans la vie, presque tout le monde, mais le problème est que beaucoup de gens sont occupés par souci d'être occupés, c'est-à-dire occupés à ne rien faire. Et un certain nombre de personnes sont occupées à travailler dur pour faire les mauvaises choses, ou mieux, à escalader le mauvais mont Everest. Mais la question est, quel est l'intérêt d'être occupé à gravir la mauvaise montagne de sa vie? Quelle est la valeur? Ou quelle valeur cela apportera-t-il à la vie de quelqu'un? Ce n'est rien d'autre qu'une perte de vie, car les gens sont occupés à ne rien faire d'important ou de valeur, mais à gaspiller leur vie dans une occupation de survie.

Nous pouvons en outre relier ce scénario à l'un des sages paroles d'Albert Einstein lorsqu'il a dit, tout le monde est un génie, mais si vous jugez un poisson par sa capacité à grimper à un arbre, le poisson passera toute sa vie à croire que c'est stupide. Retournez la déclaration et imaginez que le même poisson soit jugé par sa capacité à nager dans l'eau, son lieu naturel, où il est le plus doué pour prospérer. Imaginez sa capacité, son agilité, ses compétences en natation, dans cet environnement naturel. Il est évident que lorsque le même poisson est jugé sous ce spectre, le résultat sera totalement différent. Il sera probablement considéré comme un expert aux compétences sans faille.

Par conséquent, lorsque les gens ne passent pas le temps et les efforts nécessaires pour se découvrir et découvrir leurs dons, ils finissent généralement par faire des choses ou effectuer des tâches ou des rôles pour lesquels ils se débattent, se brûlant en essayant de gravir la mauvaise montagne. Et quand à ce stade, qui est malheureusement le stade que la plupart des gens sont dans le monde, ils n'atteignent jamais vraiment leur véritable potentiel car ils sont comme un poisson jugé par sa capacité à grimper à un arbre.

La clé est de trouver votre cadeau et d'utiliser votre cadeau pour avoir un impact sur le monde qui vous entoure, et ce faisant, votre vie sera positivement affectée par la valeur que les gens seront prêts à payer pour les produits ou services que vous offrez dans leur vie. Et le fait évident est que plus vous apportez de valeur à la vie des gens, plus ils seront prêts à payer pour cela. Ainsi, la quantité de succès que vous créez pour vous-même est proportionnelle à la valeur que vous apportez à la vie des gens.

Par conséquent, une vie remplie d'un véritable but ne peut pas être une vie solitaire, même si vous êtes seul, vous êtes heureux d'être seul dans le calme à cause des bonnes choses que vous pourriez faire en étant seul, c'est-à-dire lire, écouter des livres audio, passer du temps avec vous-même pour vous améliorer et devenir une meilleure version de vous-même.

Les personnes qui ont vraiment réussi dans la vie ne se sentent généralement pas vraiment seules, car elles aiment la personne avec qui elles sont seules. Et le fait est qu'ils ont envie et aiment être seuls, seuls dans leur tranquillité, où ils peuvent passer du temps de qualité à apprendre et à s'améliorer, car ils savent que c'est en découvrant plus sur eux-mêmes, sur la vie et leur métier qu'ils peuvent être. capables de continuer à faire plus et à contribuer davantage pour avoir un impact positif sur le monde qui les entoure.

De plus, les gens se sentent seuls et seuls, quand ils n'ont pas de véritable but et de vision pour leur vie, ils sont occupés à être occupés et occupés à escalader le mauvais mont Everest. Ainsi, quand ils arrivent au sommet du mauvais mont Everest, ils se sentent seuls et vides, et toutes leurs réalisations ne ressemblent à rien parce qu'elles manquent de satisfaction.

Souvent, les gens pouvaient trouver de la richesse en escaladant le mauvais mont Everest, mais ils finissaient par devenir misérables au sommet de cette carrière parce que c'était la mauvaise montagne qu'ils avaient escaladée. Et en tant que tels, ils ne pouvaient pas trouver leur accomplissement dans leur cheminement de vie et au sommet de leur réalisation. Ces personnes ont tendance à devenir déprimées et tristes avec un profond sentiment de vide. Et ils disent généralement des choses comme "est-ce tout ce qu'il y a?" parce que l'accomplissement n'a ni accomplissement ni satisfaction.

Nous pouvons tous éviter cet écueil dans la vie, en nous découvrant simplement un peu plus, en passant un peu plus de temps à comprendre qui nous sommes, nos schémas de pensée, ce qui nous anime, nos croyances et la façon dont nous réagissons et répondons naturellement aux stimuli de la vie. Tout le monde peut le faire, afin que chacun puisse éviter l'écueil de la dépression, de la tristesse et du vide en passant juste un peu plus de temps à se comprendre et à se découvrir.

Vous pouvez imaginer la douleur et le vide au sommet de votre carrière pour découvrir que vous avez été occupé à gravir la mauvaise échelle, et maintenant vous êtes confronté à la douleur, au vide et à la solitude au sommet de cette fausse montagne!

C'est probablement pourquoi la plupart des gens dans cette situation disent souvent «Vanité des vanités... la vie est vanité» Si vous vivez votre but, escaladez le bon mont Everest de votre vie, la vie ne peut pas être vanité, parce que vous obtenez de la joie, de la satisfaction et de l'épanouissement de l'impact positif que vous créez et contribuez dans le monde qui vous entoure. Et en plus, l'impact que vous faites est visible pour vous, la vie que votre impact se transforme et la joie qu'il apporte aux autres, tout donne à tout un sens riche.

Par conséquent, une telle vie ne peut pas être une vie de vanité de vanité, tout est vanité. Ce sera plutôt une vie dans laquelle vous avez hâte de vous réveiller, afin que vous puissiez avoir une autre occasion de donner plus, de faire plus et d'avoir plus d'impact sur la vie des autres. Ce sera une vie pour laquelle vous serez toujours reconnaissant, reconnaissant pour une autre occasion de contribuer davantage.

La clé pour trouver l'épanouissement dans la vie est de découvrir vos dons et de les utiliser pour vous faire de la place, c'est-à-dire trouver ce dans quoi vous êtes bon et le poursuivre avec tout ce que vous avez. Et quand vous continuez à faire cela, vous découvrirez votre but de vie, et tout au long du voyage vers votre but de vie, vous trouverez le succès et le véritable accomplissement.

Lorsque vous poursuivez votre objectif de vie, le succès viendra sûrement. Bien que le succès ne signifie pas nécessairement avoir trop ou toute la richesse du monde, cela signifie essentiellement la réalisation de vos objectifs et de votre vision pour votre vie. Bien qu'il soit difficile dans la vie de mesurer le succès à tous les niveaux, la définition ci-dessus détaille une approche générale de ce succès, il nous est personnel et ce que nous désirons pour nous-mêmes de donner un sens à notre vie.

Une chose dont vous devez toujours vous souvenir est que vous ne pouvez jamais trouver le but de votre vie, parce que votre but de vie n'a JAMAIS été perdu, c'est seulement ATTENDRE d'être découvert par vous, et il est CACHÉ DANS CE QUI VOUS ÊTES BON. Cette chose que vous faites si bien avec le moins d'efforts, et quand vous la découvrez, vous ne pouvez jamais être seul, et même lorsque vous êtes seul, vous êtes heureux d'être seul par vous-même car vous pouvez utiliser le calme, pour écouter à votre moi intérieur et apprenez et améliorez-vous, afin que vous puissiez être meilleur dans votre métier et être une meilleure version de vous-même.

Lorsque vous faites cela, vous accomplirez votre objectif de venir ici sur terre, et vous ferez ce pour quoi vous êtes venu ici, et vous aurez également un impact sur le monde qui vous entoure parce que vous ferez plus, donner plus et partager. plus pour profiter à ce monde. Et le monde saura que vous êtes venu ici parce que votre présence ici sur terre a été ressentie, et par votre venue ici sur terre, la vie des autres est bénie, impactée positivement et gagnée en valeur parce que vous êtes venu et parce que vous avez vécu votre but. En utilisant vos cadeaux pour atteindre votre objectif et avoir un impact positif sur votre monde!

Votre vie peut être une bénédiction pour la vie des autres parce que vous avez été créé pour être une bénédiction pour le monde.

Vivez votre vie avec INTENTION

Demain est un autre jour!

TALON D'ACHILLE

"Seul celui qui peut voir l'invisible peut faire l'impossible". - Frank L. Gaines

Il y a parfois, j'ai lu un article intéressant sur le «talon d'Achille», une phrase qui est devenue connue sous le nom de zone de faiblesse, de point vulnérable malgré la force générale qui peut conduire à une chute. Talon d'Achille, bien que ce soit une phrase, mais il a sa racine dans l'histoire entourant la façon dont Achille a été tué.

Achille était un célèbre guerrier grec, l'un des meilleurs de son temps; il était si bon qu'on l'appelait le fils de Zeus, l'un des anciens dieux grecs, car ils croyaient que seul le fils d'un dieu lui-même pouvait être si habile et grand au combat. Et à cette époque, Achille était si grand au combat qu'il était considéré comme invincible, craint et vénéré dans la Grèce antique.

La mythologie grecque raconte que la mère d'Achille Thetis, a emmené Achille quand il était bébé à River Styx qui offre des pouvoirs d'invulnérabilité et a plongé son corps dans l'eau, mais son talon où sa mère le tenait n'a pas été lavé dans l'eau et c'est devenu le sien. tache de vulnérabilité.

C'était le mythe; examinons maintenant la science de cette croyance. C'est un fait qu'Achille a été tué par une flèche tirée en un point sur son talon gauche, cet endroit est maintenant appelé dans la science médicale actuelle "Tendon d'Achille" ou "Tendon de Calcanée" et c'est l'endroit considéré en grec ancien méthodologie comme l'endroit où Thétis, la mère d'Achille tenait sa jambe qui n'était pas trempée dans la rivière.

Si la flèche avait été tirée sur une autre partie du corps d'Achille en dehors du tendon de la Calcanée, il y a toutes les tendances que la flèche aurait pu pénétrer si Achille n'était pas correctement protégé par son amour corporel, mais nous ne saurons jamais avec certitude ce que le résultat aurait depuis que c'était un événement survenu dans le passé. En outre, il est également possible que la flèche n'ait pas pénétré le corps d'Achille en raison des prétendus pouvoirs mystiques du fleuve Styx, comme le croyait la mythologie grecque antique.

J'ai été inspiré d'écrire sur les schémas de pensée de cette histoire parce qu'elle démontrait l'état d'esprit des gagnants, de croire en soi, d'avoir une vision claire de son objectif et de tout faire pour faire face à son objectif malgré d'immenses risques et dangers, mais résumant le courage pour marcher sur ce chemin désiré.

Cette histoire m'intéressait car personne ne pensera vraiment qu'une flèche tirée sur le talon de quelqu'un pourrait facilement tuer. Nous pensons souvent que les viscères de notre corps et de notre tête sont les parties les plus délicates de notre corps et sont les parties avec la plus grande surface, c'est aussi pourquoi nous les protégeons souvent le plus. Ce qui a éclairé le concept autour de la conception de l'armure corporelle ou du gilet pare-balles et des casques souvent portés par les militaires et les forces de l'ordre.

Le tendon d'Achille est une interdiction stricte du tissu fibreux qui relie les muscles du mollet à l'os du talon (calcanéum). Lorsque les muscles du mollet fléchissent, le tendon d'Achille tire sur le talon, et ce mouvement de flexion nous permet de nous tenir debout sur nos orteils lorsque vous marchez, courez ou sautez.

Le tendon d'Achille ou Calcanea est le plus gros tendon du corps et se rétrécit à environ 4 cm de diamètre vers le talon. Compte tenu du diamètre du tendon, la flèche tirée sur Achille qui a frappé ce tendon dans son talon, peut être considérée comme un tir presque impossible.

La flèche a été savamment tirée avec la précision d'une maîtrise, et la partie ironique était, la flèche a été tirée sur Achille! quelqu'un considéré comme invincible et craint dans tout le pays, qui avait remporté de nombreuses batailles, plusieurs victoires, et certains, la plupart des gens considéraient des victoires impossibles, ce qui rendait Achille vénéré par tous, et à côté, il était appelé le fils de Zeus un Grec Dieu, et la croyance en la terre était alors, il était invincible et ne peut jamais être tué.

Paris a tiré la flèche qui a frappé Achille au tendon de la Calcanée, ce qui l'a tué. La question est de savoir qui était Paris et ce qui lui a fait croire qu'Achille n'était pas invincible, contrairement à la croyance mythique que toute autre personne avait dans le pays. Et qu'est-ce qui différenciait Paris des autres et pourquoi croyait-il pouvoir tuer Achille. Et surtout, qu'est-ce qui lui a fait choisir de frapper Achille avec une flèche, et pourquoi au tendon de la calcanée?

Il y a un vieux dicton selon lequel «la connaissance est le pouvoir» mais personnellement, je pense que c'est faux, la connaissance n'est PAS le pouvoir, c'est l'application de la connaissance qui apporte le pouvoir. Et c'est exactement ce que Paris a démontré dans la défaite d'Achille.

Paris était le fils du roi Priam et de la reine Hécuba de Troie. En tant que jeune prince, il s'est enfui avec Hélène, reine de Sparte, un événement qui a conduit à la cause immédiate de la guerre de Troie où Achille et les troupes ont décimé Troie. C'est plus tard dans la guerre de Troie que Paris a tiré la flèche qui a frappé Achille au talon.

Paris a été poussé à l'action par les douleurs de la mort de ses proches et de la destruction de sa ville Troie pendant la guerre de Troie. Comme le note Tony Robbins, "Le but de la douleur est de nous faire passer à l'action," ce n'est pas de nous faire souffrir ". Ainsi, la douleur de la perte a poussé Paris à penser à l'impossible et à prendre une décision stratégique tuer Achille, venger la mort et la destruction de Troie et probablement mettre fin à la guerre de Troie.

Dans la vie, deux choses incitent généralement les gens à agir, «l'amour ou la peur», cela peut être interprété sous une autre forme «la joie de gagner ou la douleur de perdre» Paris avait une motivation et une poussée de la douleur de la perte, après qu'Achille a dirigé le troupes qui ont décimé sa ville Troie et tué presque tous ses proches. Mais Paris savait qu'il ne pourrait jamais combattre Achille au corps à corps ou l'affronter de front, ce sera une approche suicidaire, ce sera même considéré comme une blague s'il est infligé aux gens. Il devait donc être stratégique dans son approche pour abattre Achille.

Il devait planifier une approche à longue portée et frapper là où Achille était le moins protégé, ce qui l'immobiliserait et pourrait entraîner la mort. Paris savait qu'il ne pouvait pas frapper Achille de toute façon ou n'importe où, car il était bien protégé par son gilet pare-balles et il était aussi un combattant féroce et le fils de Zeus, qui ne pouvait pas être vaincu.

Il a donc dû étudier à fond Achille, son style de combat, comment il s'habillait pour la guerre, comment il attaquait et se déplaçait dans les formations de combat, pour découvrir son point vulnérable. Et il avait également une compréhension de la physiologie humaine, mais surtout, il croyait fermement en lui-même, qu'il pouvait frapper Achille, qu'il pouvait faire l'impensable et parce qu'il croyait en lui-même, il était capable d'atteindre son objectif de tuer Achille.

En regardant de manière critique comment Paris réussit sa mise à mort, nous pouvons clairement voir que tous les attributs démontrés par Paris en remportant ses victoires sont tous les attributs d'un gagnant. Ils sont intentionnels, stratégiques, clairs et concentrés sur leur objectif. Et ils font le travail acharné et plus, il faut pour atteindre leur objectif.

Imaginez l'adresse au tir de Paris avec la flèche? Imaginez les années et les heures de pratique pour atteindre ce niveau d'adresse au tir, compte tenu du fait que le tendon de Calcanea mesurait à peine 4 cm de diamètre et qu'il devait le frapper avec un tir à longue distance, sans probablement aucune opportunité pour une deuxième tentative car il le pouvait ont fini par un homme mort s'il avait raté le coup.

Pensez aux longues heures d'étude pour acquérir une connaissance approfondie du tendon d'Achille et à la profondeur de planification qui aura permis de réaliser cet exploit. Et surtout le grand courage qu'il lui fallait surmonter pour affronter et tenter de frapper quelqu'un considéré comme invincible et le fils d'un dieu grec.

Les gens qui réussissent ne croient pas à la chance, ils sont motivés, ils sont stratégiques, intentionnels et concentrés sur leur objectif. Ils passent du temps de qualité à planifier la réalisation de leurs objectifs, et lorsqu'ils sont dans la phase d'exécution de leur objectif, ils sont à 100% présents et concentrés sur le processus d'exécution. Et lorsque quelque chose ne fonctionne pas comme prévu, ils effectuent rapidement les ajustements nécessaires en conséquence et poursuivent leur processus d'exécution.

Considérez un instant ce qui se passe si Paris avait une mentalité d'échec, il aura longtemps été un homme mort, et l'histoire ne se sera pas souvenu de lui, car il aura été mal concentré, non coordonné et mal planifié pour sa mission qui aurait amené lui rien que la mort. Mais parce qu'il avait un état d'esprit performant, lorsque la douleur de sa perte l'a poussé à l'action, il n'a pas été aveuglé par la rage ou l'amertume, mais il est devenu clair sur ce qu'il devait faire, il l'a planifié et a probablement choisi où et quand le faire. exécuter ce qui aura également fait partie de son plan. Il était concentré sur son objectif, il était intentionnel et déterminé, et surtout il croyait en lui-même qu'il pouvait le faire et il l'a fait. C'est pourquoi l'histoire s'est souvenue de lui et nous parlons encore de lui aujourd'hui.

Le point ici est que l'histoire ne se souvient jamais des échecs, des pauvres et des misérables, c'est comme s'ils ne sont jamais venus ici ou n'ont jamais existé. L'histoire ne se souvient que de ceux qui réussissent, donc si vous continuez à appliquer un état d'esprit infructueux dans vos efforts de vie et votre approche de la vie, alors l'histoire ne se souviendra pas de vous, personne ne se souviendra que vous êtes venu ici ou avez vécu sur cette terre, et l'histoire de cette personne peut être résumée comme marcher tranquillement sur la pointe des pieds dans et hors de ce monde ou tranquillement sur la pointe des pieds à travers cette terre jusqu'à leur tombe. Et quelle perte de vie ce sera!

Cependant, lorsque vous adoptez un état d'esprit réussi et vivez votre vie en conséquence avec concentration, engagement, dévouement et persévérance sur vos objectifs, vous atteindrez très probablement votre objectif, ce qui peut entraîner un changement au cours de l'histoire et avoir un impact positif sur la façon dont les gens vivent. sur cette planète.

Et aussi dans le processus, trouver le succès, la renommée et la richesse pour vous-même.

Outre la vie belle et épanouie que le succès crée pour eux-mêmes, la pensée de savoir qu'ils ont atteint leur but ici sur terre est gratifiante. Et parce qu'ils ont eu un impact positif sur le monde avec leurs actes, le monde se souviendra d'eux, et ils se sont immortalisés grâce à leurs réalisations et à la vie des personnes qu'ils ont touchées ici sur terre. Et les gens continueront de lire leurs œuvres et de parler de leurs réalisations longtemps après leur départ, et c'est une vie qui vaut vraiment la peine d'être vécue.

La simple vérité est que nous avons encore le temps et le pouvoir de changer les choses pour nous-mêmes, d'accomplir ce pour quoi nous sommes venus ici, d'écrire nos noms parmi les plus grands et de nous immortaliser à travers nos réalisations et les vies que nous pouvons toucher. Tout est entre nos mains et le choix nous appartient entièrement, et nous pouvons commencer dès maintenant. Tout ce qu'il faut, c'est une décision consciente pour réussir, pour faire les choses que les gens qui réussissent font qui leur donnent le succès qui sont tous liés à leurs schémas de pensée, à leur état d'esprit et à leurs croyances. Et une fois que nous avons commencé à marcher sur le chemin sans abandonner, alors un jour la grandeur viendra sûrement.

Une vie réussie est créée, tout comme une vie infructueuse est également créée. Ce que vous choisissez de créer est votre choix et entièrement sous votre contrôle.

Vivez votre vie avec INTENTION

Demain est un autre jour!

PENSER DIFFERENCIE LES LEGENDES

"La vérité sur la vie d'un homme n'est pas ce qu'il fait, mais la légende qu'il crée autour de lui" - Oscar Wilde

Quand vous pensez à Nelson Mandela, Steve Jobs, Bill Gates, Jeff Bezos, Aliko Dangote, Elon Musk etc., tous les grands, qu'est-ce qui vous vient à l'esprit?

Ce sont les légendaires, ceux qui l'ont fait, ceux qui impactent et façonnent notre monde, ceux qui ont utilisé leurs dons et leurs talents pour rendre le monde un peu meilleur.

Qu'est-ce qui qualifie quelqu'un de légende? Une légende peut être considérée comme quelqu'un qui est bien connu et qui a atteint sa renommée en raison de caractéristiques ou de compétences distinctives uniques. Il soutient que les légendes se distinguent par leurs dons, elles ont utilisé leurs dons pour avoir un impact sur le monde qui les entoure et, ce faisant, elles ont trouvé la renommée et le succès.

Cela confirme le fait qu'un statut légendaire n'est pas atteint par la naissance, mais par ce que les individus ont accompli avec leurs dons et leurs talents, et comment ils ont utilisé leurs dons pour avoir un impact sur leur monde. Ainsi, atteindre un statut légendaire vient de ce que nous sommes capables d'accomplir et non de ce qui nous a été donné ou transmis.

Cela aide donc à simplifier pour une compréhension claire de ce qui différencie les légendes et les échecs, les misérables et les pauvres? Le fait est que ces gens, la légende, ne sont pas différents des gens ordinaires, ils sont comme tout le monde, créés de la même manière que tout le monde sur terre, avec la même quantité de neurones cérébraux et de cellules gliales. Alors, qu'est-ce qui les différenciait de la meute? Qu'est-ce qui les distingue des autres qui les a fait réussir?

La seule différence entre les grands, les légendaires et le reste du peloton, les infructueux, les pauvres, les perdants est "comment ils pensent". Les schémas de pensée des réussis les différencient et les distinguent de ceux qui ne réussissent pas. Leur mode de pensée influence ce qu'ils voient dans leur monde et comment ils le voient. Cela influence la façon dont ils interprètent les opportunités, les défis et les menaces dans leur environnement, et c'est ce qui les distingue.

Les grands pensent différemment, vivent différemment et font les choses différemment. Et ce sont ces trois attributs clés qui les distinguent des masses. Les attributs sont simples, mais ce sont eux qui ont fait leur grandeur. La question est, si ce ne sont que ces trois attributs simples clés, pourquoi tout le monde n'adopte-t-il pas ce style de vie et nous pouvons tous être formidables?

Bien que certaines personnes puissent dire qu'il est impossible pour tout le monde d'être génial, mais je ne suis pas du tout d'accord avec cela, je crois que nous pouvons tous atteindre la grandeur, car lorsque vous regardez des fleurs dans un champ, elles fleurissent toutes, cela ne dérange pas. la floraison de l'autre, ils fleurissent tous. Donc, si les fleurs qui sont plantées les unes à côté des autres sur un champ peuvent toutes mûrir et fleurir, alors ne serons-nous pas les humains, considérés comme étant au sommet de l'évolution ici sur terre avec des sens divers et un don de choix, pas tous en effet. Floraison? Nous sommes tous créés pour réussir et réussir dans notre monde, mais la plupart des gens choisissent simplement de ne pas vivre leur grandeur.

Le fait est que nous pouvons tous réussir dans la vie et nous pouvons tous être formidables. Et oui, il y a différents niveaux de grandeur, mais nous pouvons tous être formidables, mais en réalité, tous les peuples du monde n'ont pas été formidables et certainement pas tous seront grands, cela n'est jamais arrivé depuis des temps immémoriaux, et ce ne sera probablement jamais le cas, car certaines personnes feront des choix dans leur vie qui les rendront moins grandes, des choix qui les rendront pauvres et infructueuses.

Les gens choisiront toujours d'être paresseux et pauvres dans leur pensée, tant que nous avons encore le don de CHOIX, un cadeau qui nous a été accordé pour créer nos vies et les expériences que nous voulons dans nos vies. Les gens choisiront toujours des raccourcis dans l'espoir de gains rapides transitoires qui ne sont pas durables mais disparaissent rapidement avec le temps, face à des obstacles et à des situations environnementales et économiques difficiles et difficiles.

Le fait est que la plupart des gens favoriseront toujours les raccourcis parce que la plupart des gens ne sont pas prêts à faire le travail acharné, la persévérance et la diligence nécessaires pour réussir, mais la plupart des gens choisiront toujours la médiocrité dans leur éthique de travail et la quantité de travail qu'ils consacrent. dans.

C'est vraiment l'état d'esprit de ceux qui ne réussissent pas qui contrôle leur processus de réflexion, ce qui influence leur choix de ne pas faire le travail supplémentaire nécessaire, de réfléchir à une idée et de développer un processus de planification approprié et approfondi pour aider à faire avancer leur idée. Il arrive très souvent que l'idée se retrouve comme une initiative ratée, soit parce qu'elle a été mal réfléchie, soit mal exécutée.

La genèse de cet échec réside dans le fait que la quantité de travail nécessaire pour transformer l'idée en succès avait fait défaut, ce qui confirme généralement le fait qu'il n'y a pas de raccourci vers le succès, le succès est intentionnel et cela demande beaucoup de travail acharné. , persévérance et engagement à réussir.

C'est la raison pour laquelle la plupart des gens échouent dans leurs objectifs et leurs rêves, et l'échec n'est pas parce qu'ils n'ont pas travaillé dur, mais parce qu'ils ne réfléchissent pas dur. Et c'est en soi un choix, un choix qu'ils choisissent de faire, consciemment ou inconsciemment.

C'est à cause de ce don de choix, que nous exerçons dans nos vies, que la plupart des gens choisissent de ne pas vivre leur vie à son plein potentiel, plutôt de choisir une vie sous-optimale, et que d'autres choisissent de ne pas vivre leur potentiel du tout, mais sans réfléchir. dormir en marchant sur cette terre.

Étonnamment, seuls les humains ont ce don de choix, les autres animaux et plantes ne l'ont pas, c'est pourquoi nous n'avons jamais entendu parler d'un arbre qui ne pousse pas aussi haut qu'il devrait l'être, mais qui s'arrête de croître à son plein la taille. Les arbres poussent aussi haut que possible, les fleurs fleurissent aussi brillantes et colorées que possible, car c'est ainsi qu'elles ont été câblées.

Ils sont conçus pour atteindre leur plein potentiel et pas moins, car il n'y a pas d'autre choix pour eux que de vivre pleinement leur vie sur le chemin qui leur est ordonné. C'est parce qu'ils n'ont pas reçu le don du choix au cours de leur vie, ils suivent ce chemin ordonné et vivent la vie pour laquelle ils ont été créés pour vivre au plein potentiel pour lequel ils ont été conçus pour le vivre.

Ce ne sont que les êtres humains qui ne vivent pas à leur plein potentiel. Et c'est le fléau pourquoi la plupart des gens qui ne réussissent pas et risquent de ne pas réussir parce qu'ils vivent leur vie de manière sous-optimale. Ils utilisent le don de leur choix pour saboter leur vie au lieu de l'utiliser pour créer toutes les expériences qu'ils veulent dans leur vie pour réussir et réussir.

Le bon livre étaye également ce fait, qui dit: «les pauvres ne cesseront pas dans la terre». Et c'est parce que depuis des temps immémoriaux beaucoup de gens ont toujours échoué à vivre pleinement leur vie, ils ont toujours utilisé le don du choix que nous avons tous pour saboter leur potentiel de vie en s'engageant dans de mauvais choix et une série de mauvaises décisions, qui les font échouer dans la vie et se retrouvent avec une vie sous-optimale. Le point ici est, si les pauvres ne cessent pas dans la terre, ce qui est malheureusement un fait.... mais DEVRIEZ-VOUS ÊTRE PARMI LES PAUVRES QUI NE S'ARRÊTERONT PAS DANS LA TERRE?

Dans le monde d'aujourd'hui, les gens sont occupés, occupés à être occupés et occupés par tant de choses qui n'apportent que peu ou pas de valeur à leur vie. Mais quel est l'intérêt de gravir la mauvaise montagne, quelle est la valeur de brûler tous les efforts et l'énergie en faisant des choses qui n'apportent aucune valeur réelle à la vie d'une personne et aucune valeur à son avenir? Comme être occupé à travailler dur sur des idées et des initiatives mal pensées qui finiront par se terminer par une autre tentative ratée, quel est le point et quelle est la valeur dans tout cela!

Les légendes n'ont pas atteint leur statut légendaire en étant simplement occupées à être occupées, elles planifient plutôt leur objectif, décident de ce qui doit être fait pour atteindre l'objectif, puis elles vont après tout de toutes leurs forces. Ils brûlent toute leur énergie et encore plus escaladent la bonne montagne, la montagne qu'ils choisissent, dictée par leur boussole interne, la partie non rationnelle d'entre eux, qui les a conduits à la découverte de leur but.

De plus, ils continuent à travailler dur et intelligemment pour atteindre leurs objectifs, ils dépensent toute leur énergie et plus à grimper les bonnes montagnes, apprenant de l'expérience de marcher sur leur chemin vers le succès, de renforcer leur résilience et d'améliorer leurs compétences et leur force de caractère en cours de route. Par conséquent, ils continuent à s'améliorer et à devenir de meilleures versions d'eux-mêmes tout en remplissant leur objectif.

De plus, lorsqu'ils gravissent leurs montagnes, les défis, les obstacles et les difficultés apparaissent comme ils le font toujours comme avec tout le monde, mais parce qu'ils savent qu'ils gravissent la bonne montagne, c'est-à-dire qu'ils font les bonnes choses qui les mèneront au succès, ils restent concentré sur leur objectif, endurant toutes les épreuves, la douleur, la frustration et les nuits blanches tout au long du chemin vers leur grandeur. Et même lorsqu'ils atteignent leur grandeur, ils ne reposent pas leurs rames, mais ils continuent à se développer pour continuer à découvrir de nouveaux niveaux de grandeur.

Parfois en traversant ces épreuves, ils pleurent à cause de la profondeur de la douleur et de la solitude, parfois au milieu de la nuit, ou aux petites heures du matin sans aucune épaule sur laquelle pleurer, et quand le matin arrive, ils se sentent et continuent à surmonter les défis et le suivant et le suivant, et ils continuent, même quand ils sont faibles, fatigués et ne se sentent pas comme, ils sortent toujours et le font, parce qu'ils croient que le les graines des succès de demain sont plantées aujourd'hui. Ainsi, le succès continue à planter et à planter, c'est pourquoi ils ont toujours du succès après le succès. Et ils savent aussi que pour continuer à réussir, ils doivent apprendre et s'adapter à leur monde et y prospérer.

D'un autre côté, les hommes déraisonnables, ceux qui ne réussissent pas, brûlent toute leur énergie en escaladant les montagnes fausses et non pertinentes de leur vie, croyant que le monde devrait s'adapter à eux pour qu'ils puissent prospérer. Mais la vérité que le monde n'a pas et ne voudrait pas s'adapter à personne, parce que le monde ne fait acception de personne, c'est le monde et le fait est que le monde ne cédera jamais à personne ce qu'il ne mérite pas, et le monde le fera. ne vous arrêtez pas pour que quiconque s'épanouisse, car c'est ainsi que le monde fonctionne. Le monde a été et sera toujours plus grand que quiconque. Donc, pour avoir une vie réussie, vous devez apprendre à vous adapter au monde et à y prospérer.

Pour réussir dans la vie est simple mais pas facile, simple car il suffit de travailler les principes de réussite simples connus pour réussir. Il faut avoir un état d'esprit positif, un engagement, un travail acharné et de la persévérance pour réussir. Il faut appliquer ces attributs dans la vie et poursuivre consciemment sans abandonner face aux difficultés et aux défis pour atteindre son objectif.

Les principes du succès sont les mêmes pour tout le monde, il est constant et ne change pas, donc pour réussir dans la vie, tout ce que vous avez à faire est juste d'imiter le mode de vie du succès. Copiez leur style de vie et apprenez à faire ce que font les légendes. Si votre modèle se réveille à 5 heures du matin pour faire du jogging, réveillez-vous aussi tôt et faites du jogging, si vous les trouvez toujours en train de lire et d'apprendre, faites-le aussi, et s'ils brûlent leur énergie et plus, escaladent la bonne montagne et s'adaptent eux-mêmes dans le monde, découvrez votre objectif de vie et brûlez votre énergie et plus encore en utilisant votre don et votre talent pour travailler à la réalisation de votre objectif de vie, et de cette façon, vous trouverez également le succès et la grandeur.

Rappelez-vous, les gagnants gagnent et les perdants perdent, lorsque vous adaptez le mode de vie de ceux qui réussissent, un jour vous gagnerez et réussirez, mais si vous faites autrement, vous continuerez très certainement dans le même mode de vie échoué et infructueux qui a toujours être un compagnon de l'échec, qui est une triste façon de vivre, sans rien de glorieux à ce sujet.

Si vous considérez le style de vie de l'échec, la douleur sans fin, la souffrance, toujours manquant de quelque chose, toujours fonctionnant en mode survie, la rareté sans fin, et toujours sous un type de stress négatif ou l'autre, il est évident que le mode de vie de l'échec est douloureux et pitoyable, auquel personne ne devrait jamais aspirer consciemment ou inconsciemment.

De plus, si vous considérez d'autres attributs du succès contre ceux qui ne réussissent pas, vous découvrirez également que les perdants s'inclinent devant les obstacles, tandis que les champions les font plier, les perdants rétrécissent mais les champions deviennent plus gros, plus forts, plus sains, plus concentrés et plus déterminés. Et aussi, ce sont les champions qui gouvernent le monde et façonnent la façon dont nous vivons sur cette terre; ils utilisent leurs dons et leurs talents pour influencer ce monde et la feuille de route de la façon dont nous vivons et interagissons dans ce monde.

Ils ont envisagé l'avenir et l'ont amené à l'existence grâce à un travail acharné, à la concentration et à la foi. En substance, nous vivons dans le monde envisagé dans l'esprit des grands. L'échec joue le second violon en tout, ils n'envisagent ni ne créent d'avenir, ils n'ont pas d'autre choix que de marcher dans le futur envisagé par les plus grands pour qu'ils soient en mode réactif perpétuel qui est un mode stressant et drainant d'énergie. Et comme souvent dit, vous n'êtes jamais aussi fatigué lorsque vous attaquez que lorsque vous défendez.

La vie de ceux qui ne réussissent pas est terriblement triste, ils ne contribuent ni n'impacter le monde de quelque manière que ce soit de manière significative, le monde ne se souvient jamais de leur présence ici et quand ils sortent, le monde ne manque rien à leur sujet. C'est comme s'ils n'étaient jamais là, ou comme s'ils étaient de simples spectateurs qui n'étaient là que pour regarder les choses se passer, pour regarder les autres vivre leurs rêves et façonner notre monde. ce qui est vraiment quelque chose de triste!

Veuillez choisir de réussir, car vous êtes conçu pour réussir, et la vie de ceux qui réussissent est belle et belle.

Vivez votre vie avec INTENTION

Demain est un autre jour!

SI VOUS MOUREZ PAUVRE, C'EST VOTRE FAUTE

"Tout le monde pense à changer le monde, mais personne ne pense à se changer" - Leo Tolstoy

Il y a deux scénarios à notre sujet, soit vous êtes né avec trop, soit vous êtes né avec trop peu, et les deux ont leurs forces et leurs faiblesses. Habituellement, les personnes nées avec trop, c'est-à-dire nées dans des familles riches peuvent parfois se considérer comme chanceuses, car elles peuvent ne pas avoir à traverser des épreuves de la vie, ce qui pourrait être un fait, mais alors, elles peuvent aussi passer à côté de certaines leçons que les difficultés de la vie enseignent, qui sont en fait quelques-uns des piliers sur lesquels repose la réussite dans la vie.

De plus, les personnes nées avec trop peu, pourraient se considérer aussi malheureuses qu'elles pourraient avoir à traverser des douleurs et des difficultés dans leur quête de leur survie au jour le jour, ce qui est également vrai, mais aussi, elles sont exposées aux leçons des épreuves. de la vie. Et grâce à cela, ils développent l'endurance nécessaire pour l'adaptabilité, les compétences de survie, la force de caractère et la résilience. Ainsi, être né avec trop ou être né avec trop peu a ses forces et ses faiblesses, et si bien annexé, la leçon pourrait être d'une immense valeur pour les gens des deux côtés du spectre.

Une ironie à méditer, si être né avec trop peu, offre aux gens la possibilité de développer des capacités d'adaptation et de l'endurance pour survivre dans notre monde toujours difficile, pourquoi y a-t-il alors beaucoup plus de pauvres que de riches dans le monde? Pourquoi 90% de la population adulte mondiale est-elle pauvre? Ne détenant que 15% de la richesse nette totale du monde et les 10% les plus riches détenant 85% de la richesse nette mondiale?

La réponse simple à cela est, cependant, l'endurance et l'adaptabilité à un environnement difficile et changeant sont des éléments importants du succès, mais elles ne suffisent pas à elles seules pour assurer le succès.

La façon la plus simple de comprendre les principaux facteurs déterminants du succès est de comparer la vie des réussis et des échoués. Nous remarquerons mal que, la seule différence entre les gens qui réussissent et ceux qui ne réussissent pas, c'est comment ils pensent. Donc, la façon dont les gens pensent est ce qui détermine essentiellement s'ils réussiront ou non dans la vie.

Les gens réussissent et sont riches parce que leur pensée est riche, et les gens échouent et pauvres parce que leur pensée est pauvre. Et les parents ont tendance à transmettre ces schémas de pensée à leurs enfants, généralement au cours des sept premières années de la vie de l'enfant.

Au cours des sept premières années de notre vie, notre cerveau est dans un état de faible vibration appelé «Thêta» où nous apprenons en observant nos parents et le monde qui nous entoure, ce qui est généralement le moment où nous formons la personnalité de qui nous finirons probablement par devenir dans la vie.

Par conséquent, lorsque les familles pauvres pratiquent une mauvaise pensée, une réflexion sur la rareté, une réflexion sur le manque et la survie, c'est ce que l'enfant observe et apprend, et ce qui est programmé dans son subconscient, qui devient alors l'état d'esprit avec lequel il grandit.

D'un autre côté, un enfant né dans une famille riche observe ses parents discuter des investissements, des transactions, de la gestion de patrimoine, des processus de planification et de réflexion stratégique, et de la réflexion sur l'abondance, etc., c'est ce qu'il observe et apprend également, qui se programme. dans son esprit subconscient. Et cela devient la pensée avec laquelle il ou elle grandit dans sa vie d'adulte.

Alors parfois, même si un enfant élevé dans une maison riche devient considéré comme stupide et stupide sur le plan académique, il se révèle la plupart du temps riche et réussit dans son métier, car il fait inconsciemment les bonnes choses qui mènent au succès.

De plus, comme il y a plus de pauvres dans le monde, plus de modes de pensée pauvres sont transmis aux enfants que la réussite et les capacités de réflexion riches. Ce sujet avait déjà été traité en détail dans le chapitre précédent intitulé Pourquoi les gens ne pensent pas et le succès et l'échec sont un état d'esprit. Veuillez vous référer à ce chapitre pour une compréhension plus approfondie.

Comme indiqué précédemment, «la pensée est le travail le plus difficile, c'est pourquoi la plupart des gens ne le font pas» et la principale raison pour laquelle la plupart des gens mènent une vie médiocre. Lorsque les gens ne pensent pas ou ne réfléchissent pas profondément, il ne peut vraiment y avoir rien de créatif ou d'intéressant dans le résultat de leur réflexion. Et comme souvent dit, on ne rit pas deux fois sur la même blague, alors si le produit de leur réflexion n'est pas nouveau, comment peut-il intéresser ou exciter qui que ce soit?

De plus, lorsque les choix de décision qu'ils proposent pour leur vie suivent le même chemin le plus parcouru, c'est-à-dire la façon dont tout le monde pense, qu'est-ce qui peut vraiment être nouveau dans l'issue de leur vie? plutôt que le même résultat général que la majorité de la population mondiale obtient, c'est-à-dire vivre une médiocrité et une vie infructueuse.

Lorsque les gens plutôt que de réfléchir aux problèmes et aux défis de leur vie et de prendre des mesures en conséquence, mais préfèrent demander aux autres ce qu'ils doivent faire sur ces questions, ce qu'ils font, c'est donner le contrôle de leur vie, et plus ils le font, plus ils abandonnent le contrôle de leur vie à d'autres personnes, qui ne s'en soucient probablement pas ou

même s'ils le font, ils sont déjà aux prises avec leurs propres
défis de vie, avec lesquels ils luttent, et n'ont probablement pas
le temps de s'inquiéter quelqu'un d'autre.

Soit dit en passant, le point critique est le suivant: comment
les gens peuvent-ils vraiment croire que les décisions des autres
sont correctes et la meilleure ligne de conduite à prendre pour
leur vie? Comment cela peut-il être le meilleur plan d'action,
alors qu'ils ne sont pas vous et qu'ils n'ont probablement pas la
moindre idée de tout ce qui se passe dans la vie de la personne?

Le fait est que personne ne peut jamais nous connaître plus
que nous, nos croyances, notre état d'esprit subconscient ou
d'autres problèmes qui nous sont propres et qui affectent la
façon dont nous percevons et réagissons aux stimuli de la vie.
Par conséquent, l'opinion de quelqu'un d'autre sur une question
ou un choix d'action peut ne pas être entièrement appropriée à
notre situation et à notre approche particulières de la vie.

Ce n'est pas qu'il est erroné de demander conseil et opinion
à d'autres sur une question, le fait est que l'opinion et le point
de vue des autres ne doivent être considérés que comme une
information supplémentaire pour nous aider à prendre une
décision éclairée sur la question, plutôt que d'adopter leur point
de vue comme probablement la meilleure ligne de conduite
pour nous.

En fait, demander l'avis d'un tiers sur une question peut être
une bonne pratique, car cela ouvre des perspectives différentes
sur la question, ce qui pourrait enrichir notre compréhension en

ayant l'opportunité de voir la question à travers le prisme d'autres personnes et la vision du monde.

Cependant, c'est vraiment incroyable de voir comment la plupart des gens confient facilement leur vie à quelqu'un d'autre, même s'ils ne connaissent pas vraiment de telles personnes et même s'ils connaissent de telles personnes, mais ils choisissent de faire confiance à ces décisions plutôt qu'à leur propre esprit, qui comprend et contrôle tout sur eux, leurs forces, leurs faiblesses, comment ils voient les opportunités et les menaces, comment ils analysent les problèmes et réagissent généralement aux choses. Au contraire, ils continuent à imposer le modèle de pensée des autres dans leur esprit et, en tant que tels, ils peinent à le mettre en œuvre.

C'est un fait établi que lorsque vous avez du mal à faire quelque chose, c'est parce que votre subconscient ne sait pas encore mieux le faire que votre esprit conscient. Une fois que l'esprit subconscient sait comment le faire mieux que l'esprit conscient, vous ne luttez pas et les choses fonctionnent de manière transparente. Et puisque l'esprit subconscient contrôle environ 96% de nos vies, donc 96% du temps, nous luttons avec la mise en œuvre de telles idées. À l'inverse, si l'idée vient de notre esprit, cela signifie littéralement que 96% du temps, nous pourrions exécuter les idées de manière transparente, ce qui a évidemment mis les chances plus en faveur de la réussite de la mise en œuvre de cette idée.

Un exemple. Lorsque vous avez commencé à conduire une voiture, vous avez tellement lutté que vous deviez vous concentrer tout le temps en conduisant. Vous avez du mal à penser et à conduire en même temps, et vous pouvez à peine remarquer les autres signes et objets le long de la route, et vous avez même du mal à tenir une conversation en conduisant. Mais au fur et à mesure que vous apprenez et améliorez votre conduite au fil du temps et que vous vous améliorez, vous commencez à trouver un peu facile de tenir une conversation sans effort pendant la conduite et vous arrivez à un point où il est très facile de lire les panneaux routiers, les avis et les panneaux d'affichage le long de la route. tout en conduisant.

Ce qui s'est passé, c'est que vous continuiez à vous entraîner à conduire et que vous vous améliorez parce que votre esprit subconscient s'est également amélioré. Et lorsque votre subconscient sait maintenant comment le faire mieux que votre esprit conscient, vous vous retrouvez au volant et toujours capable d'accomplir d'autres tâches, comme avoir une conversation, réfléchir, etc.

Lorsque les gens décident inconsciemment de mettre leur esprit conscient sur la touche dans leur prise de décision et choisissent de croire que ce que l'autre personne dit devrait être correct pour leur vie par rapport à leur propre processus de pensée mentale, ils disent essentiellement à leur esprit qu'ils sont incapables de penser et de faire le bien. choix pour eux-mêmes et en tant que tels, leur subconscient est programmé de cette façon, et ils commencent à agir de cette manière inconsciemment même sur d'autres tâches de leur vie.

Il a été observé que les gens qui agissent généralement de cette manière n'assument guère la responsabilité de quoi que ce soit, ils ont toujours l'habitude de jouer au jeu du blâme et au jeu de la victime, en croyant qu'il y a quelque chose ou quelqu'un qui leur fait ces choses, alors qu'en réalité En fait, ce sont eux qui le font à eux-mêmes, et ces réflexions sont le fléau d'une vie infructueuse.

Comme mentionné précédemment, la seule différence entre les personnes qui réussissent et celles qui échouent est COMMENT ILS PENSENT. Les gens sont riches parce que leur pensée est riche, et les gens sont pauvres parce que leur pensée est pauvre, c'est une simple réalité de la vie.

De même, les gens échouent et sont pauvres à cause d'une série de mauvaises décisions et de choix qu'ils ont faits au cours de leur vie qui sont devenus une habitude subconsciente programmée dans leur subconscient qui les pousse à penser et à agir de cette manière.

Par conséquent, dans tout ce qu'ils font, ils le font inconsciemment avec un état d'esprit infructueux, et en tant que tels, ils ne parviennent pas à atteindre cet objectif. C'est pourquoi il a été observé que les pauvres restent pauvres à travers leurs générations et que les riches restent riches, car c'est ainsi que leur état d'esprit a été programmé.

Un témoignage évident en est que 1% de la population mondiale possède la moitié de la richesse nette dans le monde et que l'écart se creuse au fil des ans. Cependant, cela ne signifie pas entièrement que si quelqu'un est né pauvre, il doit mourir pauvre, il peut éviter de mourir pauvre en changeant son état d'esprit et en reprogrammant son esprit. Nos ondes cérébrales ont été classées en 4 états, Delta, Thêta, Alpha et Bêta, la thêta étant l'étape la plus importante de notre cerveau peut être reprogrammée. Cela a déjà été traité en détail dans les chapitres précédents.

Pour reprogrammer notre subconscient pour réussir, nous devons comprendre le stade dans lequel nos ondes cérébrales retournent à THETA. Quel est le stade où notre esprit subconscient peut être facilement reprogrammé, c'est-à-dire lorsque nous sommes endormis et que notre esprit conscient est également en état de sommeil, l'esprit subconscient étant le seul esprit actif.

Par conséquent, mis à part la lecture, l'écoute de livres audio et des vidéos de motivation et d'inspiration sur le développement personnel et la mise en pratique consciente et répétitive de la leçon apprise, l'autre chose que nous pouvons faire est d'écouter des livres audio et des messages d'affirmations positives pendant que nous dormons. , parce qu'à cet état, alors que notre esprit conscient est endormi, notre subconscient est le seul esprit actif. Et quand nous écoutons une affirmation positive à cet état, de tels messages vont directement dans la reprogrammation de notre subconscient.

Ainsi, naître pauvre n'est pas une mauvaise chose et ce n'est la faute de personne, mais mourir pauvre est terriblement mauvais. Pour éviter de mourir pauvre, nous devons reprogrammer notre subconscient à un état d'esprit de réussite. Et tout ce qu'il faut, c'est une décision de changer et vous allez changer.

Naître pauvre et mourir pauvre n'est pas le résultat d'une malédiction générationnelle, c'est parce que les gens n'ont pas réussi à prendre le contrôle de leur vie, ils choisissent plutôt de se tromper avec le mot «malédiction générationnelle» pour donner la fausse croyance que leur situation est extérieure leur contrôle, ce qui n'est en réalité pas le cas. C'est comme le mot mystère, toutes choses sont mystérieuses lorsqu'elles ne sont pas comprises, car au moment où vous les comprenez, ce n'est plus un mystère. Le mystère est un autre mot pour l'ignorance! Ainsi, leur échec, leur état médiocre et infructueux est entièrement de leur fait, ils l'ont créé, ils l'ont créé et l'ont livré dans leur vie. C'est entièrement leur fabrication.

Si vous êtes né pauvre, vous n'avez pas à mourir pauvre, il n'y a rien de glorieux dans la pauvreté... Votre vie est entre vos mains!

Vivez votre vie avec INTENTION

Demain est un autre jour!

SERPENT BITE N'A JAMAIS TUE PERSONNE!

"Personne n'est jamais mort d'une morsure de serpent! la morsure de serpent ne vous tuera jamais; c'est le venin qui continue de couler à travers le système après la morsure qui va vous tuer" - Dr Wayne Dyer

Un fait connu de la vie est que la vie est dure, elle est difficile et peut être douloureuse. Mais le plus important est une expérience, une expérience dont nous pouvons apprendre et évoluer, ou une expérience dans laquelle nous pouvons choisir d'exister et de nous rétrécir.

La vie ne nous donnera pas toujours ce que nous voulons, la vie ne nous donne que ce que nous devons avoir. En substance, ce que nous méritons, c'est ce que nous attirons dans nos vies. Et ce que nous attirons dans nos vies dépend uniquement de nous, informés par ce que nous choisissons de faire ou de ne pas faire, comment nous choisissons de le faire ou comment nous choisissons de ne pas le faire. Et comment nous percevons les opportunités et la peur autour de nous.

Tant de gens portent les douleurs, la déception et les frustrations provoquées par les actions ou les inactions d'autres personnes, et ils ont refusé de lâcher prise, ils continuent de porter avec eux ces douleurs et cette déception, qui se reflètent dans tout ce qu'ils font.

Ils ont permis à la déception et aux douleurs d'être un miroir à travers lequel ils voient, évaluent et répondent à d'autres stimuli qui se présentent à eux, et parce qu'ils voient déjà ces stimuli, opportunités ou actions des autres à travers une lentille négative, leur réponse souvent le temps passe le même chemin de la lentille négative, et ils ratent toutes les opportunités potentielles dans ce scénario.

En effet, l'interprétation de la situation dans leur esprit se fait à travers le prisme négatif, et par conséquent, ils ne voient que des douleurs, des déceptions, des frustrations et de l'impossibilité dans les situations, et les thèses influencent leurs réactions et leurs réponses en conséquence.

Considérez ceci, la science dit que chaque être humain pense entre soixante mille et quatre-vingt mille pensées chaque jour, et quatre-vingt dix pour cent (90%) de ces pensées sont les mêmes que la veille. Cela implique qu'environ quatre-vingt-dix pour cent (90%) de ce que nous pensons concerne un événement ou une pensée du passé.

Par conséquent, quand quelqu'un porte des pensées négatives à cause de douleurs et de déceptions qui se sont produites dans le passé, et permet à cela de rester avec lui dans son état présent ou dans un état présent continu, de telles personnes pourraient invariablement vivre leur présent dans la douleur et les frustrations du passé. Et s'il est vrai que nous attirons ce à quoi nous pensons, alors la seule chose évidente que ces personnes attireront vers elles-mêmes et dans leur vie sont des déceptions, des douleurs et des frustrations similaires à celles qu'ils ont vécues dans le passé.

De plus, si cela continue en jours, semaines, mois et années, nous pouvons voir comment une telle personne peut vivre son état actuel dans son passé et comment elle continue d'attirer les stimuli négatifs dans sa vie. Et après un certain temps, de telles personnes sont stressées et ont dit que "rien ne fonctionne pour elles, et on a l'impression qu'elles sont malchanceuses et que l'univers est contre elles".

Le Dr Wayne Dyers a dit un jour, quoi que quelqu'un vous ait fait dans le passé, et quelle que soit la douleur, il n'y a pas de ressentiment justifié, car entretenir de tels ressentiments ne fera que nuire à vous et à personne d'autre. Souvent, les gens qui vous ont fait du tort ont peut-être oublié, mais lorsque vous vous accrochez à la douleur et aux déceptions, c'est comme le venin de serpent, comme dans la citation du Dr Wayne Dyer ci-dessus. Ce sont les ressentiments qui provoquent des conditions de santé insalubres, qui pourraient également entraîner des complications et même la mort. Et pas la déception ou la douleur.

Lorsque les gens portent du ressentiment avec eux, cela crée une condition très stressante pour cette personne, et à partir de l'étude du stress chez l'homme, lorsque nous sommes stressés, notre immunité diminue, car l'hormone du stress Cortisol fait couler le sang de la partie viscérale de notre corps. à nos bras et à nos jambes. Et le viscéral est l'endroit où la croissance et les fonctions immunitaires ont lieu.

Ainsi, lorsque le sang est extrait du viscéral, la capacité du corps à se développer, c'est-à-dire à produire plus de cellules, à réparer les cellules endommagées et à maintenir une fonction et un équilibre cellulaires sains, est considérablement diminuée. En outre, la capacité du corps à exécuter des fonctions immunitaires, à combattre les corps étrangers, les maladies, les germes, etc. est également considérablement diminuée.

De plus, lorsque nous sommes stressés, notre intelligence est également affectée, car l'hormone du stress, le cortisol, provoque également le déplacement du sang de la partie avant du cerveau, l'hypothalamus qui est la zone qui contrôle la pensée consciente vers le cerveau postérieur qui contrôle les réflexes de combat. ou vol.

Cela implique également que lorsque nous sommes stressés, nous devenons moins intelligents, car la partie avant du cerveau, qui est la zone qui contrôle la pensée consciente et la créativité, est privée d'approvisionnement en sang et en oxygène, ce qui entraîne des performances sous-optimales. La science dit que ce scénario peut entraîner une réduction de 50% de l'intelligence d'une personne.

Par conséquent, tous ceux qui portent du ressentiment en eux ne se rendent qu'un mauvais service et personne d'autre, mis à part les implications négatives pour la santé, ils deviennent moins intelligents et moins capables de penser de manière créative et de trouver des solutions qui pourraient avoir un impact positif et transformer leur vie. Même lorsqu'ils rencontrent de grandes opportunités, ils sont incapables de réfléchir de manière créative et profonde pour annexer les opportunités, et souvent ils abusent ou ne reconnaissent même pas l'opportunité comme une opportunité.

Si nous examinons tous les modèles de comportement négatifs qui font échouer ou échouer les gens dans leurs efforts, tels que l'inquiétude, le doute, la peur, la procrastination, la réflexion excessive, la paralysie de l'analyse, tous ces comportements négatifs sont inducteurs de stress et comme ces modèles continuent à persister, la condition de stress qui en résulte demeure, et les personnes dans un tel état deviennent de moins en moins intelligentes dans leurs choix et leurs actions.

La question clé est maintenant, si cette classe de personnes continue de devenir de moins en moins intelligente dans leur action, comment alors peuvent-elles s'engager dans une tâche de manière créative pour se déplacer pour réussir dans la vie. Comment peuvent-ils développer la perspicacité pour les aider à réaliser leur potentiel de croissance, leurs objectifs et leurs rêves?

Lorsque les gens s'accrochent à des modèles de comportement négatifs, cela a tendance à devenir leurs habitudes. Et les habitudes déterminent l'altitude des gens dans la vie, leur succès ou leur échec. Envisagez un scénario, en montgolfière, avant de vous lancer dans la balade, vous étudiez le flux d'air pour tracer votre trajectoire de vol. Dans le ciel, le jet stream s'écoule dans différentes directions à différentes altitudes, donc en fonction de votre direction, vous ajustez votre altitude en conséquence pour vous déplacer dans le jet stream souhaité afin qu'il puisse s'écouler dans le flux d'air.

Cependant, lorsque vous êtes à l'altitude définie dans le vol en ballon et que vous souhaitez changer de cap, vous devrez vous déplacer dans un jet stream différent, et vous le faites en lâchant du ballast pour monter dans le jet stream souhaité. De même, dans la vie, si nous voulons changer le cours de notre vie, nous abandonnons les habitudes, nous abandonnons ces habitudes qui nous maintiennent dans la position indésirable que nous sommes.

Il soutient donc que pour que quelqu'un trouve un vrai succès et une vie significative, nous devons abandonner les habitudes négatives et le ressentiment que nous avons envers les autres. Nous devons lâcher prise afin de pouvoir concentrer toute notre énergie sur nos objectifs et nos rêves. S'accrocher à toute forme de ressentiment ne produit aucun gain ou quelque chose de positif, c'est plutôt une perte d'émotions, d'énergie et de temps précieux. Cela nuit également à la santé d'un tel individu.

Deux problèmes clés que certaines personnes confondent souvent sont «la colère et le ressentiment». Bien que les deux soient exprimés à travers les émotions, ils sont très différents. La colère est différente du ressentiment, même si les émotions vont souvent de pair. Cependant, la différence entre la colère et les ressentiments provient de la façon dont nous ressentons les émotions. La colère fait référence à un fort sentiment de mécontentement face à une situation ou un événement désagréable qui fait que ces personnes se sentent blessées ou menacées et la situation émotionnelle qui en résulte peut être l'agressivité.

Les ressentiments, d'autre part, se réfèrent au sentiment d'amertume d'avoir été traité injustement. Il s'agit généralement d'une émotion composée de colère, de douleur, de douleur et de déception, ce n'est pas simplement une réaction automatique / spontanée à la situation présente mais basée sur un certain nombre d'événements passés qui peuvent cependant être déclenchés par l'événement présent.

Le ressentiment implique un acte volontaire conscient de s'attarder sur les événements passés et de revivre le désagrément, la douleur, la douleur et les déceptions de la situation.

De plus, la colère peut parfois être positive, lorsqu'elle est une motivation et incite les gens à agir, mais négative lorsqu'elle entraîne de la violence. Cependant, le ressentiment n'est jamais positif, il est toujours et uniquement négatif, car il ne fait que blesser l'individu et devient également une barrière qui empêche cet individu de lâcher prise et de poursuivre sa vie.

N'oubliez pas que nous n'avons qu'une seule vie à vivre et un temps relativement court ici sur terre. Même une vie de cent ans passe si vite, il est donc inutile de perdre et de perdre un de ces temps précieux à entretenir des ressentiments contre quelqu'un pour ses actions ou inactions, couplé au fait que ces personnes peuvent même avoir oublié ou ne pas même être conscient de la façon dont leurs actions ou inactions ont été reçues / perçues, ce qui a conduit au ressentiment.

Les personnes mentalement fortes n'ont généralement pas de ressentiment, elles gèrent leurs émotions et abandonnent leur douleur et leur douleur, en leur permettant d'être une motivation pour les inciter à agir positivement. Leurs douleurs et leurs déceptions ne se transforment jamais en ressentiment car ils ne se voient pas comme une victime, ils contrôlent leur vie. Ainsi, lorsqu'une situation ou des événements désagréables surviennent, ils traversent la douleur, en tirent des leçons et utilisent l'énergie pour les amener à l'action pour les faire avancer positivement, vers leurs objectifs.

Les personnes qui échouent, en revanche, deviennent souvent irritées parce que ce sont généralement elles qui jouent au jeu de la victime, toujours celles qui se sentent traitées injustement, malchanceuses ou que la vie gagne des centimètres. Ils continuent à absorber les douleurs et les revers, mais ne font jamais rien pour utiliser l'énergie pour les inciter à agir de manière positive pour leur vie, ils continuent plutôt à absorber la douleur et les frustrations, de sorte que leur cœur se remplit d'énergie négative, qui a ensuite un impact sur le la façon dont ils voient et réagissent à tout ce qui les entoure, et cela a également un impact sur leur santé et leur vie en général.

Il y a une analogie selon laquelle tout le monde a un «conteneur» de douleur et de frustrations dans son cœur, mais les gens qui réussissent ont appris à vider leurs conteneurs et à laisser l'énergie les inciter à une action positive pour s'améliorer. Les personnes qui ne réussissent pas, par contre, continuent à charger leurs conteneurs remplis d'énergie négative et permettent à cela de se transformer en ressentiments.

Pour réussir et trouver une véritable connexion avec les gens, nous devons apprendre à vider ces conteneurs de douleur, de colère, de haine et de frustrations, et ouvrir notre cœur à la paix, à l'amour et à la joie de la nature, dont notre créateur nous a entourés, c'est abondant et toujours présent.

Alors, lâchez la douleur, commencez un nouveau départ, parce que vivre sa vie dans le passé peut l'empêcher d'avoir un nouveau départ, et comme le notait Sénèque, «tout commencement vient d'une autre fin». Ainsi, quand nous refusons de lâcher prise mais que nous grouillons de ressentiment et d'amertume, nous enfermons le début de nouvelles expériences, de nouvelles connexions et amitiés, mais seulement embouteillés dans la douleur. Cependant, lorsque nous lâchons prise de la douleur et lui permettons de nous inciter à l'action, nous commençons à expérimenter les nouveaux commencements à partir d'une autre fin de débuts.

La vie est destinée à être vécue et la vie est destinée à être appréciée, et notre créateur nous a tous donné des cadeaux pour influencer et façonner notre monde. Ce sera un pur gaspillage d'avoir ces cadeaux et de ne jamais les utiliser, mais plutôt de les laisser inactifs et dormants. Cela privera le monde de l'impact potentiel; le cadeau aurait pu façonner ce monde.

Imaginez simplement si, à cause du ressentiment dans leur cœur, et de l'énergie et des émotions négatives qui poussent les gens à devenir déprimés et moins intelligents, Bill Gates a raté son invention du programme Windows pour ordinateurs, ou Steve Jobs de ne pas avoir inventé l'iPhone, iPad, App Store, etc., mais plutôt ils ont tous raté les cadeaux que le créateur y avait déposés, pensez à ce que le monde aurait pu manquer. Pensez à la manière dont leurs dons ont façonné notre monde et au genre de vies qu'ils se sont créées au cours du processus.

Pensez également au nombre de personnes qu'ils ont touchées, au nombre d'entreprises qui ont vu le jour grâce à leurs inventions et encore une fois au nombre de personnes dont la vie a maintenant un sens parce qu'elles sont venues ici sur terre et vivent leurs rêves. Parce qu'ils ont utilisé leurs dons pour remplir leur objectif de venir ici.

La vie est belle et elle est destinée à être vécue et appréciée, elle est inutile et gaspilleuse, passer son temps à entretenir des ressentiments contre les autres, vous faisant rater la grande opportunité d'utiliser vos talents donnés par Dieu pour avoir un impact sur votre monde, et aussi transformer votre la vie et celles de vos proches!

Le monde a besoin de vos dons et de vos talents, n'en privez pas le monde, ouvrez-vous et laissez aller tout ressentiment, car le monde vous attend toujours!

Vivez votre vie avec INTENTION

Demain est un autre jour!

POURQUOI LES GENS REUSSISSENT

"La clé de l'immortalité est d'abord de vivre une vie qui mérite d'être rappelée" - Bruce Lee

La vraie essence de la vie est de vivre pleinement la vie, de faire tout ce que nous aimerions faire, expérimenter et impacter le monde comme nous aimerions le faire, c'est ce que signifie vraiment vivre. Et ce n'est que lorsque nous aurions vraiment vécu notre vie que nous nous serions immortalisés à travers les œuvres de notre main et comment nous avons vécu.

Cependant, la triste vérité est que beaucoup de gens choisissent de ne pas vivre une vie qui mérite d'être rappelée parce que leur vie est vide et sans impact significatif sur le monde qui les entoure, et en tant que tel, il n'y a rien pour déclencher un souvenir à leur sujet. Et en fait, il n'y a vraiment rien à discuter les concernant car leur existence ici sur terre n'a eu aucun impact sur leur monde.

C'est un fait que les souvenirs sont en effet sélectifs. tandis que certains d'entre eux sont gravés dans nos cœurs et nos esprits et ils sont constamment vivants et rafraîchis dans notre conscience, tandis que d'autres sont relégués à notre passé sans trop y penser, sauf qu'ils sont déclenchés par des stimuli externes liés ou connectés à de tels souvenirs. Cependant, chaque fois que nous nous souvenons d'un souvenir spécifique, nous nous en souvenons différemment et nous remplissons la partie manquante de la mémoire avec des informations plausibles mais pas nécessairement exactes. Et la partie ironique est que les souvenirs les plus purs sont ceux dont nous nous souvenons à peine parce qu'ils n'ont pas été altérés par l'acte de se souvenir.

Il est évident que nous nous souviendrons de ce qui a un sens, de ce qui nous touche et nous émeut profondément, de ce qui impacte et change grandement le cours de nos vies. Cependant, toutes ces choses ne seront pas nécessairement liées à la réalisation de nos grands et audacieux objectifs extraordinaires, mais au chemin vers la réalisation en soi. Comme indiqué précédemment, les empreintes du succès sont les empreintes du succès, car c'est sur la voie du succès que nous apprenons le plus et devenons une meilleure version de nous-mêmes. En résumé, avant de pouvoir créer une vie qui mérite d'être rappelée, vous devez d'abord réussir dans votre métier.

C'est un fait que ceux qui volent seuls ont les ailes les plus fortes, et ceux qui marchent seuls ont la direction la plus forte, car ils apprennent à fermer toutes les distractions, ils s'appuient sur eux-mêmes pour affronter les défis et les difficultés tout au long du voyage, et dans le processus. développer la ténacité et la force de caractère pour continuer à aller de l'avant au milieu des épreuves, de la douleur et des frustrations.

Considérez ce scénario, lorsque vous traversez une rivière le long du chemin vers une destination difficile à venir, et que vous arrivez à terre de l'autre côté, vous avez perdu votre bateau ou vous avez décidé de brûler votre bateau en ne laissant aucune place à la retraite. Et comme il n'y a pas de place pour la retraite, vous avez tendance à survivre aux probabilités parce que votre esprit se rendra compte que vous êtes en mesure de couler ou de nager et le plus souvent, vous nagerez toujours, car vous n'aurez pas d'autre choix que de pour développer des compétences de natation incroyables, car votre esprit vous obligera à développer les compétences dont vous avez besoin pour survivre, et lorsque vous le poussez plus loin, cela déclenche le processus qui vous fait prospérer.

Neil deGrasse Tyson a dit un jour, les gens qui réussissent y vont seuls, ils tracent un chemin pour eux-mêmes, ils sont uniques, ils sont authentiques et une version d'eux-mêmes. Et ils travaillent continuellement dur pour se développer et s'améliorer afin de devenir une meilleure version d'eux-mêmes. Si vous regardez Michael Jordan, vous ne direz jamais qu'il était comme quelqu'un, mais plutôt Michael Jordan, Elon Musk est juste Elon Musk, Bill Gates est juste Bill Gates et Aliko Dangote est juste Aliko Dangote, et il en va de même pour tous les grands. , ils n'ont jamais été l'ombre de personne, mais ils sont eux-mêmes, ils sont leur marque et ils sont uniques.

Ils construisent leur estime de soi et, ce faisant, ils créent une marque pour eux-mêmes, dont ils sont devenus synonymes et ce qui les distingue. Ils empruntent un chemin unique et créent une identité de marque unique sans ambiguïté, à savoir qu'au moment où vous mentionnez leur nom, vous savez automatiquement ce qu'ils représentent.

Les réussis, les grands, les légendes, ne dépendent pas des autres avant de commencer à marcher sur leur chemin, ils tracent leur chemin et, ce faisant, ils se taillent une niche. Ils sont autonomes et ils font bouger les choses. Ce ne sont pas des bavards, mais des «faiseurs», c'est pourquoi leurs réalisations en disent long sur eux.

En outre, ils sont distingués et célébrés pour leurs réalisations, et même pour leur quête de plus grands succès et de nouvelles réalisations dans d'autres exploits. Les grands sont un contraste frappant avec les échecs qui ne sont que des bavards et font rarement quelque chose de significatif pour faire avancer leur vie vers leurs objectifs et leurs rêves. Ils parlent fort mais sont vides de faire.

L'expression «parler est bon marché» définit la vie de ceux qui échouent, et c'est en soi une forme de manque d'intégrité, parce que l'intégrité signifie essentiellement, dites ce que vous voulez dire et faites ce que vous dites. Ainsi, lorsque ceux qui ne réussissent pas continuent à parler sans faire, ils érodent invariablement leur intégrité, et lorsque ces personnes ne peuvent pas obtenir le soutien ou la coopération d'autres personnes pour les aider à atteindre leurs objectifs, ils commencent à se demander pourquoi personne ne veut faire affaire avec eux, ou pourquoi ils ne peuvent pas trouver un partenaire ou un financier pour soutenir leurs rêves. La réponse simple est que les gens ne veulent pas coopérer avec eux parce qu'ils ont érodé ou vidé leur bonne volonté de confiance avec leur discours vide.

De plus, ceux qui échouent ne sont pas autonomes et ils ne font pratiquement rien seuls; mais préférez plutôt marquer ou copier tout ce qu'ils trouvent pratique et facile. Et quand ils choisissent de commencer quoi que ce soit, ils adoptent n'importe quelle idée arbitraire. Et souvent l'idée qu'ils considèrent comme la rave du moment, et qu'ils plongent sans aucune réflexion profonde, et même lorsqu'il y a des éléments d'intention stratégique, ils ne parviennent pas à faire le travail acharné qu'il mérite pour faire de l'idée une réalité.

Par conséquent, lorsque des situations difficiles s'installe, ils abandonnent la quête parce que leur concentration n'était pas sur le but et la récompense de la réalisation de l'objectif, mais sur ce qu'il faudra, la quantité de travail manuel nécessaire pour mûrir l'idée vers le succès. Et parce que tout ce sur quoi ils se concentrent est la douleur et l'effort sur le chemin du but, tout ce qu'ils finissent par voir est la douleur et en tant que tels, ils abandonnent.

Fondamentalement, les échecs manquent d'un état d'esprit de persévérance, d'engagement et de cohérence, ils ne parviennent pas à s'engager pleinement dans leur objectif, car ils n'ont pas vraiment compris pourquoi ils sont sur le but et l'essence de leur rêve, mais ils sont entrés dans le idée parce que l'idée était la rave du moment ou ce qui leur semblait aussi facile et peut se vendre. Mais ils n'ont pas vraiment réfléchi au «comment» car tout ce à quoi ils pensent est le «quoi» et un fait établi est que le succès de toute entreprise réside dans le «comment» et non dans le «quoi».

Tout le monde peut penser ou trouver le quoi, mais trouver le comment nécessite une perspicacité profonde et une réflexion créative, ce que la plupart des gens ne font pas. Alors souvent, ils s'arrêtent au quoi, pensant que c'est ce qui donnera naissance au succès, mais ils continuent à être choqués à maintes reprises avec leurs échecs répétés, et ils se demandent pourquoi tout semble être contre eux, sans se rendre compte que ce sont eux. faire les choses contre eux-mêmes.

De plus, parce qu'ils se concentrent sur ce qu'ils ont à donner et à traverser pour atteindre la maturité, l'objectif, c'est-à-dire la douleur, les difficultés et le travail acharné qu'ils devront mettre dans l'idée pour passer par le processus et mûrir l'idée. , leur détermination est facilement affaiblie par les douleurs et les défis du voyage et ils sont facilement submergés par la charge de travail.

Par conséquent, ils deviennent désillusionnés, désorientés et paralysés par la peur de l'échec et ne poursuivent jamais vraiment l'idée avec la vigueur et la détermination nécessaires pour en faire un succès, mais ils parviennent à se montrer sans enthousiasme, juste pour se convaincre qu'ils ont essayé et aussi pour justifier à d'autres personnes qu'ils ont tenté le but mais que cela n'a pas fonctionné.

En général, les échecs n'ont pas la cohérence d'esprit, ils sont incapables de suivre la routine du travail acharné et de se concentrer stratégiquement sur leur objectif, ils ne se présentent pas tous les jours sur leur objectif, et aussi dans le processus de travail sur leurs objectifs, lorsque des situations difficiles et difficiles s'installe, ils ne parviennent pas à rester concentrés sur l'objectif, mais se permettent plutôt d'être distraits et, en tant que tels, ils ne parviennent pas à faire le travail acharné nécessaire pour surmonter les défis.

Malheureusement, leur objectif se déplace vers la recherche de raccourcis pour éviter la douleur et les difficultés, et par conséquent, ils perdent leur emprise et se concentrent sur leur objectif parce qu'ils sont motivés par ce qu'ils vont céder à leurs objectifs pour en faire une réalité plutôt que par quoi. ils vont réussir en atteignant leur objectif, ce qui motive l'état d'esprit du succès.

Ceux qui réussissent sont généralement motivés par ces deux éléments conscients: «leur but» et «la raison pour laquelle» ils comprennent que leur but est au profit des autres et la raison pour laquelle est pour eux. Un exemple, Steve Jobs d'Apple s'est donné pour objectif de créer l'iPhone pour révolutionner notre façon de communiquer et de travailler, en améliorant beaucoup la vie en nous donnant un outil pour devenir plus efficace et plus efficace, et ce faisant, il a trouvé grand succès et épanouissement, et a également fait beaucoup d'argent pour lui-même.

Les gens qui réussissent ont une compréhension d'eux-mêmes, ils connaissent leurs dons et ils continuent à travailler pour développer et améliorer leurs dons, alors quand ils marchent sur leur chemin, ils sont en contrôle d'eux-mêmes et de la façon dont ils réagissent aux stimuli externes de la vie.

De plus, ils se préparent à des situations difficiles tout au long du voyage parce qu'ils savent que cela va arriver, et quand cela se produira, ils y font face de front parce qu'ils savent que la situation difficile n'est pas venue pour durer mais qu'elle passera un jour si elles n'arrêtent pas. . Ainsi, ils restent résolus à atteindre leur objectif et continuent de s'appuyer sur la compréhension de leur métier, leur force de caractère, leur résilience et leur ténacité pour continuer à atteindre leur objectif.

Les gens qui réussissent, réfléchissent profondément, ils sont stratégiques et ils travaillent dur et plein de courage. Ils sont résilients et ne se plient jamais aux défis, qui ne sont que des peurs déguisées en obstacles. Ainsi, lorsque des obstacles apparaissent, ce qui arrive toujours, ils trouvent un moyen de surmonter stratégiquement les obstacles, et ils continuent à persévérer pour les surmonter mais ils ne s'inclinent jamais, car ils savent que les obstacles ne sont pas là pour arrêter tout le monde mais seulement ceux qui ne désirent pas vraiment leur objectif.

De plus, parce qu'ils ont développé cet état d'esprit, ils continuent à pousser leur objectif avec cette pensée jusqu'à ce que cela devienne une réalité, et quand cela devient une réalité, ils ne s'arrêtent pas mais continuent à s'efforcer d'atteindre de plus hauts sommets. C'est la mentalité des réussis, et c'est ainsi qu'ils s'attirent le succès.

Les échecs ne sont pas stratégiques, ils manquent de force de caractère et de direction, donc lorsque les défis et les obstacles de la vie apparaissent, ce qui est toujours le cas, ils s'effondrent dans un effondrement séquentiel ou cataclysmique à la première vue des défis ou après une courte bataille avec le défis. Mais les réussis, quand ils font face aux mêmes défis, ils ressentent la douleur, la souffrance, les frustrations, et même ils pleurent et passent d'innombrables nuits blanches à élaborer des stratégies et à se frayer un chemin hors du trou, hors de la douleur et des frustrations, mais jamais quitter.

Partageant une histoire personnelle qui se rapporte au sujet, il y a quelque temps, je me suis fixé comme objectif d'écrire mille mots de pépites d'inspiration par jour pendant trente jours et de partager aux familles, amis et connaissances un groupe totalisant environ trois mille destinataires. C'était un objectif difficile et difficile, couplé au fait que c'était en dehors de mon travail quotidien en tant qu'entrepreneur qui est déjà assez exigeant et chargé, cela prend pratiquement tout mon temps.

Le jour 22, j'avais de la fièvre et la fièvre était forte, et pendant deux jours, je pouvais à peine manger quoi que ce soit, donc j'étais faible et me sentais faible, mais j'ai quand même continué à écrire, mais le jour 24, la fièvre s'est aggravée , tout ce qui dans mon corps criait STOP, mais j'ai refusé d'écouter mon corps, la douleur et le désir que je m'arrête, j'ai plutôt décidé de continuer, je n'ai pas arrêté parce que cela n'a jamais été une partie de moi d'arrêter ou trouver des excuses pour la non-livraison sur une cible. Et d'ailleurs, si j'avais arrêté, tout ce que je défendais serait un discours vide.

Par conséquent, j'ai continué avec l'objectif, et à un moment donné, il est devenu extrêmement difficile de me concentrer et d'écrire un mot, alors j'ai dû me fier à mes affirmations pour traverser ces moments difficiles. Mes affirmations à l'époque étaient... que feront mes deux héros inspirants s'ils sont confrontés au même défi?

Que fera Eluid Kipchoghe et que fera David Goggins?

Et les réponses sont toujours claires.... ILS NE QUITTERONT JAMAIS, alors je ne quitte pas.

Ce qui est étonnant cependant, c'est qu'une fois que vous avez décidé de ne pas abandonner, votre esprit, votre corps et l'univers commencent à coopérer avec vous, car ils réalisent que vous n'abandonnerez pas, et les choses commenceront alors à bouger dans le direction de votre objectif.

Ce phénomène n'a rien de magique ou de spirituel, mais c'est la façon dont l'univers fonctionne, dans quoi nous mettons notre esprit et que nous nourrissons grandit, et ce que nous mourons de faim. C'est ainsi que nous sommes câblés par la nature, et c'est un don que nous avons au-dessus de tout autre être vivant dans ce monde.

C'est vraiment incroyable la façon dont notre état d'esprit fonctionne, comment cela fonctionne de cette façon, personne ne le comprend vraiment, mais c'est ainsi que notre système de croyance en vient à façonner notre réalité. Une fois que nous croyons à quelque chose, notre état d'esprit et les schémas des neurones de notre cerveau commencent à changer pour que cela se produise. Il ne reste plus qu'à mettre l'énergie pour commencer physiquement à y arriver, à traverser les moments difficiles, les eaux sombres et orageuses et les nuits solitaires, jusqu'à ce que cela devienne finalement une réalité.

Ne soyez pas un QUITER! Demandez-vous toujours: que fera votre héros? Pour moi, c'est ce que fera Eliud Kipchoghe et que fera David Goggin!

Bien que vous n'ayez pas nécessairement à vous demander ce que feront mes propres héros, mais identifiez qui sont vos propres héros, des personnes qui vous inspirent, qui vous font croire que vous pouvez être plus et faire plus, puis vous modelez sur leur état d'esprit, comment ils réfléchir, comment ils voient et affrontent les obstacles et les défis et comment ils se motivent intrinsèquement pour continuer à atteindre leurs objectifs et à rêver face aux difficultés et aux épreuves. C'est aussi comment être un gagnant et comment réussir. Et nous pouvons tous faire cela, il suffit d'une décision consciente de choisir de réussir pour que le succès à venir.

N'oubliez pas que les gagnants gagnent et les perdants perdent! Veuillez essayer de développer l'état d'esprit du gagnant afin que vous puissiez réellement continuer à gagner dans votre monde!

Vivez votre vie avec INTENTION

Demain est un autre jour!

QUELLE EST LA CHANCE

"Il n'y a vraiment rien comme chance, la chance est une occasion de réunion de préparation" - Tim Grover

Les gens voient généralement de la chance dans la vie des autres parce qu'ils ne sont pas informés de la profondeur du travail acharné qu'une telle personne a mis pour développer son artisanat, ses connaissances et ses compétences. Ce sont généralement les sacrifices que les personnes qui réussissent investissent dans leur vie dans le calme, dans leurs moments sombres et solitaires. Mais comme la plupart des gens ne voient pas cela, mais ne voient que les résultats, les succès, les réalisations, ce qui est généralement ce qui est clairement visible, ils concluent que c'est dû à la chance.

Habituellement, les gens sont prompts à conclure que les réalisations ou les succès des autres sont dus à leur chance, car souvent ils n'ont pas la compréhension ou ne peuvent pas comprendre comment ils sont capables de réussir et la réponse rapide qu'ils peuvent trouver pour expliquer ou justifier la réalisation est le mot chance.

L'ironie est cependant que les personnes qui réussissent ne considéreront pas leurs réalisations ou celles des autres comme de la chance, car elles peuvent se rapporter à la quantité de travail acharné que la personne aura déployée pour atteindre ses objectifs. Ce sont généralement les échecs qui voient comme la chance, car ils ne peuvent pas comprendre ou se rapporter à la profondeur du travail acharné impliqué dans la réalisation de leur objectif, uniquement parce qu'ils n'ont aucune connaissance ou exposition à un tel niveau de travail acharné, d'engagement et de dévouement pour produire un tel objectif. résultats. Ce qui était probablement la principale raison pour laquelle ils ont échoué en premier lieu.

Le fait est que nous avons tous des capacités de niveau supérieur, et PERSONNE ne nous retient, nous sommes les seuls à nous retenir avec des excuses, et le fait de la vie est que lorsque nous cherchons des excuses, nous en trouverons toujours beaucoup. N'importe qui peut toujours trouver de nombreuses excuses pour lesquelles ils ont échoué, pourquoi ils n'ont pas traversé la douleur et les difficultés sur le chemin du succès.

L'état par défaut de notre cerveau est de nous protéger, de nous protéger de la douleur et simplement de nous faire survivre mais pas de nous faire prospérer. Ainsi, lorsque nous sommes exposés à la douleur et aux difficultés dans notre cheminement vers le succès, le cerveau trouve plusieurs vraies raisons d'arrêter sur le but, et la triste vérité est que beaucoup de gens écoutent leur cerveau et qu'ils arrêtent.

Comme souvent dit, nous avons tous la même histoire mais des détails différents, et le fait est que tout le monde a un côté sombre et que tout le monde a vécu ou traverse quelque chose, donc ce n'est pas ce que nous avons vécu ou ce que nous traversons. ou même ce que nous allons traverser est la question, mais l'interprétation que nous donnons de telles choses, qui déterminera le succès dans la vie ou autrement.

Considérez ceci, deux personnes pourraient assister à la même réunion ou événement, mais elles en ressortent avec une interprétation différente, la question est pourquoi? En effet, les deux personnes ont conditionné et entraîné leur esprit différemment, et le système d'activation réticulaire de notre cerveau, qui est un mécanisme de filtre qui contrôle le type d'informations qu'il permet au cerveau, en fonction de ce que le cerveau est familier et à l'aise avec. ou peut se rapporter à, puis filtrer différentes parties de l'information diffusée dans l'événement et autorisée uniquement, ce qui a résonné avec les individus.

Et parce que ces deux personnes ont conditionné et entraîné leur esprit différemment, le système d'activation réticulaire filtre différents stimuli de l'environnement vers leur esprit conscient, de sorte qu'ils pourraient regarder la même chose mais en avoir des interprétations différentes. Et c'est ainsi que les gens développent leur état d'esprit, soit un état d'esprit réussi, soit un état d'esprit infructueux.

Un exemple, quelqu'un qui évite toujours la douleur et la difficulté sera toujours prompt à remarquer la douleur et la difficulté dans une opportunité, et en tant que tel, son esprit est toujours concentré sur ce qu'il doit sacrifier et donner pour atteindre les objectifs. D'un autre côté, quelqu'un qui est axé sur les résultats sera prompt à remarquer le résultat probable de l'opportunité, et parce qu'il se concentre sur le résultat plutôt que sur ce qu'il doit sacrifier pour atteindre le résultat, il a tendance à ignorer la douleur et les difficultés. sur le chemin, et ne concentrent toute leur énergie que sur leur quête du résultat, en tant que tels, ils ne sont pas dissuadés par les obstacles et les défis sur le chemin.

Parfois, dans la vie, certaines personnes se demandent pourquoi elles continuent de frapper les mêmes barrages routiers encore et encore dans leur cheminement de vie et pourquoi elles ne réussissent pas? Les personnes faibles d'esprit seront prompts à pointer du doigt d'autres personnes ou d'autres choses comme des démons spirituels ou des malédictions générationnelles et des problèmes comme étant responsables de ces obstacles et revers récurrents.

Ils ne se considèrent jamais comme seuls responsables de ces barrages routiers récurrents et de l'échec de leurs objectifs, en raison de la façon dont ils ont conditionné et formé leur esprit pour voir les difficultés et les défis d'un problème sur les opportunités potentielles que le problème pourrait offrir. Et en raison de leur état d'esprit négatif, ils sont rapides à voir et à justifier les impossibilités des problèmes plutôt que ce qui est possible.

Le fait est que nous sommes totalement responsables de tout dans nos vies. Nous ne pouvons pas changer les cartes que nous avons traitées dans la vie, mais nous pouvons toujours changer la façon dont nous mélangeons et jouons ces cartes. Lorsque nous continuons à jouer le jeu de cartes que la vie nous donne à tort, en raison de mauvaises attitudes et croyances, il est fort probable que les mêmes résultats décevants continueront à apparaître, les mêmes obstacles, les mêmes schémas d'échec et les mêmes souvenirs tristes et désagréables. sera leur expérience.

La vie est une compétition, et le fait est que la plupart des gens ne peuvent pas rivaliser pour des choses, chaque fois qu'il y a des difficultés, des défis ou des inconvénients, ils trouvent des excuses qui les amènent à abandonner. Et puis se consoler avec des phrases dénuées de sens et vides comme «au moins j'ai essayé» «je n'ai pas eu de chance» «la concurrence était rude» «les autres personnes avaient de meilleures relations ou des initiés aidaient». Mais le fait est qu'il y a une grande différence entre «concourir et gagner» ou plutôt «participer et gagner», «tout comme il y a une différence entre un entrepreneur et un entrepreneur prospère», personne ne se souvient des participants à un jeu ou à un contexte, la vie ne récompense que les gagnants.

La seule façon de réussir dans la vie est d'avoir l'attitude gagnante, d'attaquer un but avec la mentalité de gagner et de sortir pour gagner. C'est l'état d'esprit du doute qui est l'orchestration du diable. C'est l'esprit de doute qui nous empêche de réaliser et d'accomplir la plupart des choses que nous avons l'intention de faire dans la vie. L'élément de doute sur un objectif ou un problème crée un sentiment de manque de concentration et de désespoir sur un problème qui fait que les gens perdent leur engagement et leur cohérence sur l'objectif et finissent par échouer.

Dans le livre The Art of Racing in the Rain, l'un des mantras récurrents répétés dans le livre à maintes reprises est "Votre voiture de course va là où les yeux vont" parce qu'en course, si vous êtes concentré sur ce qui se passe immédiatement autour de votre voiture, vous perdez la capacité d'anticiper ce qui vous attend. Ce n'est qu'en regardant vers l'avenir dans le prochain virage et en faisant confiance à vos capacités et à votre entraînement pour vous y amener, que vous pourrez vous positionner de manière optimale pour gagner la course. Ainsi, lorsque vous vous concentrez sur les inconvénients et les impossibilités, c'est exactement ce que vous trouverez, de même si vous êtes concentré sur votre objectif et que vous y travaillez dur, vous atteindrez votre objectif.

Dans la vie, les opportunités ne manquent jamais, elles sont toujours là, tout autour de nous déguisées en problèmes, mais la plupart des gens ne voient pas les opportunités dans les problèmes, ils ne voient QUE la DOULEUR et les FRUSTRATIONS, accompagnant ces problèmes. Et comme une voiture de course, qui va là où vont les yeux, CE QUE VOUS VOYEZ DEVIENT VOTRE COMPRÉHENSION et VOTRE RÉALITÉ

Par conséquent, les perdants perdent à cause de ce qu'ils voient dans les problèmes et de leur compréhension de celui-ci, et les gagnants gagnent aussi à cause de leur conscience des opportunités au milieu des problèmes, alors ils abordent les problèmes avec tout le sérieux et la concentration, et traversent toutes les douleurs. et les frustrations, sachant ce qu'ils obtiendront à la fin.

Les personnes qui ne réussissent pas, par contre, traversent leur vie sans savoir ce qu'elles veulent faire. Ils n'ont aucune clarté sur leur intention, ou ils vivent simplement leur vie sans but et sans direction. Et parce qu'ils manquent de clarté quant à leurs objectifs, ils ne parviennent toujours pas à atteindre leurs objectifs et ne réalisent jamais rien qui mérite d'être noté, mais croyant toujours qu'un jour leur chance viendra et qu'ils réussiront.

De plus, ils portent cette fausse croyance pour la plus grande partie de leur vie probablement jusqu'à ce qu'il soit trop tard, quand ils ne peuvent plus rivaliser ou manquer d'énergie pour rivaliser, alors ils se rendent compte sur leur lit de mort à quel point ils ont gaspillé leur vie, et avec de profonds regrets pour ce qu'ils n'ont pas fait, ce qu'ils auraient pu faire mais par paresse mentale et par manque de mentalité, ils ont raté l'occasion.

L'essence ici est que si vous pensez que la chance est impliquée dans le succès, vous ne réussirez jamais, la chance n'a rien à voir avec le succès ou la réalisation de vos objectifs, vous créez votre propre chance et la chance est en fait une occasion de réunion de préparation.

Cependant, tout le monde peut changer son histoire et tout commence par les pensées, mais pour la plupart des gens, cela se termine aussi par leurs pensées. Les gagnants changent d'avis sur les situations et commencent à se réinventer et à prendre des mesures qui mèneront à résoudre les problèmes, à atteindre leurs objectifs.

Ils restent persistants face à la douleur, aux frustrations et aux défis jusqu'à ce que l'objectif soit atteint, et même lorsqu'il est atteint, ils passent à un autre objectif et continuent de travailler dur, de travailler intelligemment, d'échouer, d'en tirer des leçons, de s'améliorer et de se relever. revenir dans le jeu, puis gagner.

Les perdants, d'un autre côté, ne font jamais preuve d'un engagement et d'une cohérence forts, une fois que les défis et les difficultés se sont posés, ils abandonnent ou lorsqu'ils échouent du premier coup, ils choisissent de rester à terre et de ne jamais se lever pour riposter. Le fait est que les gens qui réussissent échouent aussi dans leurs efforts, et la plupart du temps, ils ont échoué beaucoup plus que les perdants, la seule différence est quand ils échouent et peu importe combien de fois ils échouent, ils n'abandonnent jamais. Même face à l'humiliation, à la douleur, aux frustrations et aux déceptions, ils se relèvent encore, apprennent de leur échec et se battent, et ils ne s'arrêtent jamais tant qu'ils n'ont pas atteint leur objectif.

Pour réussir dans la vie, tout compte, et la façon dont vous voyez tout compte aussi. La façon dont nous voyons les choses est l'histoire que nous nous racontons et qui détermine notre façon d'agir. Un exemple si vous supprimez le mot UNIQUEMENT de tout ce qui en change tout le sens.

"C'est UNIQUEMENT un travail" vs "C'EST UN EMPLOI"

Et la signification de ces phrases pour nous, déterminera comment notre esprit interprète et aborde la question. L'énergie que nous mettons à faire les choses vient de la façon dont nous voyons de telles choses, et l'histoire que nous choisissons de nous raconter à propos de telles choses, est l'interprétation que notre esprit en donne.

L'énergie est née de notre croyance en «l'attitude JE PEUX LE FAIRE». Notre croyance en ce que nous voulons créer et notre volonté de nous permettre de rêver et de croire que nous pouvons donner vie au rêve. Comme l'a dit Ferdinand Fauche «l'arme la plus puissante sur terre, c'est l'âme humaine en feu» et une âme humaine ne peut pas être en feu sans un rêve, une âme humaine n'est pas allumée par des faits ou des données mais par un rêve et la croyance qu'elle peut accomplir ce qu'il veut accomplir, l'idée, le but, la vision.

Un exemple, Roger Bannister avait un rêve de briser le mile de quatre minutes, c'était un rêve qui a enflammé son âme, car pour toute l'histoire de l'humanité, le mile de quatre minutes s'est tenu, il n'a jamais été brisé par personne et probablement même personne a tenté de battre le record par peur.

Tout le monde croyait que si vous essayez de courir un mile en moins de quatre minutes, votre cœur explosera sous votre poitrine, et cette croyance a représenté toute l'histoire de l'humanité parce que tout le monde croyait l'histoire que notre corps n'est pas conçu pour faire face à une telle demande de course. un mile en moins de quatre minutes. Jusqu'en mai 1945, lorsque Roger Bannister a battu le record de quatre minutes de mile et a couru avec succès un mile en 3,59 minutes (trois minutes cinquante-neuf secondes).

La vérité est que Roger Bannister ne savait pas s'il pouvait le faire, mais il s'est entraîné dur, il a concentré son esprit sur l'objectif et il a tout donné en lui pour réaliser son rêve, et il l'a fait. La partie étonnante cependant, c'est que six semaines après avoir battu le record, une autre personne l'a fait, et depuis lors, plusieurs milliers de personnes l'ont fait, y compris des lycéens. Alors, qu'est-ce qui a changé? C'était la croyance! Avance rapide, en décembre 2019, Eliud Kipchoge a battu le record du marathon de moins de deux heures, en courant un marathon complet en moins de 2 heures.

Aussi, pour toute l'histoire de l'humanité, ce record est resté jusqu'au 12 octobre 2019 quand Eliud Kipchoge a battu le record à Vienne en Autriche en courant un marathon complet de 26,2 milles en 1 heure 59 minutes 40 secondes. Bien que personne d'autre n'ait tenté ou réalisé l'exploit depuis lors, mais avec toute certitude, le monde verra bientôt d'autres coureurs réaliser cet exploit et enregistrer probablement de meilleurs temps qu'Eliud Kipchoge.

Avant qu'Eliud Kipchoge ne bat le record du marathon de moins de deux heures, il avait déjà tenté la course dans le projet Nike Breaking 2 à Monza, en Italie en mai 2017, mais n'a pas réussi à atteindre la barre des deux heures, mais il n'a jamais abandonné, il a continué à s'entraîner. et former et former, croyant qu'il peut le faire et deux ans plus tard, il l'a fait.

C'est ainsi que pensent les gens qui réussissent, et c'est la mentalité du succès. Quand les gens qui réussissent échouent, ils n'abandonnent jamais, car pour eux, l'échec n'est pas un signe d'arrêt, ils apprennent plutôt pour leur échec, ils se lèvent et reviennent dans le jeu.

Le succès et l'échec sont entièrement entre nos mains, et entièrement à nous, cela découle de la façon dont nous avons conditionné et formé nos esprits sur ce que croire est possible pour nous. Et le succès n'est pas né de la chance, la chance n'a rien à voir avec le succès, mais le succès est la somme de tous les choix que nous avons faits, de toutes les petites choses que nous choisissons de faire et comment nous les avons faites, et aussi de ces choses que nous avons choisies ne pas faire et comment nous avons choisi de ne pas les faire.

Le vrai succès est beau, considérez la joie, le sentiment d'épanouissement et de satisfaction et toute la douce récompense du succès, de pouvoir vous offrir le style de vie que vous désirez pour vous-même et vos proches, et le sentiment d'épanouissement de pouvoir faites les choses que vous voulez et aussi la capacité d'avoir un impact positif sur votre monde, comme vous le souhaitez. Tout cela devrait être une motivation suffisamment forte pour que quiconque veuille réussir, mais il est toujours étonnant que la plupart des gens choisissent toujours la voie de l'échec.

Je vous implore de bien vouloir choisir la mentalité du succès et réussir, il n'y a absolument aucune gloire dans l'échec et une vie de misère.

Vivez votre vie avec INTENTION.

Demain est un autre jour!

NOS VIES SONT FAÇONNEES PAR DES DECISIONS PLUS QUE PAR DES CONDITIONS

«Chaque fois que vous voyez une entreprise prospère, quelqu'un a déjà pris une décision courageuse.» - Peter F. Drucker

Nos décisions dans la vie nous affectent plus que nos conditions. Nos décisions déterminent tout de notre vie, elles déterminent l'altitude que nous atteindrons dans la vie et où nous n'atteindrons pas.

Il ne se passe pas un jour sans que nous n'ayons à prendre de décisions, même si certaines décisions sont complètement innées, nécessitant très peu de processus de réflexion, d'autres nécessitent des processus de réflexion profonds et analytiques. Cependant, la plupart des gens ont tendance à trop réfléchir à chaque détail infime de leur vie et, par conséquent, ils ont tendance à souffrir de leur capacité à prendre des décisions et, en tant que tels, ils restent souvent indécis sur de nombreuses choses dans leur vie.

Prendre des décisions efficaces et judicieuses est un art qui s'apprend des expériences de la vie. Ainsi, les décisions que nous prenons sur les problèmes de nos vies en viennent à affecter nos vies beaucoup plus que les conditions de nos vies. Un fait connu de la vie est que la plupart des conditions qui nous arriveront dans la vie seront hors de notre contrôle, mais ce qui est certain, c'est que nous pouvons toujours contrôler la façon dont nous y réagissons, et c'est en soi notre choix de décision.

Une condition essentielle pour prendre des décisions dans la vie est WANT, la faim du besoin nous pousse à prendre des décisions qui nous pousseront à atteindre nos objectifs pour satisfaire le désir. C'est pourquoi les personnes qui réussissent prennent des décisions rapidement parce qu'elles sont motivées par le besoin de satisfaire le besoin et, en tant que telles, elles sont concentrées sur l'objectif. Ils travaillent dur et s'engagent à atteindre l'objectif. Les personnes qui échouent en revanche ont tendance à souffrir d'indécision ou de mauvaise prise de décision, donc même lorsque l'occasion est claire, elles tergiversent, car elles ne sont pas motivées par un sentiment d'urgence pour satisfaire un besoin.

Le fait est que la vie nous arrive à tous, et personne n'est à l'abri ou ne peut échapper aux défis de la vie, comme Les Brown l'a noté «personne ne peut sortir de la vie vivant», nous devrons donc tous faire face aux défis de la vie à certains point dans nos vies. Et lorsque ces défis de la vie surviennent, ce sont nos décisions sur les questions qui détermineront comment nous sortirons du défi, si nous allons être amers à ce sujet ou si nous allons devenir meilleurs grâce à cela. Tout dépend du type d'état d'esprit que nous y mettons, qu'il s'agisse d'un état d'esprit positif ou d'un état d'esprit négatif.

Tout dans notre vie est énergie, nos pensées sont énergie, nos sentiments qui sont nos émotions sont énergie. Notre pensée est une force puissante, nous pensons en secret et cela se réalise. Lorsque nous exprimons nos pensées, nous libérons l'énergie en mouvement, et l'énergie peut être positive ou négative en fonction de nos pensées, et cela a un impact et une influence sur la façon dont les choses deviendront dans notre vie. Invariablement, tout ce que nous faisons dans la vie nécessite de l'énergie, et la façon dont nous gérons l'énergie peut influencer la qualité de notre vie.

Il y a essentiellement trois étapes pour gérer l'énergie dans nos vies.

La première consiste à éviter les hémorragies énergétiques (éviter les énergies négatives, les émotions négatives)

La deuxième étape consiste à conserver l'énergie (éviter les draineurs d'énergie, et également éviter de gaspiller de l'énergie pour des tâches sans valeur ajoutée) et

La troisième étape consiste à accumuler de l'énergie et à l'investir dans quelque chose de positif, quelque chose que vous désirez accomplir dans votre vie.

Notre vie est une manifestation de l'endroit où nous avons investi notre énergie. Le fait est que, partout et dans quoi que nous investissions de l'énergie, commencera à se manifester dans notre vie. Considérez cette analogie, regardons l'énergie comme de l'eau, si vous utilisez un arrosoir; pour arroser un jardin de fleurs, l'eau rafraîchit et nourrit la fleur et favorise sa croissance. Cependant, l'eau rafraîchit et nourrit également les mauvaises herbes sur le parterre de fleurs parce que l'eau ne peut pas faire la différence entre les mauvaises herbes et les fleurs, elle nourrit tout ce sur quoi vous l'appliquez.

Ensuite, considérez que l'énergie est la même chose, tout ce dans quoi vous investissez de l'énergie grandira, si vous mettez de l'énergie dans quelque chose de négatif, elle grandira et si vous investissez l'énergie dans quelque chose de positif, elle grandira également. L'énergie ne fait pas de distinction entre les choix positifs et négatifs, elle ne cédera son pouvoir que dans tout ce vers quoi nous la dirigerons.

Par conséquent, notre vie est une manifestation claire de l'endroit où nous avons investi notre énergie. Plus nous investissons d'énergie dans quelque chose, plus une telle chose se développera. Si la vie d'une personne est remplie de traits infructueux, tels que ressentiments, colère, procrastination, distractions, médiocrité, indiscipline, manque d'engagement, manque de ténacité et de persévérance et paresse mentale. C'est un testament clair qu'une telle personne a investi son énergie tout au long de tous ces choix négatifs, c'est pourquoi elle est devenue si bonne à montrer ces vices, qui sont également devenus clairement visibles dans leur vie. Le fait est que vous devenez bon dans ce dans quoi vous passez votre temps à pratiquer et à investir votre énergie, c'est la loi de la pratique!

Le point ici est que si la vie d'une personne est remplie de tous ces traits infructueux, ce n'est pas sorcier qu'une telle personne non seulement échouera, mais restera en échec, quelle que soit l'entreprise dans laquelle elle se trouve ou dans laquelle elle se plonge, ou quoi que ce soit perçu. l'influence ou les relations qu'ils pensent pouvoir mobiliser pour les aider à réussir. Ils ne le seront probablement pas, car le succès sera insaisissable en raison des traits soulignés qui contrecarrent la volonté de réussir. Ces traits les amèneront à s'auto-saboter eux-mêmes.

D'un autre côté, si quelqu'un choisit d'investir son énergie dans les choix positifs, les traits de reproduction du succès, comme l'engagement, la cohérence, le travail acharné, la réflexion proactive, l'apprentissage et le développement continus, une bonne gestion du temps, la discipline financière, la discipline avec les choix alimentaires, une forte endurance mentale et avoir leurs émotions sous contrôle plutôt que leurs émotions les contrôlant. Il est fort probable qu'une telle personne aura une vie épanouissante, passionnante et réussie, et y compris des relations fructueuses, car nous attirons dans nos vies ce que nous sommes. Par conséquent, si vous êtes positif, vous aurez tendance à attirer le positif dans votre vie.

Nos sentiments sont nos émotions, et nos émotions sont tout, elles contrôlent la façon dont nous réagissons ou répondons aux problèmes dans nos relations, nos entreprises, notre carrière et la vie en général. S'il y a de l'énergie, de la force et de la vitalité dans notre corps, dans nos relations, nos affaires, notre carrière et tous les aspects de notre vie, l'énergie positive se manifestera et attirera d'autres influences positives et individus dans nos vies. Cependant, si ce que nous présentons est l'inverse de ces traits positifs, cela attirera des influences négatives similaires.

En général, lorsque nous CHOISISSONS de vivre une vie de faible énergie et vitalité, consciemment ou inconsciemment via notre ensemble mémorisé d'habitudes et de comportements, il est très probable qu'une telle personne puisse vivre dans un état émotionnel négatif, car un état bas de l'énergie et la vitalité dans le corps nient le corps des endorphines, qui fait partie du quatuor de l'hormone du bien-être (les autres étant la dopamine, la sérotonine et l'ocytocine) qui met le corps dans un état de bien-être positif.

L'absence de l'une de ces hormones de bien-être dans notre corps peut affecter notre état émotionnel, et lorsque nous devenons émotifs, nous perdons généralement l'objectivité et répondons souvent de manière quelque peu sous-optimale aux problèmes de la vie, ce qui pourrait avoir un impact négatif sur la façon dont nous affectons les autres dans notre vies, nos relations, nos entreprises et notre carrière.

Considérez deux personnes, l'une qui a une emprise sur ses émotions et l'autre profondément émotionnelle et souvent contrôlée par ses émotions. Lorsqu'ils sont confrontés aux mêmes situations de la vie, leurs réactions à de tels problèmes de la vie seront totalement différentes et seront très probablement dans les extrêmes opposés. Et ce sont les petites, petites réponses quotidiennes à des problèmes de la vie comme celui-ci, qui sont les éléments constitutifs d'une vie de succès ou d'une vie infructueuse d'amertume, de colère et de misère.

Nous sommes quotidiennement confrontés à des stimuli de la vie, la façon dont nous choisissons de répondre à ces stimuli est entièrement sous notre contrôle, et ce sont ces petites réponses que nous relâchons à la vie, qui est totalement notre choix et pleinement sous notre contrôle qui devient le moteur de une vie ou un succès ou une vie de médiocre et d'échec.

Nos modèles et nos choix de réponses aux problèmes de la vie n'ont pas commencé au moment de la réponse, mais à travers une série d'événements et de traits de vie acquis et / ou développés au cours de notre vie entière, qui ont façonné nos croyances. Et souvent, la plupart des gens ne sont pas conscients ou peuvent ne pas comprendre pourquoi ils réagissent à ces stimuli de la vie tels qu'ils le sont, car leurs réponses sont contrôlées par leur subconscient à partir de croyances et de normes mémorisées acquises au cours de la vie de la personne.

C'est un fait scientifique prouvé que l'esprit subconscient contrôle entre quatre-vingt-quinze à quatre-vingt-dix-neuf pour cent (95% - 99%) de tout ce que nous faisons dans nos vies. Et la plupart du temps dans notre vie, nous pensons consciemment à quelque chose ou faisons consciemment quelque chose, et lorsque l'esprit conscient est engagé dans une pensée par exemple, l'esprit subconscient prend le dessus et dirige notre vie, et il devient le mode par défaut qui fonctionne. notre vie.

Un exemple, si notre esprit est engagé dans une pensée pendant que nous conduisons une voiture, l'esprit subconscient prend automatiquement le dessus sur la conduite de l'esprit conscient, alors demandez-vous combien de fois avez-vous conduit que votre esprit a glissé dans certaines pensées?

Cela peut aussi expliquer pourquoi nous luttons tant pour effectuer une tâche, et lorsque cela se produit, c'est parce que l'esprit subconscient ne sait pas encore comment faire la tâche, mieux que notre esprit conscient, une fois que l'esprit subconscient sait comment faire le demander mieux que notre esprit conscient, par accoutumance et apprentissage répétitif, l'esprit subconscient prend automatiquement le dessus, et nous nous retrouvons à effectuer la tâche avec moins d'effort, un bon exemple ici est le scénario lorsque vous avez commencé à apprendre à conduire et que vous savez maintenant comment bien conduire.

Considérez également ce scénario, si vous êtes droitier et que pour certaines raisons, vous vouliez commencer à utiliser votre main gauche pour écrire, au début, cela va être très difficile, apparemment impossible et l'écriture ressemble également à un griffonner, presque illisible. Mais lorsque vous continuez à pratiquer, cela commence à devenir moins difficile et l'écriture devient de plus en plus lisible et au fil du temps, elle continue de s'améliorer à un point où l'écriture devient très lisible et vous n'avez pas de difficulté à écrire avec la main gauche, et cela a devenir comme un flux fluide. Vous êtes arrivé à ce stade parce que l'esprit subconscient sait maintenant comment mieux exécuter la tâche à travers le processus d'habituation, c'est-à-dire l'apprentissage répétitif.

Notre subconscient est puissant et extrêmement rapide dans le traitement des informations, mais il est lent à apprendre, il apprend par accoutumance et répétition. Notre esprit conscient, d'autre part, apprend extrêmement vite mais il est lent à traiter les informations.

En outre, notre subconscient peut traiter 40 millions de bits de données par seconde, tandis que l'esprit conscient ne peut traiter que 40 bits de données par seconde, de sorte que l'esprit subconscient est un million de fois plus rapide que l'esprit conscient, c'est pourquoi l'esprit subconscient est capable de contrôler une plus grande partie de nos vies parce que si vous mettez un processeur plus gros et plus rapide avec un processeur plus petit, le processeur le plus rapide l'emportera toujours sur le plus petit. Et c'est l'explication pourquoi l'esprit subconscient prend souvent en charge la plupart de ce que nous faisons dans nos vies une fois qu'il apprend à le faire.

L'esprit subconscient est la banque de données pour tout ce qui n'est pas dans notre esprit conscient, il stocke nos croyances, nos expériences passées, nos souvenirs, nos compétences et tout ce que nous avons vu, fait et évité dans nos vies. L'esprit subconscient n'est pas créatif et ne peut donc pas inventer mais dirige nos vies à partir de souvenirs stockés d'expériences passées. Cela signifie que nos vies peuvent être considérées comme une copie des expériences passées, des souvenirs et des habitudes apprises.

Par conséquent, si de telles expériences, souvenirs et habitudes passés sont négatifs, il est fort probable que les réponses qu'une telle personne publiera à la vie seront négatives, et si elles sont positives, les réponses que cette personne libérera dans son environnement le seront également. . Cela montre essentiellement que nous créons nos vies, et tout ce que nous devenons et ne sommes pas devenus dans la vie est en grande partie dû à nos actions et inactions, en substance, nous sommes totalement responsables de nos vies.

Pour éviter les pièges de vivre une vie de négativité, nous devons nous efforcer de vivre nos vies sur deux pivots - une vie de CROISSANCE et une vie de DONNER. Lorsque nous grandissons et que nous nous améliorons constamment, nous nous sentons VIVANTS, notre esprit est actif et mis au défi, et nous continuons à découvrir des choses nouvelles et intéressantes à notre sujet, les compétences, la force et la ténacité que nous ne savions pas que nous avions. Et quand nous vivons une vie de DONNER, de donner de notre temps, de notre intellect, de notre amour, etc., nous nous sentons PLUSIEURS FOIS VIVANTS, parce que nous devenons capables d'avoir plus d'impact sur notre monde et de transformer positivement la vie des gens autour de nous. Cela nous donne le sentiment d'être joyeux, épanoui, spirituellement vivant et vraiment vivant.

La question ici est: que signifie être vraiment vivant? Nous atteignons un état de vie vraiment lorsque nos objectifs dans la vie sont plus grands que nous? Si nos objectifs ne font que nous satisfaire, cela finit seulement par nous rendre heureux et généralement pendant un certain temps, avant de commencer à nous demander «est-ce tout ce qu'il y a?», C'est comme escalader la montagne du succès pour découvrir au sommet de la montagne que le vrai succès n'est pas là, c'est-à-dire qu'il n'y a pas d'accomplissement après avoir atteint l'objectif. Et là vous avez ce sentiment de vide et de solitude. Cependant, nous pouvons éviter cette expérience en rendant nos objectifs plus grands que nous, en ayant un objectif qui nous enrichit mais aussi transformer et avoir un impact positif sur la vie des autres autour de nous.

Comme Le Brown l'a noté un jour, «tout ce qu'un homme fait pour lui-même, il emporte avec lui, mais tout ce qu'il fait pour les autres, il laisse derrière lui», c'est ce que nous laissons derrière nous qui nous donnera ce sentiment d'épanouissement et de satisfaction, et c'est ce que nous restera dans les mémoires pour. C'est-à-dire de quoi les gens parleront quand nous ne serons pas là et quand nous sortirons finalement de cette terre.

C'est grâce à notre don que nous devenons plusieurs fois en vie, lorsque nous voyons la joie et le bonheur dans les yeux des gens dont notre don a bénéficié, ou la vie des personnes que nous avons pu transformer à travers nos actions, c'est ce qui est vraiment vivant et être vraiment vivant signifie. Et tout cela vient des accomplissements et de la satisfaction que nous obtenons en aidant les moins privilégiés de notre communauté et du monde en général. Redonner est un moyen sûr de s'épanouir dans notre parcours de vie, une opportunité d'éviter le sentiment de vide au sommet ou sur le chemin de notre carrière.

Explorez toujours les moyens de redonner, cela transforme notre monde et nous ramène à la vraie satisfaction et à la joie.

Vivez votre vie avec INTENTION

Demain est un autre jour

GAGNANTS, PERDANTS ET PERSONNES QUI N'ONT PAS DECOUVERT COMMENT GAGNER

Comme Le Brown l'a fait remarquer, il y a trois types de personnes: il y a des gagnants, il y a des perdants et il y a des gens qui n'ont pas découvert comment gagner.

Cette catégorisation est assez intéressante et capture avec précision la description de l'état d'esprit mental à travers la généralité des gens dans le monde aujourd'hui.

Les gagnants sont les gens qui savent qui ils sont, ils ont une vision claire de leur vie, et ils sont concentrés sur leurs buts et objectifs, et travaillent continuellement sur leurs buts, construisent leur vision, développent leurs rêves et s'améliorent pour réaliser leurs but d'être sur terre.

Ils ont la conviction que tout le monde sur cette planète a un but pour être ici, et que nous avons tous reçu des dons uniques pour atteindre cet objectif. Ils croient également que tout le monde ici a la chance d'être ici, car nous avions tous une chance sur quatre cent mille milliards de naître humain. Et c'est sous le contrôle de chacun sur cette terre d'être une bénédiction pour cette planète et tous les autres êtres vivants qui s'y trouvent. Et nous avons tous la responsabilité de rendre cet endroit un peu meilleur que nous ne l'avons rencontré.

Les gagnants comprennent que pour être une bénédiction pour cette planète, ils doivent remplir leur objectif d'être ici. Et parce que tous ceux qui sont ici, qui ont été ici ou qui seront ici, viendront avec un but qui est censé être une bénédiction pour cette planète et tous ceux qui s'y trouvent. Et aussi aider à rendre cet endroit un peu meilleur qu'ils ne l'ont rencontré.

De plus, ils comprennent que pour découvrir et réaliser leur but ici sur terre, tout commence par découvrir leur don, ce qu'ils font si bien avec le moins d'effort, puis en développant le don pour bénir et avoir un impact. leur monde.

Ils comprennent également que le plein potentiel de leur don ne peut être réalisé s'ils ne se développent pas et ne s'améliorent pas d'eux-mêmes, alors ils s'efforcent continuellement de devenir une meilleure version d'eux-mêmes. Et suivre leur chemin de découverte avec l'intention de voir où cela mène.

Dans la quête de suivre le chemin pour développer et transformer leur don en quelque chose de valeur pour avoir un impact sur le monde qui les entoure, ils savent que le chemin ne sera pas clairement tracé, mais ils croient que tant qu'ils continueront à travailler sur leurs objectifs et leurs rêves, se développant et s'améliorant pour devenir continuellement une meilleure version d'eux-mêmes, la vie commencera d'une manière ou d'une autre à coopérer avec eux et les choses commenceront à sortir très bien.

Les gagnants sont intrinsèquement motivés et inspirés pour continuer à travailler sur leurs objectifs et leurs rêves même avec beaucoup d'incertitudes et d'inconnus sur la façon de progresser dans le voyage. Ils sont en outre inspirés par les sages paroles de grands penseurs comme Rumi qui ont postulé que «lorsque vous commencez à sortir du chemin, le chemin apparaît» Ils comprennent que, parce qu'ils sont sur la voie de la découverte de soi qui est essentiellement une aventure, et bien que l'aventure ne soit jamais sûre, mais la récompense de la découverte, l'accomplissement et les connaissances acquises l'emportent de loin sur les risques de l'aventure.

De plus, comme l'a noté John Shedd, «un navire est en sécurité dans le port - mais ce n'est pas à cela que servent les navires», donc l'excitation de l'aventure est ce qui enflamme essentiellement leur âme. Ainsi, si l'aventure peut être risquée, dure, dure et difficile, ils ne sont pas dissuadés par les défis difficiles qui sont bien sûr temporels, mais ils sont concentrés sur leurs objectifs qui est la récompense de l'aventure.

Tout au long de leur parcours de découverte de soi, les gagnants continuent à améliorer leur métier et leur offre à leur monde, devenant ainsi une bénédiction pour cette planète et tous ceux qui y vivent, et aussi dans le processus, trouvant leur accomplissement, réalisant leur objectif de vie et créant richesse pour eux-mêmes et leurs proches.

Les gagnants n'attendent pas d'arriver à destination avant d'essayer d'avoir un impact positif sur leur monde, car ils comprennent que c'est le long du chemin vers leur devenir grand que le but est atteint. Leur objectif est atteint dans la qualité des relations et la valeur qu'ils construisent à chaque étape de leur chemin vers la réalisation de leurs objectifs, car ce sont essentiellement ce qui aide à atteindre l'objectif.

De plus, ce sont les découvertes sur le chemin de leurs objectifs qui façonnent leur force de caractère, leur résilience et illumine la vigueur en eux, ce qui les fait prendre vie. La connaissance de la découverte de soi-même, les compétences, la résolution mentale et la discipline qu'ils ne savaient pas avoir, tout continue à façonner leur croyance sur eux-mêmes et à devenir ainsi de meilleures versions d'eux-mêmes. Et ils continuent à le faire à un point où ils deviennent si authentiques et réels pour eux-mêmes, et avec tant de gratitude envers la nature pour le don de la vie et l'opportunité de faire plus, de donner plus et de partager plus.

Ceux qui réussissent comprennent que leur but dans la vie est la croissance, la croissance dans tous les domaines de leur vie et l'amélioration continue pour devenir meilleurs chaque jour qu'ils ne l'étaient la veille, car c'est seulement ainsi que le véritable succès et l'épanouissement peuvent être atteints.

Ils croient également que le succès est «cause et effet», c'est-à-dire que c'est ce qu'ils choisissent de faire et de ne pas faire, et comment ils l'ont fait qui apportera le succès. Et ce succès est sous leur contrôle, et le choix de réussir leur appartient entièrement, car ils comprennent qu'ils ont déjà reçu les pouvoirs comme tout le monde pour réussir.

La vie a béni chaque être humain sur cette terre avec le don du choix, c'est-à-dire le pouvoir de choisir, le pouvoir d'élire, de choisir, de décider et de faire de bons choix pour nos vies. C'est un cadeau que nous avons au-dessus de tous les autres animaux et plantes. C'est pourquoi le bon livre dit que nous avons été créés en tant que «petits dieux» avec le pouvoir de créer toutes les expériences que nous voulons dans nos vies. Et les gagnants continuent à agir de cette manière, prenant le contrôle de leur vie et créant chaque expérience qu'ils veulent dans leur vie et ils continuent de gagner.

La deuxième catégorie de personnes est celle des perdants. Les perdants sont des gens qui ne savent pas qui ils sont, ils n'ont aucune direction ou vision claire de leur vie, ils ne comprennent pas pourquoi ils sont ici sur cette planète et ce qu'ils sont ici pour faire, et ils ne veulent pas découvrir leur but sur terre. En outre, ils manquent de compréhension et ne se considèrent pas comme un cadeau à ce monde qui attend d'être déballé pour bénir cette terre et tous ceux qui s'y trouvent.

De plus, ils sont paresseux mentalement, et choisissent d'exister jour après jour satisfaits de faire la même chose ou de travailler le même travail qu'ils sont misérables année après année, et ont seulement hâte de dire MERCI DIEU SON VENDREDI car ils n'ont pas à y aller. à ce même travail qu'ils méprisent pour les deux jours de week-end.

Les Losers se considèrent toujours comme des victimes, et ils sont particulièrement doués pour jouer au jeu de la victime, qui est essentiellement leur mentalité. Et ils ont un sens imparfait des droits, croyant toujours que, ils sont les seuls à traverser des moments difficiles, et ils avaient besoin d'être aidés, ou des choses sont censées être faites pour eux pour rendre la vie facile, ainsi que leurs situations de vie et leurs difficultés. était à cause de ce que les autres ont fait ou n'ont pas fait pour eux.

De plus, ils croient que la vie est injuste pour eux et qu'ils n'ont aucun contrôle sur le cours de leur vie, alors ils finissent par dériver et rouler librement dans la vie, pensant qu'ils font quelque chose qui sera productif pour leur vie, mais ils le sont essentiellement. juste occupés pour être occupés ou plutôt pour ne rien faire ou pour être occupés à escalader la mauvaise montagne de leur vie. Essentiellement, ils font des choses qui n'ajoutent aucune valeur réelle à leur vie, mais qui ne les occupent que pour le plaisir de l'être.

En raison de leur état d'esprit paresseux, ils ne comprennent pas ou ne parviennent pas à comprendre qu'ils ont déjà tout ce dont ils ont besoin pour créer les expériences de vie qu'ils veulent pour eux-mêmes. Ils ne réalisent pas le pouvoir du don de choix qui leur a été accordé, et ils ne se considèrent pas comme maîtres de leur vie. Et en tant que tels, ils croient que la vie leur arrive, et ils abordent tout dans leur vie avec cette mentalité de victime.

Aussi, parce qu'ils se considèrent déjà comme des victimes, la vie les accepte alors comme ils se sont perçus. Et découlant de la mentalité de victime, leur décision est toujours réactive et souvent mal réfléchie. Et puisque nos décisions nous affectent plus que nos conditions de vie, leur série de mauvaises décisions les laisse pauvres et infructueuses.

Considérant cela de manière critique, on ne peut pas dire que les perdants ont vraiment vécu, ils ont seulement existé et ont traversé ce beau monde en tant que victime, spectateur et ils n'ont en aucun cas impacté ce monde avec leurs cadeaux, mais ils ont plutôt permis le vent de vie pour les souffler dans toutes les directions dans lesquelles il soufflait .... UNE VRAIMENT TRISTE VIE!

La troisième catégorie de personnes, les personnes qui n'ont pas découvert comment Gagner - ce sont les futurs gagnants, qui sont en passe de se découvrir. Ils croient qu'ils ont le don de choisir de créer les expériences qu'ils souhaitent dans leur vie et, en tant que tels, ils n'attendent que personne leur dise qu'ils peuvent réussir. Donc, ils poursuivent leurs objectifs et leurs rêves, travaillent dur et essaient de s'améliorer, mais ils n'ont pas commencé à gagner car tout ce dont ils ont besoin, c'est d'un encadrement, de quelques conseils, d'un changement de stratégie et d'un nouveau plan d'action, avant ils peuvent commencer à GAGNER.

Alors ils recherchent un coach ou un mentor pour les guider, et quand ils trouvent un tel coach et mentor, ils les retiennent, et ils chérissent et entretiennent la relation mentor-mentoré afin qu'ils puissent tirer le maximum d'avantages et d'impact. la relation.

De plus, parce qu'ils comprennent la valeur et l 'impact du mentorat, ils sont généralement bien préparés pour la réunion mentor - mentoré. Et ils ont toujours hâte d'y être parce qu'ils savent qu'à chaque moment où ils rencontrent leur mentor, ils gagnent et apprennent quelque chose qui sera utile pour les aider à devenir des gagnants.

De plus, ils sont assez stratégiques et délibérés dans leur choix de mentor. Ils recherchent quelqu'un qui réussit déjà à faire ce qu'ils veulent faire, et ils marchent pour faire de cette personne leur mentor. Parce qu'ils croient que pour réussir dans ce qu'ils veulent faire, ils doivent apprendre de quelqu'un qui a déjà fait ce qu'ils essayaient de faire auparavant. Et ils sont conscients du fait qu'un conseil de quelqu'un qui n'a pas fait ce que vous essayez de faire auparavant n'a pas de sens.

Par conséquent, ils ne perdent pas leur temps et leur énergie à choisir et à suivre le mauvais mentor ou à choisir un mentor pour l'estime de la foule, car cela pourrait finir par être comme passer tout votre temps à vous entraîner et à vous préparer pour une course de sprint, alors qu'en fait, le la course est un marathon. Cela réitère en outre le fait que si quelqu'un n'a pas fait ce que vous essayez de faire auparavant, ses conseils sur cette question n'ont aucun sens.

Aussi, à chaque étape du développement de ces gagnants en devenir, ils procèdent à une auto-évaluation d'eux-mêmes pour découvrir ce qu'ils ne font pas bien qui doit être amélioré et ce qu'ils font bien qui doit être maintenu. En outre, ils n'ont pas honte de demander de l'aide quand ils en ont besoin, et parce que les gens savent qu'ils travaillent dur et qu'ils ont une attitude mentale positive qui signifie invariablement «croire que rien ne fonctionne sans la bonne action», ils ont donc une bonne clarté sur le type d'aide dont ils ont besoin pour exécuter l'action qu'ils entreprennent, qui les mènera vers leurs objectifs et leurs rêves. Et c'est en soi le principe du succès de cause à effet.

Avoir la fausse croyance et espérer que quelque chose peut aller mieux pour eux sans l'action requise de leur part, mais à travers une forme de miracle ou d'intervention inexpliquée ou de mystère, ne peut être rien d'autre qu'une pure illusion et être délirant. Le fait est que la vie est cause et effet, rien ne se passe sans quelque chose, et le succès n'arrive jamais par accident, mais seulement par une action délibérée et intentionnelle. Comme on le dit souvent, personne ne monte par accident, il faut un effort conscient et une intention de monter, de gravir la montagne du succès.

Cette classe de personnes, en association avec leurs mentors et entraîneurs, continue de mieux comprendre et d'améliorer ses connaissances sur le fonctionnement du monde et sur la façon de gagner, et assez tôt, elle commence également à gagner sur ses objectifs et ses rêves, et elle devient également gagnante.

De plus, parce qu'ils apprécient les efforts de leur mentor et de leurs entraîneurs pour les guider sur le chemin de la victoire, ils trouvent généralement du plaisir à redonner à la communauté en devenant de bons entraîneurs et mentors pour d'autres personnes qui n'ont pas découvert comment gagner. . Et cela leur apporte épanouissement et satisfaction. Et c'est ainsi que les grands leaders trouvent leur accomplissement dans la vie, car c'est souvent en donnant notre vie que nous trouvons un sens.

En résumé, nous devons tous être honnêtes envers nous-mêmes pour comprendre où nous nous situons exactement sur ces trois quadrants. Et la bonne nouvelle est que nous pouvons tous changer et atteindre le niveau que nous désirons, mais tout commence par être honnête avec nous-mêmes et faire une auto-évaluation détaillée de notre vie, de la façon dont nous pensons et agissons, et où nous en sommes dans notre vie. voyage, pour acquérir une compréhension approfondie de nos vies et de ce que nous voyons dans cette vie.

Avoir une perception honnête de notre vie peut offrir des informations précieuses sur où nous en sommes dans la vie, puis commencer à déterminer comment nous voulons voyager vers la destination que nous désirons. Tout est notre choix et entièrement sous notre contrôle.

Vivez votre vie avec INTENTION

Demain est un autre jour!

LES ESPRITS PARESSEUX CROIENT EN LA CHANCE

"Sans engagement, vous ne commencerez jamais, mais surtout sans cohérence, vous ne finirez jamais." - Denzel Washington

L'engagement et la cohérence sont les deux principaux ingrédients du succès; ils conduisent toutes les autres actions qui mènent à la création de succès, c'est-à-dire la façon dont nous réagissons aux problèmes, notre passion pour le travail, la concentration et la quantité d'énergie que nous mettons dans notre travail.

L'engagement dénote ici la capacité de rester concentré et déterminé sur une cause, avec un courage inébranlable et un désir inébranlable de mûrir la cause. Cela indique également la capacité de se concentrer sur le métier avec diligence, à un niveau où lorsque la situation de la vie menace, vous resterez résolu et continuerez à avancer.

La cohérence, d'autre part, signifie de continuer à rester sur «la cause» en améliorant et en faisant pousser l'idée à maturité.

Cela implique que plutôt que de vaciller ou d'abandonner une idée, puis de faire des montagnes russes d'initiation en série de nouvelles idées et de ne jamais en terminer, vous restez et vous vous engagez dans cette idée pour la faire croître à travers la phase d'incubation, à travers la phase de développement , traversant les douleurs, les frustrations et les temps sombres pour faire pousser l'idée à maturité.

Kenneth Blanchard a dit un jour: «il y a une différence entre l'intérêt et l'engagement, lorsque vous êtes intéressé à faire quelque chose, vous ne le faites que lorsque cela vous convient. Cependant, lorsque vous vous engagez à faire quelque chose, vous n'acceptez aucune excuse, seulement des résultats »et donc pour tout dans nos vies que ce soit la relation, l'amitié, les affaires, l'entrepreneuriat, etc.

La chose la plus importante qui compte, c'est de choisir judicieusement nos engagements. Lorsque nous nous engageons envers des personnes et des projets qui sont vraiment importants pour nous, nous ne luttons pas pour maintenir l'engagement, même si le faire peut être difficile et difficile, mais l'engagement ne devrait jamais être une expérience douloureuse pour nous, si nous sommes vraiment désirer l'idée, l'engagement envers l'idée ne sera pas une lutte, cela peut être dur et difficile mais ce ne sera pas douloureux. Et il en va de même pour nos relations avec les partenaires ou les personnes avec lesquelles nous travaillons.

Lorsque nous sommes profondément engagés dans un problème, tel qu'un projet ou envers des personnes, ces relations et ces performances sur le projet s'amélioreront très probablement et il y a une plus grande probabilité pour qu'un tel projet réussisse.

Notre engagement envers les gens envers les problèmes peut être attribué comme la source de notre succès ou autrement sur la question. L'engagement est le moteur des relations et, comme Christian Larson l'a déjà noté, «la vraie réussite dans n'importe quelle sphère d'action dépend des relations et d'un amour sincère»

Le mot relation est un mot latin composé dérivé du mot relation et navire, bien qu'il existe différentes écoles de pensées à ce sujet, mais le mot peut être interprété en toute sécurité et littéralement comme «proposition; faire, créer, façonner », on peut donc dire essentiellement que la relation est; "rendre la proposition forte" pour créer la force et la proposition de forme.

C'est un fait connu que sans relation, il est presque impossible de réussir, car pour réussir n'importe quelle forme de succès, vous devrez travailler avec des gens à un moment donné, et là où une bonne relation est déficiente, c'est généralement un spectacle difficile, voire même un spectacle. obstacle à franchir ces portes dans les processus d'entreprise.

Si nous examinons nos vies d'un œil critique, nous remarquerons que tout ce que nous avons accompli est dû à la relation que nous avons établie avec les personnes impliquées dans le processus. Et il tient que, plus nous pouvons développer de bonnes relations dans nos vies, plus nous sommes susceptibles d'attirer le succès.

Cependant, il est essentiel de noter que relation et amitié ne sont pas les mêmes, ce sont deux mots entièrement différents avec des significations différentes, et chacun avec des limites et une liberté différentes. L'amitié peut être une forme d'association entre les gens, mais la relation commande un ensemble de valeurs beaucoup plus profondes, comme une forme d'accord formel ou informel. Et il existe une certaine forme de dépendance vis-à-vis de chaque partie qui ajoute de la valeur à la relation. En outre, la relation prend du temps à se développer et les décisions sont généralement mutuelles. Par conséquent, sans ces ensembles de valeurs relationnelles, le succès sera un mirage, et l'ingrédient clé qui anime la relation est l'engagement.

TD Jakes a raconté une fois une histoire qui a démontré comment l'engagement et la cohérence se manifestent dans la vie de la plupart des gens. Il a dit qu'il y avait 88 touches sur un piano, et que les 88 touches ne se livreraient qu'à quiconque peut les jouer assez bien. Quand un maestro manipule les 88 touches, la musique que le piano produira sera totalement différente de celle, lorsqu'un débutant manipule les mêmes 88 touches sur le piano. Le maestro n'aura pas atteint la maîtrise s'il ou elle n'a pas été engagé et cohérent avec la pratique et le jeu du piano.

Cependant, souvent la plupart des débutants qui n'ont pas mis l'effort, le temps, l'engagement et la cohérence nécessaires pour développer leur compétence à celle d'un maestro, quand ils jouent du piano, ils attendent la réponse et les applaudissements d'un maestro quand leur compétence est encore au stade du débutant. Et ironiquement, quand ils n'obtiennent pas la réponse comme celle d'un maestro, ou que les gens ne sont pas impressionnés ou ravis par leur performance, ils quittent, disant que les gens ne m'aiment pas, ou ce n'est pas pour moi, ou ce n'est pas mon truc . Et ils reprennent une autre chose et la même expérience se produit.

Par conséquent, leur vie continue dans ce cycle de frustrations parce qu'ils manquent d'engagement et parce qu'ils n'ont pas investi le temps et l'énergie pour pratiquer et pratiquer jusqu'à ce qu'ils s'améliorent dans le métier. Il est ironique que de telles personnes n'aient pas développé l'engagement d'un maestro, mais qu'elles s'attendent à obtenir la récompense et l'attention d'un maestro alors qu'en réalité leur vie est au stade de la répétition!

En général, ce groupe de personnes suppose souvent qu'ils travaillent dur pour atteindre leur objectif, mais le fait est, sur quoi mesurent-ils leur travail dur? Quelle est la mesure de leur travail qu'ils considèrent comme un travail acharné? Le fait évident est que nous ne pouvons jamais travailler assez dur parce que nous pouvons toujours relever la barre. Mais lorsque nous évaluons notre horaire de travail actuel avec notre style de travail précédent, nous pouvons être tentés de dire que nous travaillons dur, et penser de cette façon en soi pourrait être une forme de faiblesse mentale et de paresse.

Le fait est donc que nous ne pouvons jamais travailler assez dur, parce que nous pouvons toujours donner plus, nous pouvons toujours relever la barre, et nous pouvons toujours être meilleurs, et nous pouvons toujours faire plus. Comme

Eliud Kipchoge l'a noté un jour, les êtres humains ne sont pas limités, nous ne sommes limités que par notre propre esprit.

Souvent, les gens ne donnent pas suite à leur idée parce qu'ils n'ont pas maîtrisé leur point de rupture, c'est-à-dire qu'ils n'ont pas développé une compréhension de la limite qu'ils se sont imposée en fonction de leur état d'esprit et de leur résilience. Donc, chaque fois que la vie les pousse à leur point de rupture, ils abandonnent l'idée, ils abandonnent et passent à autre chose, en disant que c'est trop difficile, c'est impossible, c'est trop dur etc., c'est pourquoi ils ont tant d'entreprises mais pas de succès.

Cependant, lorsque les gens comprennent leur point de rupture, ils se rendent compte que lorsqu'ils atteignent leur limite, cela ne signifie pas qu'ils doivent arrêter ou cesser de fumer, mais ce que cela signifie seulement, c'est qu'ils doivent changer quelque chose à leur sujet afin que ils peuvent continuer à faire face aux défis émergents. Et pour faire face aux défis émergents, les gens devront généralement changer leur structure et leur stratégie. Et quand ils font cela, ils développent un nouveau niveau de compétences d'adaptation pour continuer à faire face aux défis émergents.

La vérité est que personne ne peut jamais être gagnant sans maîtriser son point de rupture, car maîtriser notre point de rupture nous donne l'opportunité de découvrir un nouveau niveau de défis et les capacités d'adaptabilité pour faire face aux nouveaux défis au-delà de ce que nous avons connu auparavant.

Viktor Frankl, un survivant de quatre camps de concentration nazis, a prononcé des mots qui ont donné une signification profonde à ce que signifie vraiment faire face à un point de rupture, il a déclaré: «Car le succès, comme le bonheur, ne peut être poursuivi; il doit s'ensuivre, et il ne le fait que comme effet secondaire involontaire de son dévouement personnel à une cause plus grande que soi »Et d'une certaine manière la souffrance cesse d'être souffrance au moment où elle trouve un sens, et la vie n'est jamais rendue insupportable par les circonstances , mais seulement par manque de sens et de but. Alors, vivez comme si vous viviez déjà pour la deuxième fois et comme si vous aviez agi la première fois aussi mal que vous êtes sur le point d'agir maintenant.

Selon Frankel «entre stimulus et réponse, il y a un espace. Dans cet espace se trouve notre pouvoir de choisir notre réponse. Dans notre réponse se trouvent notre croissance et notre liberté »Les personnes qui réussissent assument la responsabilité de leurs décisions, car elles croient que les choix leur incombent entièrement, et lorsque les décisions ne fonctionnent pas ou ne produisent pas le résultat souhaité, elles ne blâment personne ou trouver des excuses, plutôt ils prennent en charge et prennent les bonnes décisions.

Les personnes qui ne réussissent pas, par contre, manquent de sens de l'engagement et de la cohérence, elles ne sont guère engagées dans aucune cause, et lorsqu'elles choisissent une cause, elles manquent de discipline pour rester sur la cause. Ainsi, lorsque des situations difficiles se produisent, ce qui est généralement un véritable test de notre engagement, ils se découragent facilement et ne montrent aucune force de caractère et bientôt, ils abandonnent la cause et en recherchent une autre. Ainsi, ils sont toujours dans un cycle perpétuel d'essais et d'échecs, sur le point de monter puis de retomber à plat. Et ce modèle traverse toutes les facettes de leur vie, leur entreprise, leur carrière et généralement tout ce qu'ils font dans la vie.

Contrairement aux personnes qui ne réussissent pas, les personnes qui réussissent ont la discipline mentale et le;

- ❖ Courage de dire NON à l'abandon

- ❖ La sagesse de dire NON à l'abandon

- ❖ La force de dire NON à l'arrêt

- ❖ La discipline de dire NON à l'abandon

Ils font face aux situations difficiles en passant au-dessus, autour ou à travers, mais ils ne perdent jamais leur concentration sur leur objectif. Ils comprennent qu'ils sont responsables de leur vie et de leurs actes, ils prennent donc en charge et contrôlent leur vie.

Ils croient que leur réaction et leur réponse aux stimuli de la vie dépendent entièrement de leur choix et de leur création, ils pensent donc de manière appropriée et stratégique, et ils sont intentionnels quant à leur réponse et ensuite ils continuent à exécuter en conséquence.

Les personnes qui réussissent restent attachées à leur objectif et font constamment mûrir leur idée, et c'est ainsi que les personnes qui réussissent réussissent. Ils travaillent dur pour leur succès et de plus en plus dur, et ils donnent tout ce qu'il faut parce qu'ils ne sont pas concentrés sur le travail acharné ou sur ce qu'ils doivent céder pour que l'idée réussisse plutôt qu'ils se concentrent sur la récompense de la réalisation de leur objectif et la joie du succès.

Les personnes qui ne réussissent pas se concentrent généralement sur ce qu'elles ont le céder, la quantité de travail nécessaire, donc même avant de se lancer dans une cause, le mode perdant est déjà activé dans leur esprit, et elles évoluent dans cet état mental, et dans le processus, plutôt que de faire le travail acharné nécessaire pour faire aboutir l'idée, ils cherchent de la chance, des raccourcis, des formules magiques ou miracles pour faire de l'idée un succès, mais comme d'habitude, l'entreprise s'avère une approche ratée comme il le fait toujours pour eux, et ils se demandent pourquoi tout va vers le sud sur eux.

Personne ne peut trouver le succès par des raccourcis, de la chance ou de la magie, le succès est le fruit d'un travail acharné, d'un engagement et d'un travail constant sur l'idée pour le réussir. Faire pousser l'idée à travers la douleur, la frustration et les jours sombres orageux jusqu'à ce qu'elle voit les rayons du succès. Ce n'est que de cette façon que nous pouvons tous trouver un vrai succès.

Tous ceux qui ont trouvé le succès dans leurs efforts ont donné naissance à leur succès grâce à un travail acharné et à de la persévérance et, surtout, en croyant en eux-mêmes qu'ils peuvent réussir, et en mettant cette conviction, à travailler sur leurs idées et à continuer à persévérer jusqu'à ce qu'ils fonctionnent et c'est devenu un succès.

Comme Walt Disney l'a noté un jour: «Toute l'adversité que j'ai eue dans ma vie, tous mes problèmes et obstacles m'ont fortifié ..... vous ne le réalisez peut-être pas quand cela se produit, mais un coup de pied dans les dents peut être le meilleur. chose dans le monde pour toi »

La plupart du temps, les idées ne se concrétisent pas complètement et elles ne fonctionnent généralement pas comme elles ont été imaginées, mais au fur et à mesure que vous avancez dans le processus de mise en œuvre, vous commencez à découvrir de nouvelles choses que vous ne saviez pas, puis à saisir les apprentissages dans l'idée de le rendre meilleur et plus adapté pour répondre aux besoins auxquels l'idée a été conçue. Parfois, cela peut même impliquer une refonte totale du concept et passer par un processus de rééducation sur le besoin que l'idée est censée répondre.

C'est ainsi que les gens qui réussissent continuent à faire réussir leur idée, ils n'atteignent pas leur succès par des vœux pieux ou en espérant de la chance, mais par un travail acharné, de la persévérance et une pensée créative. Et comme l'a noté à juste titre Ralph Waldo Emerson «Les gens peu profonds croient en la chance, les gens forts croient en la cause et l'effet» le fait est que le succès est de cause à effet, si vous voulez réussir, alors désirer le succès et faire le travail et vous serez réussir, c'est aussi simple que cela. Le succès est en fait simple, mais cela demande beaucoup de travail acharné, d'engagement et de persévérance.

Le succès se gagne, il n'est pas donné ou trouvé accidentellement. Il faut de l'intention pour réussir, et nous pouvons tous atteindre le succès que nous souhaitons si nous pouvons nous y engager et devenir cohérents en poursuivant nos objectifs.

Vivez votre vie avec INTENTION

Demain est un autre jour!

ÉTAT D'ESPRIT DE L'ECHEC

"Une habitude est un ensemble redondant de comportements, de pensées et d'émotions automatiques et inconscients acquis par la répétition" - Dr Joe Dispensa

Une habitude, c'est quand vous avez fait quelque chose tant de fois que votre corps sait maintenant comment le faire mieux que votre esprit, c'est un état où votre corps peut maintenant faire quelque chose si bien inconsciemment, que vous n'avez pas à y penser pour faites-le, c'est-à-dire lorsque de telles choses font partie de votre état naturel d'être.

La façon dont vous pensez et ce que vous ressentez crée votre état d'être, donc lorsque vous vous réveillez le matin en pensant à un problème qui s'est produit dans le passé, vous vivez déjà votre présent dans votre passé, et lorsque vous le faites de manière cohérente sur une longue période. période de temps, vous pourriez vivre votre vie dans le passé, et cela gaspillera progressivement votre vie. Parce que ce sur quoi vous vous attardez façonne votre façon de penser, ce qui influence vos attitudes et vos habitudes. Et comme Ghandi l'a dit,

- Surveillez vos pensées, elles affectent vos actions

- Surveillez vos actions, elles affectent votre personnage

- Surveillez votre personnage, cela affecte votre comportement

- Surveillez vos comportements, ils affectent votre destin

En déduisant de ce qui précède, il est prudent de supposer que le destin n'est pas donné mais créé par soi-même, et la bonne chose à ce sujet est qu'il est totalement sous notre contrôle. Nous créons notre destin avec chaque action et inaction que nous choisissons de prendre ou de ne pas prendre au cours de nos vies, qui sont toutes informées par votre système de croyance. Et ce sont fondamentalement toutes les choses avec lesquelles nous sommes parvenus à être d'accord et acceptées comme notre norme, et ces choses que nous rejetons pour être contre nos croyances et celles que nous trouvons offensantes.

Nos expériences de vie sont le produit de nos croyances, qui sont éclairées par ce que nous choisissons de voir et d'entendre dans notre monde, et de la façon dont nous choisissons de les voir et de les entendre. Ce que nous avons appris par l'auto-observation, ce qu'on nous a enseigné et ce à quoi nous avons été exposés dans notre vie, qui sont tous les éléments constitutifs de notre système de croyances. Et tout cela forme maintenant ce que nous avons choisi d'accepter comme notre vérité personnelle, qui motive nos actions et nos comportements, et devient finalement ce qui nous définit.

Par exemple, imaginez un scénario où vous venez de décider d'acquérir une marque de voiture, ou un scénario où vous avez effectué l'achat. Vous vous rendrez compte qu'au moment où vous commencez à conduire la voiture, vous commencez à remarquer sur la route tant de choses de ce genre que vous n'aviez pas vues auparavant, et c'était comme si elles venaient d'arriver. Le fait est qu'ils ont toujours été là, c'est juste que vous n'en avez jamais pris note. C'est ainsi que notre esprit fonctionne à travers le système d'activation réticulaire (RAS) de notre cerveau.

Le R.A.S est un réseau de neurones dans le cerveau qui aide à la médiation des comportements et contrôle ce dont nous sommes conscients. Il agit comme un gardien de l'information entre la plupart des systèmes sensoriels et l'esprit conscient. Il est chargé de filtrer la quantité massive d'informations que nos organes sensoriels captent de notre environnement et rejettent le cerveau.

Le système d'activation réticulaire fonctionne comme un filtre, un système, filtrant les stimuli qui ne sont pas en accord avec notre état d'esprit et ne permettant d'entrer dans notre cerveau que ceux qui sont les plus importants pour notre esprit conscient. En substance, ce dont notre esprit conscient prend conscience provient de notre système de croyances, de sorte que nos croyances jouent un rôle clé dans ce que nous devenons dans la vie.

Compte tenu du fait évident ci-dessus, nous pouvons conclure en toute sécurité que nous nous définissons nous-mêmes et que nous nous façonnons également dans ce que nous sommes devenus, en tant que tels, nous sommes entièrement responsables de tout ce que nous sommes et de tout ce que nous ne sommes pas dans nos vies.

Le fait évident de ceci est que notre système de croyance ne se forme pas en un jour, et il n'est pas non plus fixé de façon permanente, il est le résultat de la série de nos pensées et actions au cours de nos vies qui est venu pour nous définir. dans qui nous sommes.

Considérez ceci, c'est un fait scientifiquement établi que nous pensons tous à soixante-dix à quatre-vingt mille pensées par jour et quatre-vingt-dix pour cent de ces pensées sont les mêmes que la veille, donc si nous ne nous efforçons pas de nous améliorer continuellement, si nous ne le faisons pas. vivre une vie d'un apprenant à vie, nous pourrions vivre nos vies dans le passé, avec les mêmes vieilles choses qui se répètent dans nos vies parce que les mêmes expériences produisent les mêmes résultats.

Par conséquent, il est essentiel que nous actualisions continuellement nos connaissances par la lecture, des livres audio, des séminaires, des formations, etc., afin que nous puissions continuellement apporter de nouvelles pensées et idées dans notre esprit pour nous assurer que notre esprit ne devienne pas obsolète avec des idées anciennes et dépassées. , parce que les idées anciennes et dépassées ne peuvent produire que des actions anciennes et dépassées qui sont vouées à l'échec, parce que le monde est probablement allé au-delà du domaine et en pensant à l'idée dépassée.

Comme souvent dit, notre attitude est celle du bibliothécaire de notre passé, du président de notre présent et du prophète de notre avenir. La vérité pour la plupart des gens est que leur attitude a été façonnée par les expériences de leur passé, et si les expériences passées avaient été désagréables, il est fort probable que leur attitude soit également désagréable. Et si une telle personne démontre alors une mauvaise attitude, informée par des expériences désagréables précédentes, des douleurs, de l'amertume et des frustrations, cela pourrait affecter son DESTIN, car les mêmes expériences continueront à produire les mêmes résultats, car cette personne continue de revivre les mêmes mauvaises expériences du passé.

Notre vie est un jeu de somme de toutes les expériences de nos vies, qui sont toutes les produits de notre système de croyance. Donc, si votre vie va vers le sud et que vous voulez changer radicalement votre vie, tout commence par changer vos croyances. Il n'y a pas de formule magique ou de pilule miracle, tout est entre vos mains et totalement sous votre contrôle. Et la bonne partie de ceci est que vous pouvez décider de commencer le changement maintenant, et c'est simplement en prenant la décision de changer, et une fois que vous avez pris la décision de changer, vous devez alors commencer le processus réel de changement de votre croyance. système.

Le processus de changement de votre système de croyance est simple, mais pas facile mais simple. Commencez par regarder la vie de ceux qui réussissent, ceux que vous voulez imiter, étudiez ce qu'ils font et comment ils le font et commencez à reproduire cela dans votre vie. S'ils se réveillent à 5h du matin pour courir, puis se réveillent à 5h du matin et courent, s'ils sont toujours en train de lire, de se développer et de s'améliorer, alors faites de même, et vous découvrirez que votre orientation vers la vie et votre système de croyance commenceront progressivement à changer, et vous commencerez à découvrir un nouveau vous, qui pourrait vous conduire sur le chemin du succès.

Comme le note le Dr Norman Cussons dans son livre «La biologie de l'espoir», «Quand quelque chose vous arrive, vous ne le niez pas, mais vous le défiez». Et vous le défiez en changeant votre croyance sur de telles choses, vous prenez le contrôle et déplacez votre vie hors de ces situations vers la direction que vous désirez. Ce ne sera jamais facile, ce sera douloureux et difficile, mais c'est quelque chose que vous devez faire si vous devez sortir de ces situations ou circonstances.

Rester dans de telles situations ou choisir de rester et de ne rien faire sera pire et plus douloureux, et peut parfois conduire à des regrets éternels. De plus, jouer au jeu de la victime et s'attendre à ce que quelqu'un ou un génie, un esprit ou des forces miraculeuses vienne renverser la situation ne peut être considéré que comme une simple hallucination ou un délire, car notre créateur a fait de nous de petits dieux et nous a donné le cadeau. de choix et de volonté pour créer toutes les expériences de nos vies, et IL attend de nous que nous fassions exactement cela. Alors. c'est entièrement sous notre contrôle de choisir le genre de vie que nous voulons et de le créer pour nous-mêmes.

C'est un fait connu qu'environ quatre-vingt-dix pour cent (90%) de ce qui nous arrivera dans la vie est hors de notre contrôle, mais nous avons un contrôle absolu sur ce que nous choisissons de faire à ce sujet. Le fait est que la vie arrive à tout le monde, et comme souvent dit, nous avons tous la même histoire mais des détails différents. Donc, ce que nous choisissons de faire à propos de ce qui nous arrive dans la vie est entièrement notre choix, et c'est ce qui définira qui nous devenons.

Donc, si vous voulez changer et améliorer votre vie, vous devez d'abord changer la perception de vous-même, et cela se résume à vos croyances, car à la fin de tout cela, peu importe le travail acharné ou le nombre d'heures que vous consacrez. , vous n'atteindrez pas vos objectifs si vous ne croyez pas pouvoir le faire.

C'est notre croyance et notre résilience mentale qui déterminent notre succès dans la vie, car s'il n'y a pas de dureté mentale, lorsque les moments difficiles ou les situations difficiles s'installe, une telle personne va tergiverser ou trouver toutes sortes d'excuses qui les feront cesser de fumer. . Mais quand vous croyez que vous pouvez le faire et que vous vous identifiez comme quelqu'un qui fera tout ce qu'il faut pour atteindre son objectif, vous y parviendrez.

En effet, lorsque des défis et des obstacles apparaissent, comme ils le font toujours, vous les surmonterez, simplement parce que vous n'abandonnerez pas et parce que vous croyez en vous-même que vous pouvez le faire et que vous ferez tout ce qu'il faut pour atteindre l'objectif. Et avec un tel état d'esprit, quels que soient les défis, les obstacles et les situations difficiles, ils se plieront à votre volonté, et vous découvrirez que l'Univers coopère avec vous dans le chemin de votre réussite.

Essentiellement, la façon dont les gens vivent leur vie est le résultat des histoires qu'ils se sont racontées et de ce qu'ils choisissent de croire d'eux-mêmes. Elsie Robinson a dit un jour: «Des choses peuvent vous arriver et des choses peuvent se passer autour de vous, mais les choses les plus importantes sont les choses qui se passent en vous». Que vous choisissiez de vous lever seul et de gérer la situation, ou que vous choisissiez de vous recroqueviller à propos de telles choses, de vous cacher dans votre ombre et de jouer au jeu de la victime, tout est de votre choix, et tout est sous votre contrôle. . Et ce choix de croyance vient essentiellement de l'identité que vous avez choisie pour vous parler de vous-même.

Par conséquent, pour changer votre vie pour le mieux, il vous suffit simplement de changer l'identité que vous avez choisie pour vous-même, de changer ce que vous choisissez de croire sur vous-même, et aussi de changer vos perspectives sur le monde qui vous entoure, ainsi que les défis et les obstacles qui vous attendent. et autour de vous, en leur donnant un nouveau sens, une nouvelle définition qu'ils ne sont pas insurmontables, et vous pouvez les surmonter. Vous pouvez résoudre les défis et les résoudre vous rendra plus fort et deviendra une meilleure version de vous-même.

Lorsque vous vous racontez cette histoire et que vous faites de cette identité votre nouvelle perspective, les choses commenceront à changer à l'intérieur de vous et autour de vous, et vous commencerez à voir les choses différemment. Le processus de changement d'identité est simple, commencez par vous poser les questions suivantes tout en étant honnête avec vos réponses:

- ❖ Quelle est votre identité actuelle?

- ❖ Comment vous voyez-vous sur tous les aspects de la vie?

- ❖ Regardez-vous ce que vous mangez?

- ❖ Êtes-vous discipliné? Êtes-vous discipliné dans vos choix alimentaires, votre programme d'exercice, la gestion du temps, vos habitudes d'étude et vos sorties entre amis?

- ❖ Quelle est votre relation avec votre famille et vos amis?

- ❖ Comment traitez-vous vos objectifs et vos cibles? Ajustez-vous vos objectifs lorsque les obstacles vous paraissent insurmontables?

- ❖ Dans quelle mesure faites-vous preuve de discipline dans la mesure de vos réalisations par rapport à vos objectifs?

- ❖ Aimez-vous ce que vous faites dans la vie?

- ❖ Que devez-vous changer dans votre vie qui vous sabote?

- ❖ Enfin, comment vous décrirez-vous en trois phrases?

Après vous être posé toutes ces questions et avoir répondu en toute honnêteté, commencez à répondre à la même question à l'image de la personne que vous aimeriez devenir dans un an, deux ou cinq ans. Et par la suite, commencez à identifier ce que vous devez faire pour devenir la personne que vous voulez devenir, et une fois que vous êtes clair avec cela, poursuivez-la avec tout votre cœur et votre âme, et vous vous retrouverez sûrement en train de devenir. la personne que vous voulez devenir.

Notre vie n'est pas un jeu de chance ou une formule magique, tout ce qu'il faut, ce sont des actions conscientes et déterminées pour devenir ce que vous voulez devenir. Il faut décider de ce que vous voulez devenir, savoir et être clair sur la raison pour laquelle vous voulez devenir ce que vous désirez devenir, puis comprendre ce qu'il faudra pour y arriver, puis le poursuivre avec tout votre cœur.

Dans le processus, il y aura des obstacles, des défis et des douleurs, mais ce sont tous les ingrédients du succès que vous devez affronter sur votre chemin pour réussir. Ce sont les ingrédients qui façonnent nos esprits et renforcent notre détermination mentale à aller pour ce que nous voulons et à ne pas abandonner face à des obstacles ou lorsque des moments difficiles s'installe.

Beaucoup de gens se sont façonnés pour devenir des objets d'échec et d'otiose, parce qu'ils se sont arrêtés à leur premier échec et qu'ils refusent de revenir dans le jeu de peur d'échouer et en tant que tels, ils refusent d'essayer encore et encore, ce qui est fondamentalement le raison pour laquelle ils sont devenus un échec.

Échouer dans quelque chose en soi n'est pas une mauvaise chose, car l'échec nous apprend beaucoup plus que le succès, et en échec, nous développons la force de caractère et un esprit fort, et nous devenons meilleurs dans notre métier, car nous avons appris pourquoi nous avons échoué dans la première place. Et aussi, nous développons une meilleure compréhension de la façon d'aborder le problème de manière plus efficace et plus intelligente.

Cependant, accepter l'échec comme signe d'arrêt, nous empêcher de revenir dans le jeu et de réessayer est ce qui est mauvais, et c'est un état d'esprit défaitiste sur la question. Échouer et réessayer est une leçon et c'est un succès en devenir, mais échouer et abandonner et ne pas réessayer est ce qu'est l'échec.

Le fait est que les gens qui réussissent ont échoué bien plus que les gens qui échouent, la seule chose avec le succès est que, lorsqu'ils échouent, ils ne permettent jamais l'échec de les arrêter, car ils n'ont jamais considéré l'échec comme un signe d'arrêt, mais plutôt ils prennent l'échec comme une leçon et continuez à pousser pour devenir meilleur dans leur métier, essayant encore et encore et ne jamais abandonner jusqu'à ce qu'ils atteignent leur objectif.

Les personnes qui ne réussissent pas, d'autre part, ont du mal à comprendre cet état d'esprit de réussite, car elles ne peuvent pas mettre une telle discipline mentale et une telle endurance dans leur métier, elles sont généralement mal préparées à poursuivre leurs objectifs. Ainsi, lorsque les défis et les obstacles se posent, ils abandonnent à leur toute première tentative ou lors des premières tentatives. Et ils sont prompts à raconter leur histoire de «J'ai essayé, mais ça n'a pas marché» «l'idée était vouée à l'échec» «Je n'ai personne pour me soutenir» comme si le monde récompensait l'échec ou les tentatives ratées.

Le fait de réussir ou d'échouer dans la vie est entièrement sous notre contrôle, et nous sommes responsables de nos vies, et de chaque action que nous choisissons de faire ou choisissons de ne pas faire, et tout cela résume pour former notre vie, nous en sommes l'auteur de nos vies, et nous sommes responsables!

Notre vie est un jeu de somme, et PAS UNE FORMULE MAGIQUE

Vivez votre vie avec INTENTION

Demain est un autre jour!

LA VERITE DE LA VIE

"La vérité vous libérera, mais d'abord, elle vous fera chier" - Gloria Steinem

La vérité nous confronte à ce que nous ne voulons pas savoir, donc parfois entendre la vérité peut faire mal, et quand la vérité fait mal, il faut choisir soit d'endurer la douleur, soit d'éviter la vérité, ce qui est un choix difficile mais simple.

La vérité fait mal quand elle nous oblige à changer et à arrêter de faire quelque chose que nous faisions auparavant ou qu'elle nous oblige à commencer à faire quelque chose que nous ne voulons pas faire pour une raison ou une autre, cela passe à travers les excuses, les justifications ou la paresse, mais nous oblige simplement à fais ce qui est juste.

La vérité est souvent douloureuse lorsqu'elle expose nos propres lacunes et échecs, montre nos carences et parfois notre irresponsabilité, insiste sur la nécessité de changer nos façons de faire et sur la nécessité d'améliorer son comportement, ses connaissances, ses compétences et ses attitudes. Lorsqu'ils sont confrontés à la vérité, beaucoup de gens ont tendance à devenir sur la défensive, car la vérité a tendance à amener les gens à se sentir nus et à nous voir tels que nous sommes vraiment.

Le fait est que la vérité fait mal; cependant, la douleur ne vient pas de la vérité mais de l'éclatement de notre illusion dans l'esprit, et aussi du jugement que nous avons en réaction à notre réalisation. Et souvent, l'émotion inconfortable peut persister pendant un certain temps alors que l'énergie émotionnelle investie dans l'illusion se dissipe progressivement. C'est un processus qui nous affecte émotionnellement et psychologiquement, et la conscience de la vérité est en effet une force perturbatrice pour notre illusion.

Quelle est notre vérité et qu'est-ce que se dire la vérité? Pour comprendre ce qu'est la vérité pour nous, nous devons avoir une compréhension des trois soi différents qui composent notre apparence à nous-mêmes et au monde.

- ◈ Vrai Moi - Comment nous nous voyons

- ◈ Soi perçu - Comment les autres nous voient et

- ◈ Se regarder soi-même - Comment nous pensons que les autres nous voient.

Lorsque nous faisons l'effort conscient de comprendre ces différentes perspectives de nous à travers des outils comme les commentaires et les questionnaires, cela ouvrira un monde d'informations sur nous à nous, que nous pouvons commencer à utiliser pour mieux comprendre notre vrai moi.

Pour améliorer notre état de vie actuel, nous devons être prêts à accepter qui nous sommes et où nous en sommes dans le schéma des choses de la vie. Et puis réaliser que là où nous sommes n'est pas assez bien pour nous, et que les choses peuvent en effet s'améliorer pour nous. En outre, nous devons changer nos façons de faire avant que les choses ne commencent à s'améliorer, afin que nous puissions commencer à atteindre le niveau que nous désirons dans la vie.

Albert Einstein a dit un jour: "Le problème que nous avons créé ne peut pas être résolu par notre niveau de pensée actuel, nous avons besoin d'un niveau de pensée plus élevé pour résoudre le problème que cette pensée a créé." Cela implique que nos attitudes et nos connaissances actuelles ne peuvent pas nous déplacer au-delà du niveau que nous sommes maintenant, pour changer notre niveau, nous devons élever notre pensée, améliorer nos connaissances et changer notre attitude.

Pour apprendre quelque chose de nouveau, nous devons d'abord développer la soif de savoir et croire que nous n'avons pas la pleine connaissance du sujet, c'est-à-dire adopter une approche de l'apprenant tout au long de la vie. Et cela ouvre notre esprit à recevoir de nouvelles informations et connaissances sur le sujet que nous pouvons alors commencer à utiliser pour améliorer notre compréhension, et par conséquent améliorer nos vies.

Les personnes qui réussissent ont toutes soif d'apprendre et de s'améliorer, elles sont toujours à la recherche de nouvelles connaissances et informations dans le domaine de leur choix pour s'assurer qu'elles sont bien informées des dernières inventions, découvertes et tendances.

De plus, les personnes qui réussissent sont intentionnelles dans leurs actions, elles développent une compréhension d'elles-mêmes, de leurs forces et de leurs faiblesses, et elles consacrent leur temps à continuer à améliorer leurs forces et à corriger leurs faiblesses. De plus, ils identifient avec diligence leurs dons, car ils comprennent que seul leur don peut leur apporter un véritable succès.

Comme cité dans le bon livre, «Vos dons feront de la place pour vous» Non pas votre passion ou votre éducation mais votre don. Et votre don est ce que vous faites bien avec le moins d'effort, qui vous excite lorsque vous y êtes engagé. C'est cette chose que lorsque vous y êtes immergé, le temps semble n'avoir aucune importance, et pourtant vous ne vous sentez pas fatigué, ennuyé ou épuisé par la tâche, c'était comme si le temps s'était arrêté.

De plus, les gens qui réussissent sont passionnés par leurs dons et ils continuent à apprendre à améliorer leur expertise sur leurs dons. Ils comprennent que la première étape pour eux est de découvrir leurs dons et de comprendre qu'il leur reste encore beaucoup à apprendre pour améliorer leur niveau de compétence sur les dons.

Comme Kobe Bryant, l'un des plus grands joueurs de basket de notre temps l'a raconté une fois, il a dit qu'il avait découvert son cadeau à l'âge de treize ans et qu'il s'était décidé à être l'un des plus grands joueurs de basket qui ait jamais joué au jeu, tout ce qui fait ne pas soutenir cette vision est devenu sans importance pour lui. Il a poursuivi en disant qu'il savait qu'il devait améliorer ses compétences avant de pouvoir être parmi les plus grands, alors il a continué à s'entraîner et à s'entraîner dur, il a découvert que ses mains étaient grandes mais pas massives, il a donc dû s'entraîner pour se renforcer. la main pour qu'il puisse toucher le ballon.

En outre, il a dit qu'il avait découvert que tous ses lancers étaient droits, et tous en ligne, mais ils étaient toujours courts, et ils étaient toujours courts parce que ses jambes étaient faibles, alors il a concentré son entraînement en force pour développer des jambes fortes, afin qu'il puisse sauter et prendre de l'élan pour lancer le ballon pour atterrir dans le panier. Il a également dit, bien qu'il soit rapide mais pas incroyablement rapide, il a donc dû se construire pour compter sur les angles pour être efficace dans le jeu.

C'est ainsi que les grands pensent et agissent, ils investissent du temps et de l'énergie pour se comprendre eux-mêmes, leurs forces et leurs faiblesses. Et ils doivent travailler consciemment et continuellement sur leurs faiblesses pour développer ce domaine jusqu'à ce qu'il devienne également une force pour eux. Et même après avoir atteint ce niveau de compétence, ils continuent de s'améliorer dans ces domaines de force pour élever davantage la barre de leur niveau de compétences global.

Dans leur processus de découverte de soi, ils ne deviennent pas défensifs en réalisant où ils ne sont pas à la hauteur, ils font plutôt face au fait de leur niveau actuel et utilisent leur compréhension d'eux-mêmes pour remédier à leurs faiblesses, améliorer leurs forces afin qu'ils puissent continuer à devenir une meilleure version d'eux-mêmes.

De plus, même quand ils deviennent grands, ils ne s'arrêtent pas mais continuent de découvrir un nouveau niveau d'expertise, car ils savent que le succès n'est pas statique, et au moment où vous ne grandissez pas et que vous ne vous améliorez pas, vous vous désintégrez, et vous commencer à mourir. Ainsi, les personnes qui réussissent mettent tellement l'accent sur le développement personnel, la croissance, l'amélioration de leurs connaissances et de leurs compétences, et en général, elles sont toutes des apprenants à vie.

Un journaliste a un jour demandé à Bill Gates, l'un des hommes les plus riches du monde, quelle superpuissance il aimerait avoir, Bill Gates a répondu qu'il aimerait avoir le superpouvoir de pouvoir lire des livres plus rapidement, afin qu'il puisse apprendre et découvrir plus à un rythme beaucoup plus rapide. C'est l'un des hommes les plus riches du monde qui a toujours envie d'en savoir plus, afin qu'il puisse continuer à devenir une meilleure version de lui-même. Et il est capable de le faire facilement à cause de la vérité qu'il se dit qu'il y a encore tant de choses qu'il ne sait pas, et qu'il peut encore s'améliorer en découvrant et en apprenant davantage.

Les personnes qui réussissent sont des apprenants à vie, elles sont toujours enthousiastes à l'idée d'apprendre, elles croient qu'elles ne sont pas encore à leur meilleur niveau, et il y a encore beaucoup à apprendre, alors elles continuent de travailler dur pour améliorer leurs compétences et leurs connaissances, et d'appliquer continuellement ces connaissances. pour améliorer leur métier et leurs offres au monde.

Les échecs sont clairement l'opposé du succès, non seulement dans leur façon de penser et d'agir, mais dans tous leurs aspects. Ils sont paresseux, ils ont du mal à se concentrer et à rester engagés et cohérents sur n'importe quelle cause, et ils ne mettent pas l'énergie mentale pour lire, se pencher et s'améliorer. En outre, ils ne veulent pas se voir tels qu'ils sont, ils ne peuvent pas faire face à la vérité sur eux-mêmes et où ils se trouvent dans la vie, mais ils deviennent souvent sur la défensive et en colère lorsque les circonstances ou les situations de la vie leur reflètent leur véritable reflet.

De plus, ils ne sont généralement pas sûrs d'eux-mêmes, et ils sont toujours argumentatifs et aveuglés par l'ego, et ils sont prompts à lancer un argument pour justifier leur vie médiocre, plutôt que de se voir tels qu'ils sont, et de comprendre ce dont ils ont besoin. faire pour changer leur état de vie. Au contraire, ils ne parviennent pas à comprendre ou à voir cette opportunité glorieuse pour eux de devenir une meilleure version d'eux-mêmes, mais ils choisissent quand même de continuer à vivre une vie de médiocrité, de misère et de toujours jouer la victime ...... vraiment triste!

Les réussis, par contre, ont l'attitude du gagnant, lorsqu'ils sont confrontés à la vérité, ils en sont énervés, comme les personnes qui échouent, mais ils n'adoptent pas l'approche d'évasion, ils font face à la vérité, ils l'acceptent et commencent travailler pour y remédier. Pour eux, ils voient une telle révélation comme une rétroaction, une opportunité d'en savoir plus sur eux-mêmes et de se voir à travers le prisme des autres. Et ils utilisent cette compréhension pour s'améliorer et devenir une meilleure version d'eux-mêmes.

En outre, ils travaillent consciemment sur ces rétroactions et domaines d'amélioration, et développent la discipline nécessaire pour changer et améliorer les lacunes identifiées. Ils comprennent également que «la discipline est l'un des éléments clés du succès dans tous les domaines de la vie, sans discipline, il n'y a pas d'accomplissement durable, et avec un manque de discipline, il y a un manque de succès»

Les personnes qui réussissent comprennent également en profondeur que les objectifs ne peuvent être atteints sans discipline et que les rêves ne deviendront pas réalité sans discipline. La discipline nous aide à rester actifs, organisés, concentrés et à améliorer nos capacités à nous contrôler. En général, sans discipline, il n'y a pas de grandeur. Ainsi, les personnes qui réussissent font de la discipline l'un des attributs clés de leur vie.

Ceux qui ne réussissent pas, en plus d'être paresseux mentalement, peu sûrs d'eux, égoïstes et indisciplinés, ils n'ont pas le principe du «toucher maintenant» qu'ils tergiversent toujours. Ils ne font les choses que lorsqu'ils en ont envie, c'est-à-dire plus tard ou demain, parce qu'ils ne comprennent pas que demain devient généralement jamais.

De plus, les personnes qui échouent ne comprennent pas que notre avenir est créé par ce que nous faisons aujourd'hui, donc lorsque nous tergiversons, nous retardons ou nions essentiellement notre avenir l'impact que l'activité ou l'action que nous aurions prise aujourd'hui pourrait probablement inaugurer dans nos vies. Et à partir de l'étude des habitudes de performance humaine, il a été établi que, tergiverser une tâche importante à plus tard, aboutit souvent à ne jamais accomplir la tâche, et donc plus tard signifie généralement jamais et de telles choses ne se font jamais.

Les gens qui réussissent ne font pas les choses quand ils en ont envie, ils le font maintenant, même quand ils n'en ont pas envie, et ils ont le principe du «toucher maintenant» et ils ont aussi le principe du «toucher une fois» c'est-à-dire, fais-le Juste la première fois et à chaque fois. Et ils sont capables de le faire parce qu'ils consacrent leur concentration et leur énergie à la tâche dès la première tentative pour éviter les retouches qui sont une perte inutile de temps, d'énergie et d'autres ressources.

La vie de ceux qui réussissent énormément peut être assez intéressante et excitante, en plus de pouvoir vivre le style de vie qu'ils veulent, leur esprit est vivant et positivement actif, et ils sont épanouis. Ils apprécient les relations authentiques et l'expérience de ce beau monde.

La vie de ceux qui ne réussissent pas, d'autre part, est un contraste frappant, avec les réussis, leur vie peut être ennuyeuse, terne et monotone, et la plupart du temps, ils sont toujours en manque et constamment préoccupés par les factures et les «réunions de bout en bout» . Ils ne sont jamais vraiment heureux, et toujours en mode de rareté, car leur réflexion est toujours «penser à la rareté», c'est-à-dire gérer une rareté de l'autre.

Parfois, lorsqu'ils tombent sur une richesse accidentelle, que ce soit par loterie ou par d'autres moyens, ils finissent vite par se ruiner parce qu'ils sont mentalement pauvres. Et cet exemple peut être vu chez plusieurs personnes qui sont entrées dans une richesse accidentelle ou instantanée, mais ont fait faillite quelques années plus tard. Et c'est parce que l'argent ne change pas la façon de penser, l'argent est un amplificateur, si quelqu'un est pauvre dans sa pensée, s'il gagne des millions de dollars à une loterie ou entre dans une richesse accidentelle, il deviendra bientôt pauvre, parce que la mauvaise pensée mènera toujours à de mauvaises décisions qui entraîneront toujours des pertes dans presque tout ce qu'ils font. Seule une bonne pensée peut apporter de la richesse et la maintenir.

L'argent est simplement un amplificateur comme indiqué précédemment, c'est un amplificateur d'attitude et de mentalité d'une personne. Notre état d'esprit guide tout ce qui nous concerne, comment nous voyons le monde et ce que nous choisissons de faire dans le monde que nous voyons. Donc, si une personne avec un état d'esprit médiocre entre dans la richesse accidentelle ou instantanée, elle finit par se briser après quelques années parce que son état d'esprit pauvre contrôle toujours sa pensée, ce qu'elle voit dans le monde et ce qu'elle choisit de faire de ce qu'elle voit.

La richesse accidentelle peut leur donner une nouvelle garde-robe, une nouvelle maison et des voitures, mais elle ne peut pas changer la mauvaise pensée. et leur perception du monde qui les entoure. Ainsi, bien que leur vision physique puisse être différente, le vieil esprit pauvre reste toujours maître de leur vie. Et l'état d'esprit pauvre ne peut être changé qu'en développant consciemment un changement d'état d'esprit, en changeant leur système de croyance, ce qui change alors ce qu'ils voient dans le monde qui les entoure et comment ils le voient.

Bien que la mauvaise mentalité se soit développée au fil du temps à travers une série de choix, d'actions et d'inactions face aux problèmes de la vie, ce qui a conduit à la création de ces habitudes. La bonne partie cependant est que, de la même manière qu'ils ont créé ces habitudes infructueuses par leur série de mauvais choix et actions, ils peuvent également recréer un nouvel ensemble d'habitudes. Des habitudes qui donnent naissance à la mentalité des réussis, qui mèneront à leur succès et à une vie d'épanouissement.

Ils peuvent développer une âme riche et un ensemble de cœur du succès, tout ce qu'il faut, c'est une décision, et une fois que vous prenez la décision et que vous vous y engagez, votre vie commencera à changer, car les empreintes du succès sont en fait les empreintes de Succès. Alors que vous commencez à marcher sur le chemin du succès, vous commencez à développer les habitudes qui mèneront au succès et vous enseigneront l'humilité et la discipline nécessaires pour maintenir le succès.

Votre décision de changer est en fait un changement en soi. Alors, décidez de changer votre vie pour le mieux et engagez-vous dans le changement.

Vivez votre vie avec INTENTION

Demain est un autre jour!

LE SUCCES EST UN ETAT D'ESPRIT ET L'ECHEC EST AUSSI UN ETAT D'ESPRIT

"L'esprit est un miroir flexible, ajustez-le, pour voir un monde meilleur." - Amit Ray

Il y a quelques années, je parlais à un groupe de jeunes entrepreneurs et l'un d'eux m'a demandé ... Quelle est votre plus grande force?

Cette question m'a pris au dépourvu car je n'y ai pas vraiment réfléchi profondément. Mais j'ai répondu du mieux que j'ai pu avec toute la franchise et l'honnêteté.

J'ai dit que ma plus grande force résidait dans ma capacité à voir les tendances, je suis capable de reconnaître les angles morts que la plupart des gens ignorent, et je vois et j'entends des choses auxquelles la plupart des gens ne font pas attention. J'ai réfléchi à ma réponse et j'ai réalisé que c'est vraiment qui je suis, et la réponse est venue non diluée du plus profond de moi.

À ce moment, on m'a posé la question, mes pensées ont couru et j'ai réalisé la puissance de l'esprit humain. Notre pensée est une force puissante, sa vitesse peut être comparée à la vitesse de la lumière de 186 000 miles par seconde, c'est-à-dire en voyageant à 930 000 fois plus vite que la vitesse de notre voix. Cela implique que nous avons eu amplement l'occasion de répondre aux problèmes, questions, requêtes, etc., de notre esprit, beaucoup plus rapidement que notre voix ne peut transmettre ces réponses.

Notre esprit subconscient, contrôle environ 96% de nos vies et il opère nos vies à partir d'expériences apprises captées par l'accoutumance et l'observation qui sont stockées dans notre esprit. Fondamentalement, notre subconscient ne peut opérer notre esprit qu'à partir de ce qui est connu de notre esprit, c'est-à-dire ce qui est stocké dans sa mémoire.

Alors, la question est, qu'avons-nous emmagasiné dans notre subconscient? Quelles informations, quelles expériences avons-nous programmées dans notre esprit subconscient d'où de telles réponses à des questions difficiles de la vie peuvent provenir? Ce qui sort de nous en tant que réponse aux problèmes de la vie dépendra de ce que nous avons stocké dans notre esprit, de nos expériences passées, de ce que nous avons observé, appris et fait dans le passé, etc.

En quelques secondes, quand on m'a posé la question avant ma réponse, mon subconscient a parcouru les événements de ma vie, comment j'avais élaboré et géré les défis, les opportunités et les menaces. À ce moment-là, j'ai apprécié la puissance de l'esprit subconscient dans sa capacité à traiter 40 millions de bits de données par seconde, et il est devenu vraiment clair pour moi que "Pour savoir où nous sommes, nous devons d'abord savoir où nous avons été."

Si mon esprit subconscient avait été programmé avec un état d'esprit négatif (c'est-à-dire le modèle de pensée consistant à ne rien faire et à s'attendre à ce que quelque chose se produise) et à une approche de l'échec aux problèmes, alors la réponse qui sortira de moi ne sera en rien différente des expériences que je avaient emmagasiné dans mon subconscient, c'est-à-dire ce que j'avais programmé dans mon subconscient.

Comme souvent dit, vous ne pouvez pas donner ce que vous n'avez pas, c'est tellement vrai en déduisant de ce concept que l'esprit subconscient ne peut pas dévoiler ce qu'il n'a pas expérimenté, observé et appris. Il ne peut générer des modèles qu'à partir d'expériences stockées dans sa mémoire. Si notre vie est dépourvue d'expériences de surmonter les défis, l'état d'esprit gagnant et les habitudes de réussite, l'esprit subconscient ne peut pas créer de telles expériences, il ne peut se reproduire qu'à partir de ce qui est appris et stocké dans sa mémoire.

Cette expérience nous a fait comprendre que nous sommes davantage façonnés par la façon dont nous réagissons aux événements qui se produisent dans nos vies plutôt que par les événements eux-mêmes. Les Brown a dit un jour: «La vie est 10% de ce qui vous arrive, mais 90% comment y réagir.

Ce sont nos réponses aux défis et aux opportunités de la vie qui ont façonné ce que nous sommes devenus, donc chaque fois que nous sommes confrontés à une question telle que celle qu'on m'a posée, c'est de la collection d'expériences dans nos vies que notre vraie réponse viendra.

De plus, lorsque d'autres situations et opportunités difficiles dans la vie se manifestent dans nos vies, c'est aussi de la collection de toutes nos expériences précédentes que notre réponse naîtra dans ce cas. Cependant, là où le problème en question ne nécessite pas de réponse spontanée, notre esprit conscient prend les choses en main.

L'esprit conscient est créatif mais terriblement lent, il est un million de fois plus lent que l'esprit subconscient, et il ne peut traiter qu'environ 40 bits de données par seconde. L'analogie ici est que si notre subconscient qui apprend par accoutumance et qui est un million de fois plus puissant que notre esprit conscient ne peut pas proposer des réponses ou un plan d'action appropriés parce que les expériences apprises dans l'esprit subconscient sont sous-optimales, alors une telle personne l'esprit conscient sera très certainement incapable de répondre de manière créative au problème ou au défi.

La question est cependant de savoir quel genre d'expériences avons-nous eu dans notre passé? Comment avons-nous répondu aux problèmes et aux opportunités de la vie? Notre émotion a-t-elle contrôlé nos réponses et notre réaction aux défis et opportunités de la vie, ou nous sommes celui qui contrôle, mieux placé, est-ce que notre émotion nous contrôle ou est-ce que nous contrôlons nos émotions?

C'est une question à laquelle nous devons nous répondre honnêtement si nous voulons apporter des changements significatifs dans les circonstances de nos vies. Être honnête avec nous-mêmes en répondant à ces questions nous donnera l'occasion en or de mieux nous comprendre et d'acquérir une compréhension approfondie de notre vision du monde, de nos croyances et de la manière dont cela façonne nos vies.

En règle générale, si nous regardons autour de nous et que nous ne sommes pas satisfaits de ce que nous voyons dans nos vies, cela signifie que les choses doivent changer. Cependant, pour que les choses changent, nous devons changer, mais la question est: changer en quoi? Parce que si nous ne savons pas qui nous sommes, nous ne pouvons pas savoir où nous voulons aller ou vers quoi nous voulons changer.

Par conséquent, la première étape de ce processus est d'acquérir une compréhension approfondie de nous-mêmes, de qui nous sommes, de nos croyances et de la façon dont nous voyons la vie. C'est peut-être une question très difficile à nous poser, mais c'est quelque chose que nous devons faire, et la manière la plus simple de l'aborder est d'un point de vue inverse, c'est-à-dire de ne pas vous demander qui suis-je, mais de vous poser la question QUOI JE NE SUIS PAS. Si nous sommes honnêtes avec nous-mêmes dans cette approche, il est beaucoup plus facile de comprendre qui nous sommes à la fin du processus.

Pour ce faire, nous devons énumérer toutes ces qualités que nous ne sommes pas, toutes ces choses dont nous ne ressentons pas et nous évitons, après cela nous passons à examiner comment nous sommes par rapport à l'opposé de ces qualités négatives et commençons à venir. avec ces qualités qui définissent qui nous sommes. Si nous sommes vraiment honnêtes avec nous-mêmes dans cet exercice, nous obtiendrons une compréhension détaillée de qui nous sommes, de nos croyances, de ce qui nous motive et de la façon dont nous voyons et explorons le monde qui nous entoure.

Après avoir acquis cette compréhension et cette perception de nous-mêmes, ce que nous faisons avec la compréhension est ce qui déterminera notre succès dans la vie et un changement des circonstances désagréables autour de nous en quelque chose que nous désirons.

Le fait est que nous devons agir, l'action est le pont entre le succès et l'échec, c'est ce qui sépare les grands de l'échec, c'est ce que l'on appelle avoir un état d'esprit positif, c'est-à-dire croire que pour que quelque chose arrive, vous devez faites quelque chose pour que cela se produise, et sachez aussi parfaitement que rien ne se produit si vous ne faites rien.

Lorsque nous choisissons d'agir, il ne sera pas facile de changer ces habitudes négatives qui nous accompagnent depuis longtemps, probablement pour la plus grande partie de notre vie. Mais pour que les choses changent, nous devons les changer, nous devons être prêts à traverser les épreuves, la douleur et l'inconfort qui aligneront la voie du changement.

Lorsque nous continuons à avancer sans abandonner, alors à un moment donné, les choses commenceront à changer, ce n'est peut-être pas très évident au début, mais cela commence progressivement à apparaître et continue à devenir visible jusqu'à ce que cela devienne très évident. Et lorsque nous atteignons cet état, nous ne pouvons pas nous arrêter, nous devons continuer et continuer avec le nouveau mode de vie, car comme souvent noté, les bonnes habitudes sont difficiles à prendre mais faciles à perdre, tandis que les mauvaises habitudes sont faciles à prendre mais difficiles. perdre.

Par conséquent, nous devons continuer à travailler pour maintenir les bonnes habitudes. Chaque fois que nous arrêtons de travailler sur les bonnes habitudes, nous commençons à perdre les bonnes habitudes et les mauvaises habitudes commenceront à s'infiltrer car il n'y a pas de vide dans nos vies, nous devons le remplir consciemment avec ce que nous désirons.

Ce voyage de découverte de soi et de transformation est un must pour tous ceux qui s'efforcent de se réaliser dans leur vie, et ce n'est pas un processus ponctuel ou une pilule magique ou une formule miracle, mais plutôt un mode de vie.

Internet regorge ces jours-ci de tant de publicités pour des gains rapides en cinq étapes, ou une formule magique en trois étapes, mais la réalité est qu'il n'y a pas de gains rapides en cinq étapes ou de formule miracle, il n'y a que du travail acharné. Et rien n'est accompli sans le travail acharné et le travail acharné. Et c'est quelque chose que nous devons voir avec engagement et cohérence, en nous efforçant de nous redécouvrir continuellement au quotidien et de pousser à l'amélioration continue de nos vies. C'est en faisant cela que le vrai succès et l'épanouissement viendront.

Les grands ont atteint leur grandeur en adoptant cette approche simple, en vivant une vie de redécouverte et d'amélioration continue de soi. Les Japonais ont un mot pour ce concept appelé KAIZEN qui signifie de petites améliorations quotidiennes. Lorsque nous adopterons ce concept de petites améliorations quotidiennes dans notre vie, nos vies s'amélioreront sûrement et les choses iront mieux. Parce que dans la petite approche d'amélioration quotidienne, nous développons une culture d'amélioration quotidienne qui devient une habitude qui est enracinée en nous, alors nous finissons par nous voir faire les bonnes choses, cela va améliorer notre vie inconsciemment. Et parce que l'esprit subconscient contrôle environ 96% de nos vies, cela signifie que nous pourrions faire inconsciemment des choses 96% du temps de notre vie qui entraîneront une transformation de nos vies pour le mieux, et évidemment le succès viendra.

L'amélioration visible et soutenue de nos vies n'est pas un interrupteur de lumière, cela ne se produit pas en un instant, mais par un changement et une transformation progressifs. S'il s'agit d'une victoire instantanée, tout le monde gagnera et tout le monde disposera de 6 packs et de jets privés volants. Mais la dure réalité est que l'inverse est le cas. Il y a beaucoup plus de personnes qui échouent dans le monde que de personnes qui ont réussi dans leur métier.

Si nous examinons les statistiques de la répartition de la richesse mondiale, la moitié de la richesse nette mondiale appartient au 1% des plus riches du monde, et les 10% des adultes les plus riches détiennent environ 85% de la richesse nette mondiale tandis que les 90% les plus pauvres. de la population mondiale détient 15% de la richesse, et l'écart se creuse.

En déduisant de ces données, nous pouvons voir la distribution inégale flagrante de la richesse au sein de la population mondiale, ce qui devrait préoccuper tout le monde. Et l'écart se creuse parce que de plus en plus de gens passent dans la fourchette des échecs, à cause des habitudes qu'ils vivent inconsciemment qui sont à l'origine d'un mode de vie raté.

Le succès et l'échec sont tous dans l'esprit, c'est notre choix de réussir ou d'être un échec, et nous sommes entièrement responsables de l'endroit où nous tombons du côté de la médaille. Et où nous tombons dépend entièrement de ce que nous choisissons d'être et du type d'état d'esprit que nous avons choisi d'avoir, que ce soit un état d'esprit réussi ou un état d'esprit d'échec.

Lorsque nous développons un état d'esprit positif, un état d'esprit réussi, nous assumons le contrôle total de notre vie et croyons que nous sommes responsables de tout ce qui se passe dans notre vie, et notre vie est une somme totale de ce que nous choisissons de faire et de ceux que nous choisissons. ne pas faire, qui sont entièrement nos choix. Ainsi, lorsque nous avons la mentalité de croire que pour que quelque chose se produise dans notre vie, nous devons faire quelque chose d'aussi proportionné pour que la chose se produise, et c'est la mentalité du succès.

De cette façon, nous avons tendance à attirer ce que nous désirons dans notre vie parce que c'est ce à quoi nous mettrons notre énergie. Et comme nous continuons à faire cela, nous continuons à attirer ce que nous voulons dans nos vies et à reprogrammer notre esprit subconscient avec les habitudes du succès. Et quand cela se maintient au fil du temps, cela devient un point où nous faisons simplement les bonnes choses inconsciemment qui apportent le succès et la richesse dans notre vie.

D'un autre côté, la plupart des gens choisissent la solution apparemment facile, de ne pas avoir le contrôle de leur vie et de permettre à la vie de leur arriver, en raison de la façon dont leur subconscient a été programmé. En outre, ils n'ont fait aucun effort conscient pour changer le programme pauvre qu'ils ont reçu dans leurs premières années à leur vie d'adulte. Le fait cependant est que s'ils ne font pas l'effort conscient de changer les croyances apprises pauvres dans leur esprit subconscient, leur vie ne changera pas beaucoup, parce que les mêmes expériences continueront à produire les mêmes résultats.

Par conséquent, être dans un état médiocre n'est pas la fin du chemin et ce n'est pas non plus la fin du monde, nous pouvons tous changer notre situation à tout moment en changeant simplement notre système de croyance, en changeant ce que nous croyons de nous-mêmes, ce que nous pouvons accomplir et qui nous pouvons devenir. Puis faire tout son possible pour vivre cette croyance et devenir réellement cela, ce que nous croyons pouvoir devenir. C'est la transformation de la vie et c'est quelque chose que nous pouvons tous faire pour changer et améliorer nos vies.

Ce n'est pas impossible et il n'est jamais trop tard pour changer et réussir!

Vivez votre vie avec INTENTION

Demain est un autre jour

NOTRE ESPRIT N'EST PAS LIMITE

«Il n'y a aucune limite à ce que votre esprit peut accomplir, à ce que votre cœur peut accomplir et à ce que votre âme peut réaliser.» - Matshona Dhliwayo

Une fois, j'ai lu une histoire intéressante sur un type nommé «Johnny the Bagger». C'était un adolescent de 19 ans souffrant du syndrome de Down, qui a trouvé un emploi bénévole dans un supermarché pour emballer les achats des clients à la caisse.

Un mois après avoir accepté ce poste de bénévole, Johnny a assisté à l'événement de service à la clientèle du supermarché où le consultant / facilitateur de l'événement sur l'expérience du service à la clientèle a déclaré que tout le monde pouvait faire une différence et créer des souvenirs uniques pour leurs clients qui les inciteraient à revenir pour une répétition. acheter, en apposant sa signature personnelle, sa touche personnelle, sur son travail.

Quelques jours après l'événement sur l'expérience du service client, Johnny a engagé le consultant et a déclaré: «J'ai aimé ce dont vous avez parlé lors de l'événement du service client, mais au début, je ne pensais pas pouvoir faire quoi que ce soit de spécial pour mes clients, après tout je le suis juste un bagger. Puis j'ai eu une idée, tous les soirs après le travail, je rentrerai chez moi et trouverai une pensée pour la journée, puis je l'installerai sur mon ordinateur et produirai plusieurs tirages sur une page pour économiser du papier qui fait partie de ce que vous nous avez mentionné au événement que nous devrions essayer de toujours utiliser les ressources de manière appropriée. Ensuite, j'imprimerai plusieurs copies de ceux-ci, puis je découperai chacune des impressions sur la page. Après cela, je signerai mon nom au dos de chaque impression et je les emmènerai au travail le lendemain.

Lorsque j'ai fini de mettre les produits d'épicerie de quelqu'un en sac, je mets ma pensée du jour dans son sac et lui dis: «Merci d'avoir magasiné avec nous!» Je ne savais pas quel impact cela allait avoir mais je ne faisais que suivre vos conseils de mettre ma signature personnelle et ma touche personnelle sur mon métier pour enrichir l'expérience client des achats au supermarché.

L'innovation de Johnny était nouvelle et révolutionnaire et cette action singulière a tellement durci les clients du supermarché que tout le monde dans la ville parlait de leur expérience avec Johnny the bagger. Et plusieurs stations de radio de la ville parlaient également des expériences des clients des supermarchés avec Johnny the Bagger à l'antenne. les nouvelles sont donc devenues virales dans toute la ville et dans tout le pays.

L'action de Johnny a tellement touché les clients que beaucoup d'entre eux voulaient une expérience répétée, et cela a également attiré beaucoup de nouveaux clients qui voulaient vivre la même expérience avec «Johnny the Bagger». En fait, plusieurs clients ont déclaré qu'ils retournaient souvent au supermarché et achetaient quelque chose simplement parce qu'ils voulaient que Johnny l'ensacheuse réfléchisse pour la journée. Et cette action singulière a entraîné une augmentation du chiffre d'affaires des supermarchés de plus de 300% en seulement 90 jours.

Examinons cela de manière critique, Johnny avait un travail que la plupart des gens considéreraient comme sans importance, et probablement la moindre avenue ou opportunité d'avoir un impact positif sur les clients, mais il n'a pas permis à la société de penser au type de travail qu'il avait d'influencer son attitude envers son travail. , plutôt il a atteint en lui-même et a rendu son travail important en créant de précieux souvenirs pour tous ses clients, et ce faisant, il a changé la culture de travail dans l'épicerie en incitant les autres employés à croire en eux et à faire preuve de créativité pour donner plus à leurs clients que les clients attendent dans leur sphère d'influence immédiate.

Johnny a scellé chaque centimètre de son contact avec les clients du supermarché avec son expérience personnelle, en apposant sa signature personnelle sur chaque interaction et en faisant un choix positif concernant sa responsabilité personnelle et son engagement à fournir un service sincère à chaque occasion.

Il avait un état d'esprit positif et croyait que, pour faire changer quelque chose et créer une expérience durable et positive pour les clients du supermarché, il devait personnellement faire quelque chose qui touchera le cœur des clients et créera une expérience positive durable pour les clients du supermarché.

J'ai été profondément ému par cette histoire vraie, à cause de l'impact positif créé par cette action simple et singulière. Considérons cela, il y avait tellement de membres du personnel à l'événement d'expérience du service client du supermarché qui ont écouté le même message du consultant du service client que Johnny a entendu, mais il n'y avait que Johnny, un personnel bénévole, un jeune adolescent de dix-neuf ans souffrant de Syndrome de Down lié au message de l'animateur et a choisi de faire quelque chose d'innovant et de remarquable sur l'apprentissage qu'il a reçu lors de l'événement du service à la clientèle du supermarché.

Johnny a entendu le même message que d'autres ont entendu, il avait un travail que beaucoup considéraient comme sans importance, il souffrait du syndrome de Down, mais malgré tous ces revers et difficultés, il n'a pas été dissuadé ou retenu de faire une différence. Il a utilisé tout ce qu'il avait pour créer son propre miracle et se rendre pertinent et valorisé.

Pour accomplir cet exploit, la pensée et l'idée auraient commencé avec la croyance en lui-même qu'il peut faire une différence, et qu'en dépit de sa condition, il est toujours béni avec des dons qu'il peut utiliser pour avoir un impact sur son monde et toucher la vie de gens. Et la croyance de Johnny en lui-même s'est réalisée pour lui parce qu'il a fait une différence.

Il a apporté de la joie et une lueur d'espoir dans la vie des gens et, ce faisant, il a transformé la fortune du supermarché. Le supermarché a enregistré une augmentation de trois cents pour cent (300%) de son chiffre d'affaires sur une période de quatre-vingt-dix jours (90 jours), un exploit que toute l'équipe de vente et de marketing du supermarché, composée de personnes valides, expérimentées et très instruites, n'a pas pu accomplir. , pourtant un personnel bénévole, un jeune garçon de 19 ans atteint du syndrome de Down a accompli cet exploit, de manière efficace, autonome et avec un budget pratiquement nul. Pour moi, c'est un miracle!

En regardant d'un œil critique l'histoire de Johnny l'ensacheuse, cela fait ressortir encore plus que le succès dans la vie n'a rien à voir avec votre état, votre emplacement, votre lieu de naissance ou avec qui vous êtes né, mais cela a tout à voir avec ce que vous choisissez de faire avec votre don de Dieu.

Nous avons vu de nombreux exemples de scénarios similaires, de réalisations remarquables de personnes confrontées à des défis de vie difficiles comme Stephen Hawking, Beethoven et d'autres. Par exemple, celui de Stephen Hawking qui, malgré la maladie dégénérative, était considéré comme l'un des plus grands génies qui aient jamais vécu sur terre, avec plus de 7 découvertes importantes qui ont façonné notre compréhension de l'univers.

En regardant la vie de ces personnes performantes, nous expliquons davantage le fait que les personnes qui réussissent ne se soumettent pas aux obstacles et ne succombent pas non plus à des situations qui semblaient limitantes, mais se concentrent plutôt sur des objectifs et continuent de travailler sur leurs objectifs pour réussir. La limitation est du corps, et non de l'esprit, l'esprit peut être la porte d'entrée vers le mur illimité ou impénétrable de la limitation, tout dépend de la manière dont nous utilisons notre esprit.

Nos pensées sont les éléments constitutifs de notre esprit et elles sont innombrables, nos pensées peuvent voyager dans n'importe quel coin de l'univers à la vitesse de la lumière, la puissance et la portée de notre esprit sont en effet étonnantes. Cependant, nous réalisons rarement le plein potentiel des deux grands cadeaux qui nous ont été accordés par la nature, notre esprit et notre corps. Nous nous sommes seulement conditionnés à les utiliser comme un moyen d'obtenir un bonheur immédiat et non pour l'essence même de la créativité et de l'expression extérieure.

Cette preuve claire a été démontrée à maintes reprises comme nous l'avons vu dans la vie de grands comme Vincent Van Gogh, Marla Runyan, Frida Kahlo, Christy Brown, John Nash, Hellen Keller, Franklin Delano Roosevelt, Stevie Wonder, qui tous souffraient d'une forme de handicap, mais ont continué à atteindre la grandeur de la vie parce qu'ils refusaient d'accepter la limitation supposée du handicap.

Nous pouvons apprendre beaucoup de la vie de Johnny the Bagger, et nous n'avons vraiment aucune excuse pour ne pas réussir. Si Johnny peut le faire, si Stephen Hawking peut le faire et devenir grand malgré leurs conditions, alors nous n'avons aucune excuse.

C'est vraiment une ironie que vous voyiez des hommes et des femmes valides prétendant avoir la foi mais gaspillant leur vie à chercher des miracles ou de la magie pour réussir dans la vie, alors qu'ils ont déjà avec eux tout ce dont ils ont besoin pour réussir dans la vie, mais ils ne le sont pas. juste en l'utilisant. Au contraire, ils passent les heures les plus productives de leur vie à attendre que quelqu'un, un supposé chef spirituel, leur dise de simples mots ou des histoires qu'ils réussiront dans la vie, et ils continuent à croire ces mots et à faire les mêmes choses médiocres qu'ils ont faites et auxquelles ils s'attendent. le succès viendra… La question est de savoir comment?

Albert Einstein a noté un jour que «la folie fait quelque chose encore et encore et s'attend à un résultat différent» Le fait est que vous n'avez besoin de personne pour vous dire que vous pouvez réussir, vous n'avez besoin de la confirmation, de la prière ou bénédiction supposée, leurs paroles ne sont que de simples mots.

Tout ce dont vous avez besoin pour réussir est de croire en vous, de découvrir vos dons, de travailler dessus et de l'utiliser pour bénir ce monde avec un service, et les gens vous paieront pour cela. Et plus vous pourrez servir les gens, plus les gens seront prêts à payer pour le service. C'est ainsi que les gens prospères et riches deviennent prospères et riches, ce n'est ni par magie ni par chance, mais par un travail acharné et en offrant quelque chose de valeur au monde, pour lequel le monde est prêt à payer.

La richesse est tout autour de nous; il nous appartient entièrement d'attirer les richesses que nous recherchons. Et attirer la richesse vient de la valeur que nous apportons à la vie des autres, car c'est pour cela que les gens vont payer, et ce que les gens seront prêts à payer sera à la mesure de la valeur que nous apportons à leur vie, à travers notre produits et services.

Penser de manière créative et proposer un service pour bénir la vie des autres et offrir ce service à travers les œuvres de nos mains est ce qui ne peut que nous attirer la richesse. Comme souvent dit, l'intention ne définit pas la direction, et l'espoir ne définit pas non plus la direction. Le succès n'est atteint qu'en définissant consciemment la bonne direction et en marchant dans la direction avec intention, et aussi grâce à une série de bons choix et de bonnes décisions non seulement en faisant les bonnes choses, mais aussi en faisant les choses correctement et en évitant de faire les mauvaises choses. Le succès ne vient jamais de l'espoir, du destin ou des vœux pieux; ce n'est que l'échec qui est garanti provenir de tels schémas de pensée.

Le fait étonnant est qu'il y a encore tellement de gens qui passent encore leur vie à espérer et à attendre le succès et la richesse leur viendra d'une manière ou d'une autre, et c'est triste. L'ironie est que vous verrez cette tendance comportementale dans une famille transmise d'une génération à l'autre et que le cycle de l'échec et de la pauvreté se répète dans la famille à travers leurs générations.

Cela renforce encore le fait statistique expliqué en détail, dans le livre à succès Rich Dad, Poor Dad de Robert Kiyosaki que «si vous êtes né pauvre, vous avez une probabilité plus élevée de mourir pauvre, et si vous êtes né riche, vous ont une probabilité plus élevée de mourir riche, parce que ces croyances sont transmises de génération en génération.

Les familles pauvres transmettent à leurs enfants une mentalité et des habitudes de pensée médiocres, et elles à leur tour à leurs propres enfants et le cycle continue, parce que les habitudes infructueuses sont programmées dans l'esprit subconscient de l'enfant. Et parce que l'esprit subconscient contrôle environ 96% de tout ce que nous faisons dans nos vies, il soutient que 96% du temps de la vie de cette personne, ils font inconsciemment des choses qui aboutiront à une vie infructueuse et pauvre.

De plus, même lorsqu'une telle personne est brillante sur le plan académique, la mentalité de pauvreté et les habitudes de son subconscient qui contrôlent environ 96% de tout dans sa vie, et cela continuera à les amener à faire des choses qui conduisent à la pauvreté, comme une mauvaise planification économique et décisions d'investissement. Même lorsqu'ils essaient consciemment de faire les bonnes choses, ils finissent 96% du temps de leur vie à faire les mauvaises choses inconsciemment qui saboteront tout effort conscient qui aurait pu prendre.

Les habitudes acquises dans l'esprit subconscient peuvent être extrêmement difficiles à changer, et lorsque les gens ne changent pas consciemment ce programme, ils finissent par vivre avec l'état d'esprit de pauvreté et le transmettent à la génération suivante, et ils à leur tour à une autre, et c'est ainsi que le cycle des habitudes d'échec et d'échec se transmet d'une génération à l'autre, à moins que quelqu'un rompe consciemment la chaîne et change l'état d'esprit de la pensée.

La bonne nouvelle est que n'importe qui peut briser cette chaîne de pauvreté, et n'importe qui peut reprogrammer son subconscient pour réussir en changeant sa façon de penser. N'oubliez pas que la seule différence entre les personnes qui réussissent et celles qui échouent est leur façon de penser. Les pauvres sont pauvres parce que leur pensée est pauvre, et les riches sont riches parce que leur pensée est riche.

Pensez à des pensées riches et vivez une vie riche, vous avez déjà tout ce qu'il faut pour le faire.

Vivez votre vie avec intention

Demain est un autre jour!

VOTRE VIE EST FAITE DE VOS CHOIX

"Vous pouvez demander une épaule plus solide pour porter des charges plus lourdes ou vous pouvez demander une charge plus légère, le choix vous appartient" - Tom Bileyu

Notre vie est entièrement composée de nos choix, c'est la somme de tous les choix que nous avons faits et de la façon dont nous avons fait ces choix. C'est clairement le reflet exact des choix que nous avons faits, c'est-à-dire des choses que nous choisissons de faire et de celles que nous choisissons de ne pas faire. Et pour les choses que nous choisissons de faire, la façon dont nous choisissons de les faire est également l'un des principaux facteurs qui nous définissent. En résumé, c'est le reflet de la personne que nous sommes, de nos croyances, de notre état d'esprit et généralement de notre orientation vers la vie.

Pour mieux comprendre cela, examinons notre vie et réfléchissons aux choix que nous avons faits qui ont conduit au cours des actions que nous avons prises, qui sont essentiellement ce qui nous a amenés là où nous en sommes actuellement. Tous ces choix reflètent nos croyances et notre vision du monde, qui sont essentiellement ce qui nous définit comme qui nous sommes et comment nous voyons le monde.

Par conséquent, si vous regardez votre vie maintenant et que vous n'êtes pas satisfait de votre situation actuelle, il est tout à fait évident que vous ne serez pas vraiment heureux avec vous-même en tant que personne, car votre vie est le reflet de qui vous êtes. est une image miroir des choix que vous avez faits et de la manière dont vous avez exécuté ces choix.

Votre état de vie vous dit exactement qui vous êtes, et cela implique que, si vous voulez que votre situation de vie change, alors vous devez d'abord vous changer. Et ce n'est qu'après vous être changé que votre vie peut commencer à changer. Et votre vie ne peut changer qu'au niveau auquel vous vous êtes changé. C'est la seule façon dont les choses peuvent changer et les situations peuvent s'améliorer, tout commence avec vous et se termine avec vous.

Notre vie est un résumé de tous les choix que nous avons faits, qui nous appartiennent entièrement, et entièrement nos décisions. Et un facteur majeur qui influence les choix que la plupart des gens font dans leur vie, ce qu'ils choisissent de faire et de ne pas faire, c'est que la plupart des gens regardent leur passé pour décider qui ils sont et ce qu'ils peuvent être dans le futur. Ils regardent leur lignée familiale et l'environnement qui les entoure, pour décider ce qu'ils peuvent être, et ils continuent à faire des choix qui les confinent à ce qu'ils ont vu et où ils se sont dit qu'ils pouvaient être.

Ils utilisent les problèmes, les souffrances, les frustrations et les insuffisances qui les entourent pour se forger une opinion d'eux-mêmes et décider de qui ils peuvent être. Ils ne comprennent pas que, quoi qu'il se soit passé dans leur passé, les circonstances et les frustrations, leur histoire générationnelle familiale, tout cela n'est pas eux. Ils n'ont pas à reprendre cette identité ou à continuer dans l'histoire déplaisante et à en faire leur histoire, ils ont plutôt tout ce dont ils ont besoin pour changer l'histoire et réécrire une nouvelle histoire pour eux-mêmes.

Ils ont peut-être échoué individuellement dans leurs actions et tentatives de choses, mais cela ne fait pas d'eux un échec, ils n'ont échoué que dans ce qu'ils ont tenté, et pourquoi ils se considéraient comme un échec était parce qu'ils se sont arrêtés à la tentative ratée et qu'ils ont cessé d'essayer. Mais quand vous n'arrêtez pas, mais que vous continuez d'essayer, le succès viendra un jour, comme souvent dit, une ébullition infinie ramollira une pierre.

Bien que le succès puisse être extrêmement difficile, il est simple. C'est simple parce qu'il suffit de suivre les mêmes principes que chaque personne qui réussit a suivi pour réussir.

Le fait est que chaque personne qui réussit a échoué à un moment donné de sa vie, en fait, elle a échoué beaucoup plus de fois que les personnes qui échouent, la seule raison pour laquelle elle a réussi était parce qu'elle n'a jamais cessé d'essayer, elle a continué à repousser les limites jusqu'à ce qu'elle réussisse.

L'échec est l'occasion d'apprendre ce que nous ne savions pas encore sur notre métier, puis d'appliquer les nouvelles connaissances acquises pour améliorer encore le métier et être meilleur et plus intelligent dans ce domaine. Le fait est que nous apprenons plus de nos échecs que de nos succès, c'est donc en période d'échec que nous développons la ténacité et la force de caractère pour devenir une meilleure version de nous-mêmes.

Tant de gens utilisent leurs expériences passées pour décider qui ils peuvent être dans la vie, et en tant que tels, ils abaissent leurs attentes pour la vie à cause de la douleur et des frustrations de ces expériences passées. Et c'est généralement parce qu'ils ne comprennent pas que les problèmes, la souffrance, les frustrations, les insuffisances et la pénurie autour d'eux sont de les endurcir et de les préparer à la bonne vie qu'ils peuvent commencer à se créer. Mais malheureusement, ils ne voient pas cela, ils ne comprennent pas que c'est dans la douleur et les difficultés qu'ils peuvent développer la résilience, le courage et la force de caractère pour s'élever et s'épanouir.

Comme l'a fait remarquer Robert Horry, "la pression peut faire éclater les tuyaux, mais elle peut aussi produire des diamants". Ainsi, toutes les difficultés, frustrations et défis qui nous entourent sont de nous rendre forts et de faire ressortir le meilleur de nous. Ce n'est pas pour nous faire baisser la barre ou abaisser nos attentes sur la vie, mais plutôt pour nous renforcer et nous doter de la discipline et de la ténacité pour réussir et gérer le succès.

Les gens qui réussissent comprennent que, le moment de la pression et de l'échec est celui où ils apprennent le plus et développent la force de caractère pour rester disciplinés et concentrés sur leur objectif. Et aussi, pour développer une compréhension de leurs insuffisances, et commencer à travailler pour les améliorer.

Ils comprennent que leur chemin à travers cette saison d'immenses pressions consiste à les transformer en diamant, à façonner leur force de caractère et à renforcer leur discipline mentale, car même lorsque le succès vient, vous avez besoin de la discipline mentale pour gérer et maintenir le succès. Succès transitoire, c'est le succès qui va et vient, c'est comme un mirage, et ce n'est pas le vrai succès, le vrai succès est la capacité à réussir et à maintenir le succès.

Les personnes qui réussissent ne regardent pas leur passé, leur environnement, la tâche impliquée ou à quel point l'objectif semble impossible; ils développent plutôt la mentalité des performants et restent concentrés sur leur objectif et continuent à travailler dur pour y parvenir. Et croyant qu'ils peuvent atteindre leurs objectifs, parce que pour eux, tout est possible si vous pouvez mettre la bonne quantité de travail acharné et la concentration nécessaire pour y arriver.

Ils savent que la réalisation de leur objectif sera difficile, difficile et douloureux, mais ils comprennent que la douleur qu'ils traversent est transitoire et, comme Lance Armstrong l'a déjà noté, «la douleur peut durer une minute, une heure, un jour ou plus, éventuellement il s'apaise et quelque chose d'autre prend sa place ». Et c'est généralement le succès auquel nous aspirons et pour lequel nous travaillons qui occupe l'espace après la douleur. Ainsi, lorsque les gens qui réussissent traversent la douleur, ils savent que «le but de la douleur est de nous faire passer à l'action; ce n'est pas pour nous faire souffrir », comme l'a déjà noté Tony Robbins.

Le fait est que si nous avons un état d'esprit positif, une compréhension claire de notre objectif et une forte résilience mentale, nous ne pouvons voir le but de la douleur que comme un appel à nous faire passer à l'action et non à nous faire souffrir, car lorsque la douleur et les difficultés s'installe, dans la cause de travailler vers notre objectif. C'est cette compréhension de la récompense potentielle que notre objectif peut nous apporter et de son impact sur le monde qui nous entoure qui devient généralement la motivation intrinsèque, pourquoi les personnes qui atteignent leurs objectifs et leurs rêves n'abandonnent pas face à la douleur et aux difficultés. le voyage pour atteindre l'objectif.

Les personnes qui réussissent ne se concentrent pas sur la douleur et la souffrance qu'elles endurent dans leur quête pour atteindre leurs objectifs. Ce n'est pas que les douleurs ne soient pas là ou qu'ils y soient immunisés, ils ressentent la douleur comme tout le monde, mais ils ont seulement résolu de se concentrer uniquement sur leur objectif plutôt que sur la douleur et la souffrance le long du chemin menant au but.

C'est comme demander une épaule plus forte pour porter une charge plus lourde, c'est-à-dire avoir la résolution de résister à la douleur et aux difficultés tout au long du voyage vers le but. Et demander une force de caractère, de discipline et de résilience plus forte pour affronter la douleur et ne pas abandonner face aux défis et aux épreuves.

Les gens qui réussissent choisissent de demander une vie difficile et disciplinée plutôt que de choisir une vie facile, indisciplinée, errante et paresseuse, car ils comprennent que la discipline, est le fruit de la mentalité de champion, et que les objectifs ne peuvent être atteints sans discipline; les rêves ne deviendront pas réalité, et il n'y a pas de grandeur sans discipline.

Pour ceux qui réussissent, la série de choix qu'ils ont faits, est née de leur détermination à réussir, et parce qu'ils savent que le vrai succès n'est pas facile. Par conséquent, ils ont décidé de traverser les moments difficiles, de demander une épaule plus solide pour porter une charge plus lourde, croyant que le travail acharné et les longues heures de travail, et faire un effort supplémentaire sont tous les attributs clés du succès.

Contrairement aux échoués qui sont toujours à la recherche de «raccourcis» «légers», de «réponse instantanée», de «formule magique» et de «formule miracles», etc. Ils ne réalisent pas que tout cela n'existe pas, ce ne sont que des fantasmes. Il n'y a pas de raccourcis vers le succès et le succès n'est pas né de la chance mais du travail acharné, de l'engagement et de la constance à faire ce qu'il faut pendant assez longtemps pour donner naissance au succès.

De plus, l'état d'esprit myope de l'échec, en croyant aux raccourcis, aux formules magiques, etc., vers le succès est né de la paresse et de l'indiscipline, parce qu'ils ne peuvent pas s'engager dans la discipline, pour nourrir leur idée de la graine à la maturité plutôt, ils croient que fausse illusion de quelque chose quelque part ou d'un esprit ou d'un génie transformant miraculeusement leurs idées faibles, paresseuses et mal pensées en un succès instantané. Et la triste vérité est qu'ils portent cette illusion à travers la partie utile de leur vie jusqu'à ce que quelque chose de catastrophique les sort de leur sommeil ou de leur état crédule.

La question est cependant: pourquoi les gens attendent-ils que la tristesse, la douleur et la souffrance les amènent à changer? Pour changer de mode de vie pauvre et paresseux, pour commencer à faire quelque chose de réel et productif de leur vie. Comme le dit le Dr Joe Dispensa, «Vous pouvez choisir de changer dans un état de joie et d'inspiration, ou vous pouvez choisir de changer dans un état de douleur et de souffrance, le choix vous appartient» mais à un moment donné, nous devons tous changer pour les choses Si tel est le cas, pourquoi attendre de changer dans un état de douleur et de souffrance?

C'est vraiment une ironie que beaucoup de gens attendent que les douleurs, les frustrations et les difficultés de leur vie deviennent insupportables avant de se réveiller et de commencer à changer certaines choses dans leur vie. La question est pourquoi attendent-ils jusqu'à ce stade de leur vie? Le seul fait évident à cela peut être attribué à la paresse mentale et à la mentalité négative, c'est-à-dire qu'ils croient consciemment ou inconsciemment que quelque chose peut arriver pour transformer leur vie pour le mieux à partir de rien, ce qui ne peut être rien d'autre que d'être délirant.

En règle générale, les gens n'aiment pas changer en raison des efforts nécessaires pour que le changement se produise, ils ont donc toujours la mentalité négative de croire que «quelque chose peut arriver sans qu'ils ne fassent quoi que ce soit» sans mettre l'accent et le travail acharné nécessaires pour faire bouger les choses, mais en croyant simplement que d'une manière ou d'une autre, quelque chose se produira. Et ils continuent à tolérer la situation désagréable de leur vie jusqu'à ce qu'elle arrive à une situation insupportable, qu'ils sont alors obligés de changer. Mais comme le changement est inévitable et constant pour tout le monde, alors pourquoi changer dans un état de douleur et de souffrance? Et la triste vérité est que c'est l'état où la majorité des gens changent.

Comme CS Lewis l'a dit un jour, «les épreuves préparent souvent les gens ordinaires à un destin extraordinaire» Nous sommes tous créés comme des hommes ordinaires, tous créés égaux à la naissance et tous dotés de dons et de talents uniques pour créer les expériences que nous voulons dans nos vies, et dans ce monde. Nos cerveaux ont tous été créés de la même manière à la naissance, mais conditionnés et entraînés différemment à mesure que nous grandissons.

Par conséquent, ce que nous attirons à nous-mêmes dépend des défis que nous choisissons de relever et des obstacles que nous choisissons de surmonter. Ainsi, nous pouvons soit demander une épaule plus solide pour porter une charge plus lourde, soit demander une charge plus légère, le choix nous appartient.

Un vieux proverbe africain dit: "pendant que vous couchez votre lit, vous dormirez dessus" c'est-à-dire que c'est le genre de défis que vous choisissez de surmonter qui déterminera le niveau de rendement potentiel que vous obtiendrez. C'est ce que vous choisissez de semer qui déterminera ce que vous êtes susceptible de récolter. Vous ne pouvez pas vivre une vie médiocre, faire face à la mauvaise pensée et aux défis médiocres et espérer vivre une vie formidable, ce sera une impossibilité et une pure illusion, car comment et d'où viendra la grandeur?

Si vous regardez votre vie maintenant, où vous êtes est exactement le genre de vie que vous avez créée pour vous-même, c'est une somme du choix que vous avez fait et de la façon dont vous avez exécuté ces choix. Si c'est une vie infructueuse de pauvreté et de misère, vous l'avez créée, vous l'avez créée et vous en êtes totalement responsable. Et tout comme vous l'avez créé, VOUS POUVEZ LE DÉCREER en changeant votre état d'esprit et vos systèmes de croyance.

Si vous changez votre état d'esprit pour un état d'esprit positif de croire que rien ne se passe sans quelque chose, sans engagement, travail acharné, persévérance et que vous continuez à croire en vous que vous êtes celui qui contrôle votre vie et que vous pouvez atteindre vos objectifs, alors vous y parviendrez si vous y croyez assez longtemps et que vous n'avez pas abandonné vos objectifs. Et vous continuez à persévérer face aux épreuves, à la douleur et aux difficultés, car ce sont des ingrédients nécessaires grâce auxquels le succès naît.

Pour réussir dans la vie, il suffit de changer notre état d'esprit, de l'état d'esprit d'échec et d'échec à celui de réussite en créant des habitudes, puis de commencer à faire les mêmes choses que ceux qui réussissent, c'est-à-dire de travailler les mêmes principes de réussite, chaque personne réussie a utilisé. Travailler ces principes avec engagement, cohérence et persévérance. Et si vous restez assez longtemps à faire ces choses, le succès viendra sûrement un jour.

Rappelez-vous que les gagnants n'abandonnent pas et ceux qui quittent ne gagnent jamais.

Vivez votre vie avec INTENTION

Demain est un autre jour!

VOTRE EGO FAÇONNE VOTRE VIE

"La seule différence entre les commentaires et les critiques est la façon dont vous les entendez" - Tim Grover

Selon Tim Grover (ancien Michael Jordan Trainer), les commentaires et les critiques véhiculent les mêmes mots, qui peuvent être durs ou doux selon le donneur, ce qui est important c'est comment nous l'entendons et comment nous l'entendons dépend de notre état d'esprit.

Les commentaires et les critiques font partie de notre vie quotidienne, bien que la plupart du temps ils ne soient pas sollicités, mais nous recevons toujours des commentaires ou des critiques presque tous les jours de notre vie et nous ne pouvons y échapper, que nous réussissions ou non dans notre métier. Cependant, lorsque vous réussissez et que vous êtes au sommet de votre art, les commentaires ont tendance à être plus sollicités.

Notre état d'esprit détermine la façon dont nous entendons les observations / commentaires, c'est-à-dire sous forme de rétroaction ou de critique. La rétroaction peut être constructive;

auquel cas il est considéré comme positif et négatif s'il est considéré comme critique. Cependant, cette classification est entièrement dépendante de nous, elle dépend de ce que nous choisissons de voir dans les commentaires, que ce soit le côté positif ou négatif. Et c'est ce choix qui est le nôtre, ce que nous choisissons de voir dans les commentaires qui déterminera ce que nous choisissons pour classer le commentaire.

Lorsque nous abordons un problème avec un état d'esprit positif, nous avons tendance à voir le côté positif des choses dans le problème, même lorsque l'observation / le commentaire qui nous est donné semble sévère, nous nous concentrerons sur la substance du message et moins sur la façon dont il a été livré. Bien que la manière dont il a été délivré puisse être douloureuse, nous restons concentrés sur la substance du message et essayons de le comprendre profondément pour voir ce que nous pouvons adopter et changer dans notre vie.

Lorsqu'une personne a une attitude négative envers un problème, la manière dont elle recevra le commentaire sera très probablement négative, même si elle est donnée de manière douce et calme et sous une forme constructive. La substance du message sera très probablement reçue des perspectives négatives et en tant que telles, ils passent à côté de la substance clé du message.

Cependant, lorsque nous nous concentrons sur la recherche de quelque chose qui ne va pas dans la manière dont il a été communiqué qui est généralement influencé par l'ego de la personne, nous manquons l'élément du message, cela peut être comparé à un scénario de "tirer sur le messager parce que vous n'aime pas le message ".

Lorsque nous abordons les problèmes avec une mentalité négative, nous manquons tout le côté positif du problème et ne voyons que le négatif, et tout ce qui ne va pas. Mais le fait est que toutes les grandes réalisations qui ont eu lieu dans ce monde ne sont jamais arrivées sur un plateau d'or, elles ont toutes été enveloppées de douleur, de difficultés et de tant de défis négatifs.

En outre, tous les grands qui ont donné naissance à ces réalisations marquantes l'ont fait en prenant positivement les commentaires, en tirant des leçons et en utilisant les connaissances pour améliorer leur métier. Ils n'ont pas permis aux critiques négatives émises par certaines personnes de les distraire et de les dissuader, ils ont plutôt cherché le fond de leur critique et se sont concentrés uniquement sur les questions clés contenues dans le message. Ils filtrent continuellement les éléments négatifs des critiques jusqu'à ce qu'ils réalisent leur objectif, et même lorsque l'objectif est atteint, ils continuent à améliorer leur art pour créer plus de succès.

Dans la vie, lorsque nous recevons des retours ou des critiques et que nous devenons sur la défensive, tout ce que nous verrons, ce sont les négatifs, et nous manquerons tous les points et opportunités précieux dans de tels commentaires et la chance que cela pourrait nous laisser présager de devenir une meilleure version de nous-mêmes. , en apprenant de la substance clé de la rétroaction, puis en l'appliquant de manière positive pour améliorer nos vies.

Les réussis sont ouverts aux commentaires; ils en tirent des leçons et s'en servent pour s'améliorer et améliorer leurs offres au monde. Même lorsqu'il s'agit d'une critique, ils choisissent de voir la critique comme une rétroaction, et ils l'utilisent comme une lentille pour voir leur monde à travers les yeux d'autres personnes. Ainsi, lorsque les critiques sont même fortement négatives, ils s'efforcent de filtrer tous les négatifs et de se concentrer sur le message important de la critique et de l'utiliser à leur avantage pour s'améliorer et améliorer leurs offres.

Un fait bien connu est que les succès ont tous appris plus de leurs échecs que de leurs succès, et c'est généralement lorsque les choses ne vont pas très bien que nous avons tendance à avoir des retours. De plus, l'échec lui-même est une forme de retour d'information pour nous, sur ce que nous n'avons pas bien fait mais que nous aurions pu faire mieux ou les pièges que nous aurions pu éviter. Le point ici est que notre échec nous apprend plus que nos succès, et c'est à travers la douleur des échecs que nous développons notre force de caractère et notre humilité.

Si les réussis avaient ignoré la leçon de leurs échecs et les éléments clés des retours et des critiques reçus, ils n'auront probablement jamais été parmi les plus réussis et les plus grands. Le monde n'a peut-être jamais su qu'ils étaient ici sur terre parce que le monde n'a aucun souvenir des échecs, parce que c'est comme s'ils entraient et sortaient tranquillement de ce monde sur la pointe des pieds.

Les échecs ont une approche totalement différente de la rétroaction, pour eux, la critique et les commentaires constructifs sont tous considérés comme des critiques, car ils ne se concentrent que sur les négatifs. Et parce que c'est ce sur quoi ils se concentrent, c'est devenu tout ce qu'ils voient.

Ils sont toujours résistants et négatifs à toute rétroaction, car ils considèrent que le feedback leur présente une image miroir d'eux-mêmes dont ils sont dans le déni, et plutôt que de voir la vraie image d'eux-mêmes, et de voir ce qu'ils doivent changer à leur sujet, le les améliorations requises et les étapes à franchir pour amener le changement, ils restent aveugles à l'opportunité et ratent l'occasion de s'améliorer, et en tant que tels ils restent dans les mêmes situations malheureuses et insatisfaisantes qu'ils ont toujours été .

Les personnes négatives ont généralement un état d'esprit fermé et ne voient rien d'autre que leur propre vision du monde. Par conséquent, ils vivent une vie d'isolement mental et ils n'ont pas l'occasion de découvrir le monde magnifique des interactions ouvertes et franches de leurs pairs et amis, car les gens leur diront souvent ce qu'ils veulent entendre et jamais ce qu'ils ont besoin d'entendre pour devenir un meilleure version d'eux-mêmes.

Franchement, les esprits infructueux ne font jamais vraiment l'expérience du monde réel qui les entoure, ils vivent une vie de médiocrité et ne sont jamais vraiment heureux et épanouis, car ils ratent l'occasion de devenir une meilleure version d'eux-mêmes et l'occasion de créer et de vivre le genre de vie qui peut avoir un impact positif sur le monde qui les entoure et, ce faisant, créer du succès pour eux-mêmes.

L'ironie est cependant, pourquoi quelqu'un choisira-t-il ce style de vie laid, alors qu'il peut vivre la vie d'être un esprit de réussite, où il peut s'épanouir et trouver la joie. Une vie dans laquelle ils peuvent profiter d'une interaction vraie et honnête avec leurs pairs et le monde qui les entoure et découvrir ce monde magnifique dans son ouverture et sa franchise.

Cela n'exige évidemment pas une science fusée pensant que tout le monde devrait désirer une vie positive pour lui-même, alors la question est de savoir pourquoi la majorité des gens s'accrochent encore au mode de vie pauvre et infructueux qui s'est ancré le long de leur lignée générationnelle familiale, alors que peuvent-ils choisir d'avoir une vie belle et réussie?

Si nous examinons la vie de ceux qui n'ont pas réussi de manière critique, l'un des problèmes responsables du comportement d'esprit négatif par rapport à la façon dont ils reçoivent des commentaires et des critiques est leur ego. L'ego est généralement défini comme le sens de l'estime de soi ou de l'importance de soi d'une personne, ou comme le sentiment d'une personne de sa propre valeur.

La question clé ici est, c'est leur propre définition de leur valeur personnelle, comment ils se perçoivent et ce qu'ils perçoivent comme étant leur valeur. Ainsi, quand quelqu'un a un grand ego, il pense qu'il est particulièrement important et généralement à cause de cela, il n'admet jamais qu'il a tort sur les choses ou pense qu'il y a des choses qui doivent être améliorées dans sa vie.

L'ego conduit à la fierté de la vie qui cause des problèmes dans la vie, parce que l'ego dicte la lentille à travers laquelle nous voyons le monde et attirons des situations et des circonstances dans notre vie. L'ego amène les gens à se voir sur un cheval haut, ce qui les empêche de vivre la réalité du monde qui les entoure. Par conséquent, ils sont toujours résistants aux commentaires et aux critiques parce que cela blesse leur ego.

L'ego peut être considéré comme l'une des raisons pour lesquelles un certain nombre de personnes ont échoué dans la vie, parce que leur ego les a empêchées de faire l'expérience de la réalité du monde qui les entoure, et en tant que telle, leur compréhension du monde qui les entoure devient irréaliste et elles échouent. dans leur approche de la vie.

Ce n'est pas que le désir égoïste d'échouer dans la vie ou de se révéler infructueux, le fait est qu'ils aspiraient aussi à la belle expérience de vie. Mais à cause de leur ego, ils ont raté beaucoup de bonnes opportunités qu'ils auraient pu annexer pour rendre leur vie belle. Et le plus triste, c'est qu'ils ne voient pas que ce sont eux qui créent de telles expériences négatives pour eux-mêmes, mais plutôt qu'ils le voient comme l'action ou l'inaction de quelqu'un d'autre qui crée ces situations difficiles qui les rendent malheureux et tristes.

Par conséquent, ils se résignent à prendre toute cette expérience désagréable comme leur destin ici sur terre, puis attendent avec impatience une meilleure expérience au paradis ou après la vie. La question cependant est, si leur attitude ici sur terre ne peut pas leur donner le paradis sur terre, comment le même modèle d'attitude leur donnera-t-il le paradis dans le CIEL ou dans quoi que ce soit après la vie?

Certaines personnes répondront très probablement à cette question en citant le bon livre comme suit: «Parce que Dieu n'est pas homme, et car ses voies ne sont pas nos voies, et ses pensées ne sont pas non plus nos pensées» qui, je crois, sont très vraies, comme les bonnes livre correctement noté. Mais le fait est que c'est le même Dieu tout-puissant qui a créé les gens qui ont réussi, et Il nous a tous créés de la même manière et a créé notre cerveau de la même manière à la naissance. Alors, quelle pourrait être la différence pourquoi certains réussissent et la majorité échoue?

La simple raison pour laquelle certaines personnes choisissent de réussir et d'autres choisissent de ne pas réussir se résume à la façon dont nous avons conditionné et formé notre cerveau. Nos cerveaux ont tous été créés de la même manière à la naissance, mais conditionnés et entraînés différemment à mesure que nous grandissons dans la vie. La façon dont nous avons conditionné et formé notre cerveau détermine ce que nous comprenons dans le principe du succès et comment cela fonctionne.

Les gens qui réussissent comprennent le principe du succès et ils appliquent le principe, c'est pourquoi ils réussissent et réussissent. Les personnes qui ne réussissent pas, par contre, n'ont pas cette compréhension plutôt qu'elles recherchent rapidement des raccourcis, une solution de facilité et de la chance. Et ils passent leur vie à espérer et à attendre la chance, un miracle ou une magie, ou d'une manière ou d'une autre, quelque chose qui se passe pour que tout soit bien pour eux.

L'humilité est l'un des attributs détaillés dans le bon livre, l'humilité nous rend plus calmes, plus heureux et nous aide à mieux traiter les autres. Et lorsque nous sommes calmes et que nous traitons mieux les autres, les gens ont tendance à être réels avec nous et nous vivons des interactions franches et ouvertes à partir desquelles nous pouvons obtenir de bons commentaires et des inspirations pour améliorer nos vies.

Nous avons vu partout dans le monde que beaucoup de gens et de nations qui ne sont ni musulmans, ni chrétiens, ni juifs, mais qui croyaient en d'autres dieux, appliquent les principes du succès et sont devenus très réussis. Si vous étudiez certaines nations de l'Extrême-Orient, elles sont principalement shizuistes, hindi ou bouddhistes, mais ces nations sont devenues parmi les plus riches du monde parce qu'elles travaillent très dur, et elles ont compris et appliquent le principe de la nature. pour le succès, et c'est pourquoi ils sont devenus très prospères et riches.

Cela atteste en outre du fait que Dieu est juste et impartial, si vous appliquez les principes du succès, vous trouverez le succès, que vous soyez croyant ou non. Il nous a donné à tous le don de choix pour créer chaque expérience de notre vie, donc ce sera un gaspillage de notre vie si nous ne parvenons pas à utiliser ce merveilleux cadeau de choix qu'Il nous a donné pour façonner nos vies comme nous le voulons, plutôt que d'attendre de la chance ou une intervention miraculeuse pour introduire le succès dans nos vies.

Si le succès était conçu pour venir de la chance ou d'une intervention miraculeuse, alors nous n'aurions pas besoin de ce cadeau de choix en premier lieu. Le cadeau qui nous a été accordé pour façonner nos vies et créer le genre de vie que nous voulons pour nous-mêmes.

C'est ce don qui nous différencie de tous les autres animaux et plantes. Un arbre sera toujours un arbre et une chèvre sera toujours une chèvre, mais des êtres humains… **Nous évoluons, nous créons et nous façonnons notre monde! ... réveille-toi de ton sommeil**

Vivez votre vie avec INTENTION

Demain est un autre jour

QUEL EST VOTRE BUT DANS LA VIE

"Si vous courez après votre DESTIN, vous vous éloignerez automatiquement de votre HISTOIRE" - T.D Jakes

La question est de savoir pourquoi la plupart des gens choisissent de ne pas poursuivre leur destin, pourquoi choisissent-ils de rester attachés à la même histoire dans leur vie, et continuent à soulager la même histoire désagréable générations après générations.

Dans des situations normales, personne ne devrait aimer passer par la même histoire désagréable même si la génération qui les a précédé a traversé une histoire aussi désagréable. La chose normale est qu'ils apprennent de leur erreur et évitent de telles expériences dans leur vie, mais la triste vérité est que c'est exactement ce qui se passe, les gens continuent à soulager les mêmes histoires désagréables dans leur vie, des générations après des générations sans le faire consciemment. quoi que ce soit pour briser ce cycle désagréable ou s'en éloigner.

Un exemple de ceci est que certaines personnes naissent pauvres, c'est-à-dire dans une famille pauvre et qu'elles vivent leur vie dans la pauvreté, puis mourantes pauvres, et la même histoire se répète dans la vie de leurs enfants et ils concluent que c'est à cause d'un malédiction générationnelle, qui est une erreur totale.

Ces personnes concluent que c'est une malédiction générationnelle parce qu'elles ne comprennent pas ce qui se passe. C'est comme le mot mystère, quelque chose est un mystère quand les gens ne le comprennent pas, mais une fois compris, ce n'est plus un mystère.

Les gens ne courent pas vers leur destin parce qu'ils n'ont aucune connaissance ou compréhension de ce qu'est leur destin. Et parce que la plupart des gens ont l'illusion d'attendre de voir une grande image ou d'avoir en quelque sorte un aperçu de leur destin. Pour eux, c'est comme être en mesure de voir quel est l'avenir pour eux dans leur rêve, ou quelqu'un avec une forme de prétendus pouvoirs surnaturels leur révélant ce qu'est leur destin.

Le problème est que la plupart de ces personnes n'ont pas été en mesure de comprendre et de lier leur destin à leur but ici sur terre, elles n'ont pas pensé à leur destin comme la raison pour laquelle elles ont été créées ici sur terre, et que le but qu'elles sont ici sur terre à accomplir, c'est ce qui les mènera à leur destin.

La plupart des gens ne réalisent pas cette connexion car ils n'ont pas pris le temps et les efforts pour se demander:

❖ Quel est mon but sur cette terre?

❖ Pourquoi suis-je ici?

❖ Qu'est-ce que je suis venu faire ici?

❖ Que suis-je créé pour donner à ce monde pour en bénéficier humanité?

Le fait est que s'ils se sont posés honnêtement ces questions, ils auront probablement acquis une certaine clarté sur leur but ici sur terre.

Découvrir ce que Dieu vous a créé pour faire sur cette terre est simple, car personnellement, je crois que le Dieu tout-puissant est un Dieu de simplicité, parce que ses voies sont simples, et tous ses commandements sont simples, tous sont à peu près une phrase chacun sans ambiguïté. en eux, et tous énoncés dans un langage clair et concis.

Par conséquent, pourquoi alors est-ce un grand défi ou même une impossibilité, pour la plupart des gens de découvrir leur but donné par Dieu sur cette terre? ils errent plutôt en attendant que certaines personnes qui ne savent probablement même pas quel est leur propre but dans la vie, pour leur dire leur propre but dans la vie. Et ironiquement, ils ont tendance à croire que ces personnes peuvent voir dans leur avenir à cause de certains pouvoirs mystiques ou spirituels, qui peuvent être ou non vrais, mais le fait est que si vous pouvez découvrir vous-même le but de notre vie, ce que vous pouvez, puis créer l'avenir que vous désirez, alors pourquoi avez-vous besoin ou devez-vous attendre que quelqu'un vous dise quel est votre but dans la vie ou quel peut être votre avenir?

Une chose étonnante que j'entends toujours dire, c'est «ils recherchent le but de leur vie» et je me demande comment quelqu'un ou quelqu'un peut-il chercher son but dans la vie? ... Le fait est que personne ne peut jamais trouver son but dans la vie parce qu'il n'a jamais été perdu et que nous ne sommes jamais nés avec un but dans la vie. Donc, si cela n'a jamais été perdu et que nous ne sommes jamais nés avec, alors comment quelqu'un peut-il chercher son but dans la vie?

Nous sommes nés uniquement avec nos dons que nous avons tous reçus, et à mesure que nous grandissons, le don commence à se manifester, et peu choisissent de faire consciemment quelque chose avec leur cadeau et dans le processus, ils ont trouvé leur but dans la vie et ils ont trouvé le succès et la grandeur. . Mais la majorité des gens laissent simplement leur cadeau en sommeil, et peu parmi ce groupe qui essaient d'utiliser leur cadeau le font sans enthousiasme, c'est pourquoi ils se révèlent également infructueux comme celui qui n'a même pas utilisé le leur.

Michael Jordan, Kobe Bryant, Elon Musk, Bill Gates, Steve Jobs ne sont jamais nés avec leur destin connu d'eux, ils sont nés avec leurs cadeaux comme tout le monde, et ils ont découvert leurs cadeaux et continuent à travailler sur leur cadeau, en passant par le les moments difficiles, la douleur et les épreuves en cours de route, se développant et améliorant leurs compétences tout au long du chemin vers la création de leur destin.

Examinez la vie de certains des plus grands joueurs de basket-ball qui ont joué au jeu, ils ont découvert leur amour pour le jeu et ont continué à développer leurs compétences pour devenir l'un des plus grands de tous les temps à avoir joué au jeu. À partir de la vie des grands, nous pouvons voir qu'ils ont tous construit leur destin à partir de la découverte de leur but ici sur terre, ils n'ont pas eu à attendre que quelqu'un avec des pouvoirs surnaturels supposés leur dise qu'ils seront grands dans la vie.

Les grands ont découvert leurs dons, recherché des éclaircissements sur ce qu'ils doivent faire, et une fois qu'ils en ont compris, ils s'y sont immergés et ont continué à développer leurs compétences, ne se reposant jamais sur leurs rames mais continuent de s'améliorer à un nouveau niveau de perfection. jusqu'à ce qu'ils deviennent grands, et même lorsqu'ils atteignent leur grandeur, ils ne s'arrêtent pas mais continuent à s'améliorer et à se développer à un autre niveau de grandeur. C'est ainsi que les gens qui ont réussi ont créé leur destin, personne parmi les plus grands et les grands n'a trouvé son destin, ils ont tous créé leur destin.

Personne ne peut trouver son but de vie, nous ne pouvons que découvrir notre but de vie, et le découvrir est simple, parce que Dieu l'a simplifié comme pour tout dans la vie. Même si c'est simple, mais ce n'est pas facile, cela demande beaucoup de travail acharné. Et vous ne pouvez le faire qu'en étant honnête envers vous-même.

Demandez-vous quelle est cette chose que je fais si bien avec le moins d'effort, quelle est cette chose dans laquelle quand je suis engagé, le temps semble n'avoir aucune conséquence, le temps semble voyager si vite que je ne peux pas imaginer comment, et une fois que vous avez répondu honnêtement à cette question, ce n'est que lorsque le travail réel peut commencer, le travail qui va vous pousser vers votre destin, et loin de votre histoire.

Une fois que vous avez découvert ce que vous aimez et que vous faites si bien avec le moins d'effort, ce n'est qu'alors que vous pouvez commencer à marcher sérieusement sur le chemin. Et lorsque vous commencerez à marcher sur le chemin, le chemin ne sera pas entièrement clair au début, mais au fur et à mesure que vous continuez sur le chemin, en travaillant dur et en persévérant à travers la douleur et les difficultés en cours de route, le chemin commencera progressivement à émerger. Et tout comme Rumi l'a noté, «Lorsque vous commencez à marcher sur le chemin, le chemin apparaît» et que le chemin se clarifie, vous commencez à voir plus loin ce que vous devez faire pour continuer sur le chemin de la grandeur et de votre destin.

Souvent, beaucoup de gens sont confus ou dépassés par leur vision, pour eux c'est quelque chose de futuriste et d'énorme, comme hors de la lune! cependant cette hypothèse est fausse! Votre but est une extension complète de la conscience de vous-même, et c'est la genèse de la grandeur.

Ce n'est pas quelque chose de tiré par les cheveux ou à l'improviste, c'est cette chose que vous aimez et que vous faites si bien avec le moins d'effort, et une fois que vous l'avez découverte, la seule chose suivante sur la voie du succès est le travail acharné, l'engagement. et la persévérance. Sans ces trois éléments, le but ne peut être atteint, car ce sont ces trois éléments qui donneront au but son souffle de vie et lui donneront vie. Ainsi, réussir et réussir ne consiste pas seulement à découvrir son objectif, mais il faut également être prêt à faire le travail acharné, l'engagement et la persévérance nécessaires pour développer et transformer cet objectif en grandeur.

Personne ne peut avoir de grandeur sans avoir conscience de son don que Dieu lui a donné et de son but sur cette terre. Donc, pour quiconque va consulter quelqu'un sur son but sur cette terre pourrait être un exercice futile, parce que les cadeaux, les rêves et la vision sont les vôtres, ils vous ont été donnés et pas à quelqu'un d'autre, alors comment quelqu'un d'autre pourrait-il le dire? du rêve qui vous a été donné, qui est le vôtre seul?

C'est en fait une ironie parce que la plupart des gens qui prétendent être en mesure d'aider d'autres personnes à découvrir et à réaliser leurs rêves, n'ont même pas été en mesure de réaliser le leur, ce qui explique probablement pourquoi ils exercent cette profession accidentelle dans laquelle ils exercent actuellement. Tout comme vous, ils ont reçu leurs dons, qu'ils n'ont probablement pas découverts, puis se sont retrouvés dans cette profession accidentelle où ils commencent à prétendre aider les gens à découvrir leur but ici sur terre. Pourtant, il est étonnant que beaucoup de gens continuent à consulter cette catégorie de personnes pour obtenir des conseils sur la recherche de leur but ici sur terre, car ils croyaient toujours que leur but attend d'être trouvé plutôt que d'être découvert par eux-mêmes.

Notre but de vie est enfoui dans nos dons, et ce n'est qu'en identifiant notre don, en le développant et en l'utilisant pour influencer notre monde que nous pouvons découvrir notre but de vie. Je me suis souvenu il y a quelque temps, un de mes enfants dans ses premières années qui a la chance d'avoir de bonnes compétences pratiques et informatiques, une fois m'a demandé, dit-il papa, comment puis-je devenir un programmeur de classe mondiale, j'ai répondu "Je ne sais pas comment vous pouvez devenir un programmeur de classe mondiale parce que je n'en suis pas un. Cependant, laissez-nous aller en ligne et lire comment Bill Gates, Elon Musk, Larry Page etc. l'ont fait, et nous pouvons commencer à imiter leurs étapes et à l'adapter à votre situation. "

Le point ici est que si quelqu'un n'a pas fait ce que vous essayez de faire, ses conseils sur ce sujet sont totalement dénués de sens, car personne ne peut savoir ou comprendre ce que cela prend et ce que vous ressentez, à moins d'avoir été là et vous ont traversé le voyage.

Avoir une connaissance théorique ou lire quelque chose sur la façon dont cela peut être fait est totalement différent de l'expérience de suivre le chemin pour le faire. Et c'est la principale raison pour laquelle l'armée est une institution de haute performance parce que, leurs instructeurs et entraîneurs sont des gens qui ont vécu les situations réelles de ce qu'ils enseignent aux nouvelles recrues, ils comprennent ce que c'est sur le front de bataille, ce que c'est comme être derrière les lignes ennemies et ce que c'était que d'être tiré.

Cependant, regardez le système scolaire dans le monde aujourd'hui, il y a plusieurs professeurs et médecins enseignant l'entrepreneuriat et les affaires qui n'ont jamais fondé d'entreprise de toute leur vie ni dirigé une entreprise. Il s'agit donc de savoir comment peuvent-ils éventuellement comprendre ce que l'on ressent réellement sur le terrain des affaires, quand vos banquiers refusent de vous soutenir, quand la concurrence gagne sur votre marque, ou à quoi cela ressemble de gérer votre personnel et ceux situés dans des endroits éloignés. et tenir chacun responsable de ses responsabilités.

Le fait absolu est que vous ne pouvez pas l'apprendre en classe ou auprès de quelqu'un qui n'y est pas allé auparavant et qui en a pleinement fait l'expérience. Et même s'ils en avaient fait l'expérience auparavant, vous ne pouviez l'apprendre profondément qu'après y avoir été vous-même, lorsque vous en avez fait l'expérience et que vous savez ce que vous ressentez.

Souvent, j'entends la plupart des gens confondre leurs rêves avec ce qui les passionne; les gens qui réussissent ne sont jamais passionnés par leurs rêves, ils en sont obsédés. Le moyen le plus simple de savoir si vous êtes passionné par quelque chose ou si vous en êtes obsédé est le type de commentaires que vous recevez.

Lorsque vous êtes passionné par quelque chose, tout le monde vous applaudit.... Continuez à suivre votre passion, vous vivez votre rêve, j'aime votre passion. Mais lorsque vous êtes obsédé par vos rêves, les gens disent:

- Pourquoi es-tu si fou de ça?

- Pourquoi ne pouvez-vous pas être satisfait?

- Pourquoi voulez-vous toujours que les choses soient si parfaites?

- Pourquoi êtes-vous si obsédé par cela?

Lorsque vous entendez ce genre de commentaires, assurez-vous que le succès et la grandeur sont à portée de main.

Habituellement, les gens auront plus d'opportunités dans la vie que les infrastructures dont ils ont besoin pour faire face à l'opportunité. Ainsi, les personnes qui réussissent continuent à se développer, à acquérir plus de compétences, à développer les capacités dont elles ont besoin pour développer l'infrastructure dont elles ont besoin pour faire face aux opportunités émergentes. En substance, ils se préparent toujours aux opportunités qui s'annoncent. Et comme le dit le vieil adage "il vaut mieux être préparé et ne pas avoir d'opportunité, que d'avoir une opportunité et ne pas être préparé"

De plus, les gens sont souvent stressés dans le processus de poursuite de leurs rêves, qui peuvent être soit un stress positif, soit un stress négatif. Le stress positif sont des pressions qui ont tendance à nous inciter à agir, et les gens qui réussissent comprennent que le stress dans un INDICATEUR leur fait savoir qu'ils ont atteint leurs limites, ce qui ne signifie pas Arrêtez.

Donc, pour réussir, la présence de stress signifiait seulement qu'ils devaient changer certaines choses, sur eux-mêmes et la façon dont ils travaillent, cela signifie qu'ils doivent changer leur structure et leur stratégie. Et les gens qui réussissent, ils continuent à faire exactement cela, afin de continuer à faire face et à progresser dans leurs rêves.

Le stress positif amène les personnes qui réussissent à relever la barre de leurs connaissances et compétences. Cela les amène à se regarder davantage vers eux-mêmes et à être plus créatifs, résilients et à développer la ténacité pour continuer à faire face et à progresser vers leurs objectifs et leurs rêves.

Cependant, ceux qui ne réussissent pas ont leur esprit préoccupé par le stress négatif, qui est ce qui fait que les gens deviennent lents et inintelligents, et pour eux le stress est un signe d'arrêt. Et comme il y a beaucoup de situations stressantes à chaque tournant du monde, leur esprit est constamment bombardé de Arrêtez, Arrêtez, Arrêtez à chaque effort qu'ils essaient de poursuivre, c'est pourquoi ils ne voient jamais rien à travers, ils abandonnent au moindre difficulté ou épreuve et à entreprendre quelque chose de nouveau, ils ont donc toujours l'habitude de lancer de nouvelles initiatives et de ne jamais voir personne jusqu'à son terme.

Malheureusement, ils continuent à vivre la meilleure partie de leur vie de cette façon, ayant l'illusion que quelque chose fonctionnera pour eux un jour, et ils passent les années vibrantes et juvéniles de leur vie à attendre et à espérer que leur approche médiocre à leur objectif sera un jour faire en sorte que quelque chose arrive pour eux, que la vie leur cédera miraculeusement et qu'ils puissent réussir.

Les échecs ne parviennent pas à se rendre compte que leur état d'esprit négatif, c'est-à-dire croire que quelque chose se produira sans rien ou avec leur approche médiocre, n'aboutit qu'à un échec pur et simple. Et souvent, au moment où ils réalisent enfin cela et se réveillent de leur sommeil, ils découvrent qu'ils ont perdu une grande partie des années utiles de leur vie.

Il est vrai que n'importe qui peut réaliser son rêve à tout âge, et il n'est jamais trop tard pour essayer. Mais quel est l'intérêt de gaspiller des années utiles et juvéniles dans la misère pour réaliser leur rêve seulement quand ils sont vieux, quand ils ont moins de temps pour profiter de leur succès. Pourquoi ne pas éviter le gaspillage inutile de ces années et plutôt vivre pleinement sa vie?

Réveillez-vous de votre sommeil et commencez à vivre la belle vie que vous pouvez commencer à créer pour vous-même, la vie ne cédera à personne pour réussir, vous devez faire tout ce qu'il faut pour réussir avant de pouvoir réussir.

Vivez votre vie avec INTENTION.

Demain est un autre jour!

LA MAITRISE EST OBTENUE AVEC INTENTION

"La maîtrise n'est pas une question de génétique ou de chance, mais de suivre vos inclinations naturelles et les désirs profonds qui vous agitent de l'intérieur" - Robert Greene

La maîtrise d'un métier peut être définie comme ayant une connaissance approfondie des compétences dans un sujet ou une activité particulier. La maîtrise ne peut être atteinte sans d'abord atteindre la compétence, la compétence signifiant accomplir des progrès significatifs sur son métier à un point tel qu'une telle hauteur peut être considérée comme «assez bonne pour le moment». Cependant, parvenir à la maîtrise signifie acquérir une compréhension suffisamment solide de son métier, à un niveau tel que cette personne peut être considérée comme ayant une «maîtrise intellectuelle» du sujet.

Parvenir à la maîtrise de son métier exige une grande quantité de sacrifices, d'engagement, de dévouement et de travail acharné. La maîtrise, par contre, exige beaucoup plus que cela. Albert Einstein a noté un jour que "Seul celui qui se consacre à une cause avec toute sa force et son âme peut être un vrai maître, pour cette raison, la maîtrise exige toute une personne". Il faut beaucoup pour atteindre la maîtrise, il faut travailler sur un métier pendant une période de temps prolongée, cela prend du désir, cela prend de la motivation et il faut beaucoup de travail et de travail sur ce métier particulier pour atteindre la maîtrise.

Parfois de retour, j'ai lu une histoire intéressante sur le grand maestro Ludwig van Beethoven, et j'ai découvert que le grand maestro au sommet de sa carrière après environ trois décennies de composition et de musique, il est devenu complètement sourd; il n'entendait pas la musique qu'il aimait et n'entendait rien non plus.

Un fait pour presque tout le monde est que ce revers majeur aurait nui à leurs aspirations professionnelles et à leur progression. Et cela pourrait aussi être une carrière limitant le revers ou en fait la fin de la carrière d'autrui, en particulier des carrières comme la musique qui nécessitent le sentiment d'entendre de pouvoir écouter et entendre et se connecter avec la musique qu'elle joue.

Cependant, l'histoire était totalement différente pour Beethoven, elle contrastait fortement avec la façon dont la plupart des gens auraient réagi à un tel revers de perdre la capacité d'entendre la musique qu'ils jouent. Comment Ludwig van Beethoven a réussi à surmonter cette grave limitation a été un étonnement qui m'a frappé de faire cet article sur son voyage pour se redécouvrir.

La partie étonnante de cette histoire était que la plupart des plus grands succès et chefs-d'œuvre de Beethoven ont été réalisés après qu'il soit devenu sourd! C'était quand il ne pouvait même pas entendre une chose, la musique, ou même choisir une note dans la musique qu'il jouait, alors comment a-t-il fait?

Une autre partie de cette histoire est, imaginez cela dans votre esprit, si on vous disait qu'un homme qui était devenu sourd se produirait à un opéra, et que vous deviez acheter un billet qui est probablement coûteux pour aller écouter la musique jouée par un homme qui ne pouvait pas entendre ce qu'il allait jouer. En toute honnêteté, voudrez-vous écouter? Même en supposant que l'entrée est gratuite pour le concert, quelle sera votre première réaction, et aurez-vous vraiment envie d'aller passer votre temps à écouter la musique? Je crois que c'était le genre de stigmatisation que Beethoven aura traversé et surmonté.

Nous pouvons imaginer à quel point cela aurait été difficile pour Beethoven, les paroles des non-disants et d'autres pressions sociales, mais il n'a pas été découragé par la distraction des haineux et des opposants, qui de toute façon seront toujours là, soit avec les choses qui se passent bien, soit non, mais il a continué à se concentrer sur son métier, à composer et à jouer la musique qu'il aimait, et avec une vigueur renouvelée. Et c'est dans ces moments difficiles et éprouvants qu'il a produit ses plus grands chefs-d'œuvre. Imaginez seulement s'il avait laissé la surdité et les paroles des haineux et des opposants mettre fin à sa carrière, le monde n'aura pas été béni avec ses chefs-d'œuvre.

Au cours de sa carrière, Beethoven a développé une compréhension intime de sa musique, il s'est profondément connecté à son travail, il savait comment la musique fonctionnait, comment les sons et les vibrations créaient les sentiments et les émotions, et il a appris à ressentir ces vibrations et émotions au plus profond de son âme. . Ainsi, quand il est devenu sourd, il a continué à ressentir la musique dans son cœur, et il pouvait résonner avec la musique qu'il jouait, et il savait exactement comment son public ressentirait les vibrations et expérimenterait la musique.

Beethoven a développé l'art de la maîtrise de son métier, il s'est consacré à son travail et s'est beaucoup plongé dedans, avec tout son esprit, sa concentration et son attention. Il a développé son «sixième sens», une faculté intuitive de ressentir le son et les vibrations de la musique, ainsi que les sentiments et les émotions qu'elle a créés au plus profond de son cœur.

De plus, même après avoir développé son esprit à cette hauteur de conscience au-delà de la perception normale, il ne s'est pas arrêté, il a continué à se développer davantage, maîtrisant de plus en plus son métier, essentiellement, il a vécu la vie d'un apprenant à vie, une vie d'amélioration continue et il a travaillé énormément pour atteindre sa grandeur. Il croyait en lui-même et cette grandeur ne s'obtient que grâce à un travail acharné. Et cette conviction et ce travail acharné lui ont donné son succès.

La réussite de Beethoven a conduit à une révolution dans la musique, il a changé le cours de la musique de la période classique à la période romantique et a développé de nouveaux styles de musique qui ont finalement conduit à la période romantique. Non seulement il a dirigé le changement vers l'ère romantique, mais Beethoven a également été le premier compositeur à enfreindre les règles séculaires de la musique classique en écrivant de la musique à sa manière et en produisant délibérément des œuvres de maître pour tous les temps, plutôt que de simplement produire des pièces utiles pour la prochaine occasion du calendrier.

Les réussis sont maîtres de leur métier, ils consacrent toute leur attention et tout ce qu'ils contiennent pour s'améliorer continuellement et viser la perfection. Même lorsque des situations de vie difficiles et difficiles s'installe, une situation qui peut parfois sembler insurmontable, ils ne quittent jamais, ils ne jettent jamais l'éponge ni ne blâment tout et tout le monde autour d'eux. Les réussis apprennent plutôt à trouver un sens et une lueur d'espoir dans chaque situation, qui sont toujours là, bien que déguisés de manière obscure. Et quand ils le trouvent, ils restent verrouillés dessus et continuent de l'utiliser pour améliorer leur métier et s'améliorer, ainsi que leurs offres au monde.

Les gens qui réussissent travaillent extrêmement dur; ils traversent beaucoup de douleur, de difficultés et de situations difficiles pour réussir. J'ai lu une fois une histoire sur Elon Musk où il a raconté les défis auxquels il a été confronté à ses débuts en essayant de créer PayPal une plate-forme de traitement des paiements en ligne, il a dit qu'il n'avait qu'un seul ordinateur et il a loué un petit bureau qui était aussi sa maison, alors il gardait le site Web ouvert le jour et faisait son codage la nuit, et même lorsque la petite amie voulait le voir, elle devait venir au bureau pour passer du temps avec lui.

Il a fallu travailler tous les jours et toutes les nuits pour atteindre son succès. Et même après avoir réussi, lorsque Tesla avait des problèmes de production pour atteindre les objectifs de livraison pour le modèle 3, il a dû déplacer sa chambre vers l'atelier de production de l'usine, travaillant jour et nuit pour résoudre le problème.

Les succès travaillent dur, ils ne se reposent jamais sur leurs rames, même après avoir réussi, ils continuent de s'améliorer et de travailler plus dur pour obtenir un plus grand succès, car ils aiment ce qu'ils font et ils sont obsédés par leur métier. Pour eux, chaque jour qui vient est une occasion pour eux de faire plus et de devenir meilleurs dans leur métier. Donc, leur travail est amusant pour eux et ils sont intrinsèquement inspirés de continuer à consacrer leur temps et leur énergie.

Les échecs, les perdants, les sceptiques, les opposants, les plaignants et les esprits négatifs ne voient la vie que dans deux plans chanceux et malchanceux. Ils n'ont pas la compréhension et la conscience que le succès est le fruit d'un travail acharné et non de la chance, ils continuent plutôt à croire que leur situation est due à leur état malchanceux ou parce que quelqu'un fait quelque chose ou ne fait pas les choses pour eux, ce qui en est la cause. les difficultés auxquelles ils sont confrontés dans leur vie et pourquoi leur vie est dans son état actuel. Ils ne comprennent pas qu'ils sont les seuls responsables du cours de leur vie, de leur situation actuelle, des circonstances de leur vie, de ce qui se passe et de ce qui ne s'est pas produit dans leur vie.

Nous sommes tous capables d'être en contrôle et en charge de nos vies, et nous sommes l'auteur de tout ce qui se passe dans nos vies. Donc, si nous abandonnons le contrôle ou échouons à prendre le contrôle de notre vie, quelque chose d'autre le contrôlera pour nous, et cela le remuera dans la direction qu'il souhaite et généralement, ce sera du côté désagréable et du chemin le plus parcouru, car selon à la deuxième loi de la thermodynamique, chaque personne dans la vie tend vers un état d'entropie.

Par conséquent, si tel est l'ordre naturel de tout dans l'univers, il est seulement certain que si nous ne parvenons pas à prendre le contrôle de nos vies, alors l'entropie est liée à l'ordre, et plus nous perdons le contrôle, plus l'état d'entropie dans une telle vie.

Les personnes qui ne réussissent pas trouvent rapidement des excuses et des justifications pour expliquer pourquoi tout ne fonctionne pas pour elles, et pourquoi cela ne fonctionnera probablement pas, car elles sont obsédées par l'impossibilité des choses. Ils ne comprennent pas que tout est impossible mais jusqu'à ce que vous le rendiez consciemment possible. Donc, si vous ne vous arrêtez qu'au stade de l'impossibilité, vous n'arriverez jamais à rendre de tels objectifs et rêves possibles.

De plus, ceux qui ne réussissent pas vivent leur vie avec un état d'esprit négatif, qui ne fait rien pour changer consciemment la situation de leur vie, mais s'attend à ce que la situation change d'une manière ou d'une autre pour eux. Et ils vaquent à leurs occupations en attendant que la chance, la magie ou les miracles se produisent, alors qu'en réalité ils n'ont pas besoin d'attendre quoi que ce soit ou qui que ce soit, tout ce qu'ils ont à faire, c'est de changer leur système de pensée et de croyance c'est-à-dire «pour quelque chose pour arriver, vous devez faire quelque chose »et ensuite commencer consciemment à travailler pour créer le genre d'expériences que vous voulez dans votre vie.

Beethoven n'a pas attendu un miracle ou une magie lorsqu'il a été confronté à une situation difficile dans la vie, afin de continuer à faire ce qu'il aimait, il aurait pu passer toute sa vie utile restante à attendre qu'un miracle se produise et à donner ces excuses. à lui-même et au monde, et pourtant il paraîtra justifié. Mais plutôt il a pris en charge sa vie et a décidé de ne pas laisser la situation limitante le définir, il a continué à se plonger dans son métier, améliorant ses compétences sur son offre au monde et en tant que tel il est devenu grand et le monde en parle encore. lui aujourd'hui.

Imaginez si Beethoven avait démissionné quand il avait été confronté à la situation difficile de la vie qui semblait insurmontable, et qu'il avait choisi de se résigner à la situation, de toute évidence, le monde n'aura jamais été béni avec ses chefs-d'œuvre.

Ces musiques étaient son cadeau qu'il a apporté à ce monde, et elles lui ont été données à lui seul pour les apporter à ce monde. Et lui seul aurait pu composer et jouer cette musique comme il l'a fait. Donc, s'il avait laissé la surdité le définir et abandonné le métier qu'il aimait, le monde n'aurait jamais été béni par eux, car personne d'autre n'aurait pu composer et produire ces chefs-d'œuvre comme lui Si quelqu'un d'autre avait essayé pour produire la même musique, cela aurait été la version de cette personne et non la musique de Beethoven.

Ainsi, lorsque vous ne parvenez pas à bénir le monde avec le cadeau qui vous a été donné, vous refusez au monde la bénédiction de ce don, parce que personne d'autre ne peut produire ce don comme vous. Nous avons tous nos dons uniques qui nous ont été donnés pour bénir le monde de manière unique, donc lorsque nous nous retenons de notre don et de notre but dans ce monde, nous ne nous rendons pas seulement un mauvais service, mais nous refusons également le monde de cela. don unique que nous avons reçu pour bénir le monde de manière unique.

Les personnes qui échouent refusent au monde leur don et leur bénédiction, elles ne parviennent pas à le développer et à le faire vivre, mais finissent par ramener le cadeau dans leur tombe avec eux. Ils pénètrent sur la pointe des pieds dans ce monde et sortent tranquillement de leur tombe, le monde ne ressentant pas leur impact, et sans que le monde sache qu'ils sont partis. Et avant de sortir sur leur lit de mort, ils passent leur vie dans le regret, ce qu'ils n'ont pas fait, ce qu'ils auraient pu faire s'ils n'avaient utilisé leur don que pour bénir ce monde.

De plus, parce qu'ils sont allés tranquillement sur la pointe des pieds dans et hors du monde, personne ne se souvient qu'ils étaient ici, car personne ne manquera leur absence car il n'y avait aucun impact à ressentir à leur sortie. Et quel gaspillage de vie!

Notre vie n'a pas été conçue pour être vide et pleine de regrets de ce que nous aurions pu faire mais ne l'avons pas fait. Nous sommes conçus pour vivre nos rêves, alors VIVEZ VOS RÊVES.

Vivez votre vie avec INTENTION

Demain est un autre jour!

CREEZ LE SUCCES QUE VOUS DESIREZ

"La marche la plus difficile que vous puissiez faire est celle que vous marchez seul" - Anonyme

Ceux qui volent seuls ont les ailes les plus fortes, et ceux qui marchent seuls ont la direction la plus forte, les autres qui choisissent de marcher avec la foule auront toujours besoin de quelque chose, ce qui leur fait perdre l'occasion de développer la force mentale, la clarté. de vision, de concentration, de détermination et de résilience pour continuer à surmonter la douleur et les épreuves du voyage.

Selon Erlinda Colclough «quand tout le monde autour de vous est si négatif et vous alourdit, il vaut vraiment mieux marcher seul. Seul, vous pouvez vous concentrer, rassembler et bien assembler les pièces, ce qui renforce votre force. Pratiquez plus et vous ferez mieux plus et plus fort aussi, jusqu'à ce que vous puissiez tout supporter.

Être seul peut être une chose difficile selon le stade de notre vie et le voyage dans lequel nous nous engageons, mais c'est la marche qui nous rend le plus fort et où nous développons la force de caractère. Cela nous donne également l'occasion de développer l'esprit d'indépendance, de réfléchir profondément aux problèmes et de développer une meilleure compréhension de nous-mêmes.

Bien que nous voyions rarement les bonnes choses et les nombreux avantages d'être seul, généralement parce qu'il est souvent difficile de voir la lumière au bout du tunnel lorsque vous vous concentrez uniquement sur le tunnel, mais comme tous les défis et tempêtes de la vie, ils prennent tous fin à un moment donné.

Si cela est si évident, la question est de savoir pourquoi la plupart des gens ne peuvent pas mener leur vie seuls, et la majorité des gens suivent la foule ou recherchent l'estime de la foule. Aussi, pourquoi est-ce un défi pour eux d'être authentiques dans leur bataille de vie, ou pourquoi ne sont-ils pas autonomes, ou ne sont-ils pas capables de tracer une voie pour leur vie et de le suivre avec tout l'engagement, la persévérance et le courage qu'elle mérite.

La plupart des gens entrent dans cet état à cause de leur état d'esprit, l'état d'esprit qu'ils ont choisi de vivre leur vie, qui est généralement l'état d'esprit négatif et paresseux. L'état d'esprit de ne pas noter ou de ne rien faire de dur et de stratégique mais de s'attendre à ce que quelque chose de bien se produise.

Habituellement, ces catégories de personnes ont une faible discipline mentale et une faible force et, en tant que telles, elles ne mettent pas l'énergie mentale, le temps, les engagements et la persévérance nécessaires pour découvrir et développer leurs dons et tracer une voie pour leur vie. Et suivez religieusement avec engagement et cohérence.

Les gens avec un état d'esprit si pauvre sont facilement distraits, ils ne peuvent rester concentrés sur rien, ils se considèrent toujours comme une victime et ils ne veulent jamais rien faire pour changer leur situation, ils croient plutôt qu'ils sont impuissants face aux circonstances de leur vie et ils sentent que chaque situation est au-delà de la portée de leur contrôle. Ainsi, ils ne se tournent pas vers eux-mêmes et ils ne sont pas authentiques et originaux.

De plus, ils ne s'engagent pas à se découvrir et à investir leur temps et leur énergie pour poursuivre leurs objectifs de vie. Ils choisissent plutôt de courir avec la meute parce que cela semble facile et ce n'est pas solitaire, et ils n'ont pas à affronter l'inconnu ou le chemin inexploré, les eaux orageuses et les difficultés qui accompagnent une telle aventure. Au contraire, ils préfèrent la sécurité temporaire et relative de se déplacer avec la foule qui ne produit généralement aucun épanouissement et une vraie joie.

Un scénario qui détaille clairement cela est le fait que la majorité des employés ayant des emplois rémunérés ne sont jamais vraiment satisfaits de leur travail. Selon les statistiques, 85% de tous les employés aux États-Unis ne sont pas satisfaits de leur emploi, et le fait est que ce nombre ne cesse de croître et que le pourcentage aux États-Unis ne sera probablement pas très différent de celui des autres pays de le monde.

L'ironie ici est que si 85% des 155,7 millions d'employés aux États-Unis en 2020 ne sont pas satisfaits de leur travail, alors pourquoi 132 millions de personnes continuent de reprendre le même travail dont elles ne sont pas satisfaites? Et la réponse simple est l'argent, mais le fait est que si vous faites quelque chose dont vous n'êtes pas heureux uniquement pour l'argent, cela ne peut pas être votre but dans la vie et cela ne peut jamais apporter un véritable épanouissement et joie.

De plus, imaginez que certaines personnes font ce travail, pour le reste de leur vie, ces personnes pourront-elles honnêtement dire qu'elles ont vraiment vécu une vie qui vaut vraiment la peine d'être vécue ou qu'elles ont vécu une vie vraiment épanouissante sur cette terre ou qu'elles ont simplement existé?

Jack Ma, le fondateur d'Alibaba et l'un des hommes les plus riches de Chine a dit un jour, si vous mettez de la banane et de l'argent devant un singe, le singe choisira la banane et non l'argent, car le singe ne se rend pas compte qu'avec le argent, il peut acheter beaucoup plus de bananes. Et la même chose est vraie pour la plupart des gens, mettre un emploi et une idée d'entreprise devant les gens, la plupart des gens se présenteront pour le travail à cause du salaire, mais ils ne réalisent pas qu'ils peuvent gagner beaucoup plus d'argent avec l'idée d'entreprise que le salaire peut jamais fournir. Et surtout, ils peuvent aussi trouver aventure, épanouissement et sécurité dans l'entreprise qu'avec un emploi salarié.

C'est un fait que la marche la plus difficile nous emmène à travers l'inconnu, le chemin inexploré et les eaux orageuses, mais c'est la marche qui nous rend forts et c'est là que nous construisons la force de caractère, le courage et la détermination d'aller de l'avant. vie et vivre une vie belle et épanouissante.

La marche la plus difficile mène à la meilleure destination, et la montée la plus difficile mène à la meilleure vue, mais la triste vérité est que peu de gens sont prêts à marcher du tout, moins à marcher seuls. La plupart des gens préfèrent aller avec le pack, ils choisissent la marche la plus facile et la montée la plus facile, qui sont généralement le chemin le plus parcouru. Et ces chemins mènent généralement à des destinations connues qui sont généralement une vie infructueuse. Et parce que la plupart des gens choisissent de suivre cette voie, c'est cependant la raison singulière pour laquelle il y a beaucoup plus de gens qui échouent dans le monde qu'il n'y a de gens qui réussissent.

En fait, les statistiques indiquent que 85% de la richesse nette dans le monde appartient à 10% de la population adulte mondiale, tandis que seulement 15% de la richesse nette mondiale est détenue entre les mains de 90% des population adulte mondiale. Ces statistiques sont assez tristes car elles démontrent clairement la gravité des problèmes de pauvreté et de mode de vie infructueux parmi la majorité de la population mondiale.

Les personnes qui réussissent ne choisissent jamais de parcourir le chemin bien usé, elles se trouvent généralement sur le chemin le moins fréquenté et tracent souvent leur propre chemin à travers l'inconnu et les eaux troubles. Sur ce chemin, ils font face à d'immenses difficultés, défis, épreuves, souffrances et frustrations, mais ils n'en sont jamais découragés. Ils comprennent que les douleurs et les épreuves qu'ils traversent sont temporelles, qui passeront sûrement toutes, et quand ils le feront, quelque chose d'autre remplacera la douleur et les difficultés, qui sont généralement l'accomplissement et la joie de la réalisation de leur objectif et de leurs rêves.

En traversant les eaux inconnues et troubles, ils ressentent chaque centimètre de la douleur, mais parce qu'ils sont concentrés sur ce qu'ils vont obtenir à destination, ils sont inébranlables et non découragés par la douleur et les défis sur le chemin.

Les personnes qui ne réussissent pas, par contre, se concentrent sur les douleurs du processus tout au long du voyage, avec peu ou pas de concentration sur la récompense à destination, c'est-à-dire la réalisation de l'objectif. Ainsi, lorsque la douleur devient dure et insupportable, ils ne peuvent pas comprendre ni comprendre pourquoi ils traversent tant de souffrances et de difficultés, et la quantité de défis auxquels ils sont confrontés le long du chemin, et en tant que tels, ils perdent leur motivation et cessent de fumer.

Généralement, les gens abandonnent leurs objectifs dans la vie non pas à cause de la fatigue musculaire, mais à cause de la fatigue mentale. Les gens quittent parce qu'ils ne peuvent pas comprendre pourquoi tant de douleur le long du chemin, ils ne peuvent pas comprendre que la douleur et les épreuves sont un test de leur courage et de construire leur ténacité et leur force de caractère pour les aider à faire face aux phases du voyage.

En outre, les difficultés du voyage aident les personnes qui réussissent à acquérir la sagesse nécessaire pour gérer ensuite la série de défis qui se présenteront le long du chemin. En outre, la sagesse leur apprendra la discipline et l'humilité pour mieux gérer le succès lorsqu'ils atteindront enfin leurs objectifs et leurs rêves.

La vérité est que n'importe qui peut réussir s'il est prêt à payer le prix du succès. Quelqu'un a raconté une fois une histoire intéressante sur un vol de nuit avec l'homme le plus riche d'Afrique Aliko Dangote, un homme qu'il prétendait bien connaître. Il a raconté qu'il était en classe économique mais a décidé d'aller saluer Aliko Dangote dans la cabine de première classe de l'avion commercial. Il était environ 3 heures et il fut surpris de trouver l'homme le plus riche d'Afrique absorbé par son travail, étudiant plusieurs rapports d'affaires et prenant des notes. Il a dit qu'après l'échange de plaisanteries, il est retourné à son siège dans la cabine économique, et c'est à ce moment-là qu'il a remarqué que la plupart des gens dans la cabine étaient soit occupés à regarder des films, soit à dormir, soit absorbés par de petites discussions, essentiellement engagées sous une forme ou une autre. de divertissement ou d'acte improductif.

Le fait est qu'Aliko Dangote aurait pu passer son temps à dormir sur le vol, après tout, il est déjà riche, l'homme le plus riche d'Afrique, et il a beaucoup de personnel compétent qui travaille pour lui à qui il aurait pu confier l'analyse du rapport, mais il était occupé à étudier et travaillait toujours extrêmement dur à 3 heures du matin. Ce scénario est une démonstration de l'une des qualités uniques des réussis, ils sont au top de leur forme et ils continuent à travailler extrêmement dur pour rester au top.

Les gens qui réussissent travaillent dur, ils utilisent bien leur temps, ils paient le prix de leur succès, contrairement aux échecs qui passent la partie la plus productive de leur vie à se divertir: films, Facebook, WhatsApp, Instagram ou une autre forme de médias sociaux et autres activités sans valeur ajoutée. «Ils divertissent invariablement leur vie!»

De plus, ils ne sont pas intentionnels dans leur vie, mais cherchent toujours quelque chose ou quoi que ce soit pour combler le vide de leurs jours, afin que les jours puissent passer rapidement. Par conséquent, ils sont généralement engagés dans des activités non productives mais occupées et chronophages qui remplissent leurs journées, ou dans des activités ou des tâches qui n'offrent aucune valeur stratégique pour faire avancer leur vie vers leur objectif, mais tant que cela les tient occupés et fait passer la journée, ils sont satisfaits.

Il est évident que lorsque les gens gaspillent leur temps précieux sur des tâches qui n'ont aucune intention stratégique pour les faire avancer vers leurs objectifs, ces personnes finissent par échouer. Et parce que beaucoup de gens dans le monde ont leur vie occupée par des activités non stratégiques et sans valeur ajoutée, cela devient essentiellement la raison pour laquelle beaucoup de gens ont échoué et pourquoi il y a beaucoup plus de personnes échouées et pauvres dans le monde.

Sortir du monde des pauvres et échouer est simple, mais pas facile. C'est simple parce qu'il suffit d'une seule décision de quitter les pauvres et les échecs et de commencer à faire ce que font les grands, les réussis, ce qui commence par un changement de mentalité, puis par le travail acharné qu'il faut pour donner vie au succès.

Pour commencer à faire ce que font les personnes qui réussissent, nous devons tous identifier nos valeurs et nos croyances qui sont essentiellement ce qui nous conduira au succès, car notre identité et nos valeurs déterminent notre comportement. Donc, si nous voulons faire un changement dans notre vie, nous devons d'abord changer une vision de qui nous sommes, nous devons changer notre État d'esprit, ENSEMBLE SANTÉ et ÂME ENSEMBLE, ces trois éléments sont essentiels pour parcourir le chemin qui mène à succès dans la vie.

Notre État d'esprit est notre système de croyance; il conduit notre compréhension des deux éléments clés qui façonnent qui nous sommes, ce que nous choisissons de faire et comment nous choisissons de les faire, et ces éléments sont l'AMOUR et la PEUR. Ces éléments déterminent la façon dont nous nous percevons et nos valeurs, ce qui informe comment nous voyons le monde qui nous entoure, comment nous voyons les opportunités et les menaces, et comment nous les abordons.

ENSEMBLE SANTÉ - Nous devons être en bonne santé pour pouvoir travailler dur pour atteindre le succès que nous souhaitons. Les morts ne peuvent pas changer le monde, nous devons donc mettre la main sur notre santé, développer une routine qui fonctionne pour vous pour vous mettre dans un état de bien-être.

ÂME ENSEMBLE concerne notre émotivité, établissant notre vision sur quelque chose de plus grand que nous, comme la nature, avec lequel nous pouvons toujours vivre avec gratitude. L'occasion de remercier notre créateur pour la vie, pour la santé, pour la force et tout ce qui est beau et bon dans nos vies.

Il est clair que réussir dans la vie est FACILE mais pas facile, mais quand vous regardez la vie des pauvres et des personnes qui échouent, la douleur, les frustrations, la rareté du style de vie, la faible estime de soi et le stress, alors vous verrez que le travail acharné, la douleur et la souffrance nécessaires pour réussir sont pâles en comparaison de ceux-ci. Imaginez l'horreur de vivre toute sa vie dans ce mode de souffrance? Jamais vraiment vivant, mais toujours sous une pression négative ou une autre. Quelle vie douloureuse et vide ce sera.

Veuillez choisir de réussir, les douleurs de la pauvreté peuvent épuiser la vie.

Vivez votre vie avec INTENTION

Demain est un autre jour!

L'ECHEC EST UNE LEÇON

Le succès est simplement lorsque vous obtenez la qualité de vie que vous souhaitez pour vous-même - Earl Nightingale

C'est un fait que vous n'avez pas à posséder le monde entier avant de réussir, mais aussi, vous ne pouvez pas être un mendiant et un pauvre et vous qualifier de succès. Alors, la question est qu'est-ce que le succès? Le succès est simplement ce que vous en faites, l'accomplissement d'un objectif, l'atteinte d'un jalon ou la réalisation d'un objectif.

Le succès dépend entièrement de vous et de ce que vous considérez comme un succès. Si votre définition du succès est d'avoir un million de dollars dans votre compte bancaire, alors c'est le succès lorsque vous y parvenez. Si atteindre la liberté financière est un succès pour vous, alors c'est un succès lorsque vous y parvenez. Ainsi, le succès est simplement ce que vous définissez pour vous-même comme ce qu'est le succès, et lorsque vous atteignez cet objectif, vous avez atteint le succès souhaité.

Cependant, tout commence par une définition claire de ce qu'est le succès pour vous, qui doit être un objectif clair et concis, qui résume ce que vous voulez dans la vie pour vous-même. L'objectif doit être S.M.A.R.T - spécifique, mesurable, atteignable, réaliste et limité dans le temps. De plus, l'objectif devrait être quelque chose qui a un impact positif sur votre vie et la vie de ceux qui vous entourent dans le monde.

Avoir un objectif qui vous profite seul sans avoir d'impact sur votre monde ne peut pas être considéré comme un succès, car souvent, après avoir atteint cet objectif, vous ressentirez un sentiment de vide et d'insatisfaction. Par conséquent, votre objectif pour une vie réussie devrait être quelque chose de plus grand que vous qui touche positivement la vie des autres autour de vous.

En outre, le succès peut être considéré comme la réalisation de votre objectif fixé, et comme aucune personne sensée ne se fixera comme objectif d'être un échec dans la vie, l'échec n'est donc pas le succès. L'échec est ce qui se produit lorsque les gens ne parviennent pas à atteindre leurs objectifs, lorsque les gens s'empêchent d'aller plus loin dans la poursuite de leurs objectifs et de leurs rêves en raison de certains revers temporaires au cours du voyage, mais choisissent de se résigner à abandonner, c'est ce qu'est l'échec.

La vérité est que tous ceux qui ont atteint leurs objectifs et leurs rêves ont parfois échoué en cours de route, et en fait, ils ont échoué bien plus que les personnes qui n'ont pas réussi. La seule raison pour laquelle ils réussissent, c'est parce qu'ils ont refusé d'abandonner leurs objectifs, malgré les revers temporaires, mais ils continuent de poursuivre leurs rêves. Ils n'ont pas laissé le revers les arrêter, ils ont appris de ce revers, en sont devenus plus intelligents et plus sages, et ont continué à poursuivre leurs objectifs et leurs rêves.

La non-réalisation d'un objectif n'est pas un succès, c'est un échec sur cet objectif. Cependant, l'échec n'est pas une mauvaise chose, presque tous ceux qui ont réussi leurs objectifs et leurs rêves ont subi une forme d'échec ou une autre. La seule raison pour laquelle ils ont réussi est parce qu'ils sont devenus plus intelligents après l'échec, et qu'ils utilisent l'échec comme un outil pour s'améliorer dans leur métier, ils ont appris pourquoi ils ont échoué et ont découvert comment éviter ou surmonter de tels pièges la prochaine fois, et en tant que tels, ils est devenu meilleur dans leur métier.

Aussi, à travers ce processus, ils ont également développé la force de caractère, ils ont développé la résilience pour les voir à travers les douleurs et la difficulté de l'échec, car en effet les leçons de l'échec peuvent être douloureuses et peuvent être humiliantes. Cependant, échouer et abandonner sera beaucoup plus douloureux, mais échouer, puis remonter et revenir dans le jeu sera une courte expérience douloureuse, mais à travers cela, vous gagnerez en force de caractère, en résilience et en confiance. Et vous maîtrisez également mieux vos émotions.

Généralement, ce n'est pas l'échec qui fait échouer les gens dans la vie, les gens échouent dans la vie parce qu'ils abandonnent, et ils ont arrêté d'essayer, ils choisissent de ne pas se relever et de revenir dans le jeu. Certaines personnes qui ont échoué se sont arrêtées à leur premier échec ou au deuxième ou au troisième, mais le fait est qu'elles se sont arrêtées à un moment donné, ce qui explique pourquoi elles ont échoué. Mais le fait est qu'il n'y a aucune indication sur le nombre de fois où l'on peut échouer sur une tâche avant de réussir. Le succès nous est personnel et nous sommes les seuls à déterminer si nous réussirons ou échouerons dans la vie.

Il y a un dicton selon lequel l'ébullition infinie ramollira une pierre, donc si nous refusons d'abandonner nos objectifs et nos rêves en raison de certains revers temporaires mais apprenons de l'échec et continuons à poursuivre notre objectif, alors un jour, nous atteindrons notre objectif.

Un exemple, Thomas Edison l'inventeur de l'ampoule à incandescence, a échoué mille fois avant de réussir son invention. Lorsqu'un journaliste lui a demandé ce qu'il ressentait en échouant mille fois, il a répondu en disant: «Je n'ai pas échoué mille fois, l'invention de l'ampoule a pris mille pas, ou mis d'une autre manière, je n'ai découvert que mille façons de le faire. faire une ampoule. Nous pouvons apprécier le poids de la positivité dans les mots de Thomas Edison, et c'est la base du raisonnement de l'état d'esprit pourquoi il n'a pas arrêté en essayant mille façons différentes d'inventer l'ampoule à incandescence.

En déduisant les paroles de Thomas Edison, on peut voir que, en réalité, il n'ya rien d'échec quand on refuse d'arrêter. L'échec est juste un travail en cours, et si nous continuons à travailler sur nos objectifs en refusant d'abandonner, alors un jour nous réussirons.

Lorsque nous étudions la vie des réussis comment ils ont tous poursuivi leurs objectifs, chutant et s'élevant jusqu'à ce qu'ils atteignent leurs objectifs, une chose qui ressort clairement d'eux est que, ils ont tous appris de leur échec que de leurs succès. Et ce sont les leçons de leurs échecs qui ont façonné leur force de caractère, leur ténacité et leur capacité à gérer le succès.

L'échec a rendu les gagnants plus forts, plus intelligents, plus affamés et plus déterminés à atteindre leur objectif. Pour eux, l'échec est une leçon, c'est une motivation et un carburant qui les enflamme, et la plupart du temps, c'est le début de leur histoire de retour, car cela leur apprend pourquoi ils ont échoué et comment être meilleurs la prochaine fois.

Une chose qui est devenue synonyme du légendaire et des grands, c'est qu'ils ont tous la même perception et la même compréhension de l'échec, et ils ont utilisé divers mots pour exprimer leur compréhension et leurs expériences d'échec qui racontent ce qu'ils comprennent l'échec, ce que il leur a appris et comment ils sont devenus meilleurs grâce à cela. Et nous pouvons tous nous rapporter à ces sages paroles et trouver la motivation pour se lever et revenir dans le jeu de la vie:

Notre plus grande gloire n'est pas de ne jamais échouer mais de s'élever chaque
temps nous tombons --- Confucius

Un grand succès repose sur l'échec, la frustration, voire la catastrophe - Summer Redstone

L'échec est l'un des plus grands arts du monde. On échoue vers le succès - Charles Kettering

L'échec offre l'occasion de recommencer, plus intelligemment --- Henry Ford

Le moyen le plus rapide de réussir est de doubler votre taux d'échec - Thomas Watson Sr.

J'ai raté plus de 9 000 coups dans ma carrière. J'ai perdu près de 300 matchs, 26 fois on m'a fait confiance pour tenter le coup gagnant... et j'ai raté. J'ai échoué à maintes reprises dans ma vie. C'est pourquoi je réussis --- Michael Jordan

Seuls ceux qui osent échouer grandement peuvent accomplir de grandes choses --- Robert F. Kennedy

Je ne crois pas avoir de talents spéciaux; J'ai de la persévérance... Après le premier échec, le deuxième échec, le troisième échec, j'ai continué à essayer ---- Carlo Rubbia, physicien lauréat du prix Nobel.

L'essentiel de la créativité est de ne pas avoir peur d'échouer ---- Edwin Land

Toute grande cause est née d'échecs répétés et de réalisations imparfaites --- Maria Montessori

Nos réalisations parlent d'elles-mêmes. Ce que nous devons suivre, ce sont nos échecs, nos découragements et nos doutes. Nous avons tendance à oublier les difficultés passées, les nombreux faux départs et les tâtonnements douloureux. Nous considérons nos réalisations passées comme le résultat final d'une impulsion nette et nos difficultés actuelles comme des signes de déclin et de décomposition. --- Eric Hoffer.

L'échec est une partie essentielle du succès, et c'est ce qui détermine réellement le succès, car les gens qui réussissent apprennent de leurs échecs, ils deviennent meilleurs, plus intelligents et plus éclairés par cela, et ils mettent cette énergie, cette vigueur et ces connaissances renouvelées dans leurs objectifs, et ils continuent d'essayer jusqu'à ce qu'ils gagnent.

Gérer les échecs et être capable de s'élever et de revenir sur le même objectif que celui qui a échoué auparavant nécessite une grande dose d'autodiscipline et de force mentale. Parce qu'en vérité, l'échec peut être épuisant et épuisant, donc revenir en arrière pour faire face au même défi nécessite beaucoup de volonté. Et il a été observé que les personnes qui ont réussi ont beaucoup de volonté et d'autodiscipline, et c'est essentiellement ce qui sépare les personnes qui réussissent des personnes qui ne réussissent pas.

Les gens qui réussissent maintiennent leur autodiscipline dans tout ce qu'ils font, ils tiennent leurs promesses, ils s'en tiennent à la cible et respectent les délais. Respecter ces habitudes est difficile et difficile car il y a beaucoup de situations imprévues qui se présenteront en cours de route pour rendre presque impossible de garder cette habitude. Mais ce sont ces situations difficiles qui sont en fait le test de la ténacité et de la discipline.

Réussir à comprendre que le vrai succès ne peut venir qu'en maintenant ce niveau de discipline et en y étant cohérent. Contrairement aux échecs qui ne font que «claquettes» autour de ces qualités, c'est pourquoi elles sont devenues infructueuses et peuvent probablement le rester si elles ne changent pas et ne s'améliorent pas.

Le succès est une mesure directe de la valeur que nous créons pour les autres, nos clients, notre communauté, etc. Après tout, les gens ne paieront que pour la valeur que nous apportons à leur vie. Et plus nous créons de valeur dans la vie des autres, plus les gens sont susceptibles de payer pour cela, et en conséquence plus la richesse que nous voulons créer dans le processus.

C'est la simple séquence de création de richesse que les gens qui réussissent comprennent très bien. Ainsi, ils sont toujours intentionnels dans le choix de leurs objectifs et ils comprennent parfaitement la valeur que leur objectif apportera à la vie d'autres personnes et ce que les gens paieraient probablement pour cette valeur.

De plus, parce que les gens qui réussissent ont cette profondeur de clarté sur leur objectif, ils n'abandonnent guère, car ils comprennent déjà la valeur que leurs objectifs pourraient leur apporter, donc lorsque l'échec s'installe le long du chemin, ils le voient comme un revers et comme test, ils en tirent des leçons et deviennent meilleurs grâce à lui, puis reprennent leur métier et continuent à travailler dur jusqu'à ce qu'ils atteignent leur objectif.

Les personnes qui échouent ont une compréhension opposée de ce concept, pour elles l'échec est un signe d'arrêt et elles ne voient pas l'échec comme un revers temporaire parce qu'elles n'ont pas les qualités mentales du succès. Ils manquent d'autodiscipline, de ténacité et de détermination à continuer face aux difficultés. Ainsi, ils lâchent le ballon et abandonnent sur leurs buts car ils ne se concentrent que sur les douleurs et la difficulté sur le chemin de leur but.

De plus, ils ne voient pas la valeur de l'impact que leurs objectifs pourraient avoir sur le monde qui les entoure et sur eux-mêmes. Et parce que l'échec ne crée ni n'apporte aucune valeur à la vie d'autres personnes et probablement à leur propre vie aussi, il peut alors être prudent de supposer que la vie de celui qui échoue n'a AUCUN IMPACT sur le monde qui les entoure et probablement même sur eux-mêmes. . Et quel état triste et désolé cela pourrait être!

Le fait est que notre créateur nous a tous créés pour avoir un impact positif sur notre monde, pour être précieux pour notre communauté et l'humanité en général. Et nous avons tous été bénis avec tout ce dont nous avons besoin pour faire exactement cela. Nous avons tous le potentiel en nous, et le potentiel est enfoui dans notre but.

Par conséquent, lorsque nous travaillons dur pour réaliser nos rêves, nous donnons essentiellement vie au potentiel que la nature nous a conféré. Et lorsque nous ne parvenons pas à travailler sur nos rêves jusqu'à la réalisation, nous annulons invariablement le potentiel qui nous est conféré en dormance.

Bronnie Ware, une ancienne infirmière australienne dans son livre, "les cinq principaux regrets des mourants", a énuméré les cinq principaux regrets des personnes sur leur lit de mort:

❖ J'aimerais avoir le courage de vivre une vie fidèle à moi-même, pas la vie que les autres attendaient de moi.

❖ J'aurais aimé ne pas avoir travaillé si dur

❖ J'aimerais avoir le courage d'exprimer mes sentiments

❖ J'aurais aimé rester en contact avec mes amis

❖ J'aurais aimé me laisser être plus heureux

Dans tous ces cinq grands regrets des personnes sur leur lit de mort, nous pouvons voir que tout dépend de ce qu'ils ont échoué, et la plupart de ces regrets sont tous les ramifications de nos objectifs et de nos rêves dans la vie.

Lorsque les gens ne parviennent pas à atteindre leur objectif sur cette terre, leurs regrets pour leur vie peuvent être assez énervants, mais lorsque vous vivez votre vie exprès, en faisant ce que vous êtes venu faire ici et en ayant un impact sur votre monde en conséquence, à la fin trouvez la paix et la joie.

Pour éviter les regrets de la vie, nous devons nous réveiller et utiliser le potentiel que Dieu nous a donné pour atteindre nos objectifs et nos rêves, puis les utiliser pour influencer et avoir un impact positif sur notre monde, car ce n'est que de cette manière que nous pouvons créer un véritable succès pour nous-mêmes et trouver le véritable accomplissement. dans notre parcours de vie. Et c'est ainsi que nous rendons ce monde un peu meilleur que nous ne l'avons rencontré.

Nos vies peuvent être belles et nos vies peuvent s'améliorer lorsque nous continuons à utiliser les dons que Dieu nous a donnés pour bénir et avoir un impact sur notre monde.

Vivez votre vie avec INTENTION

Demain est un autre jour!

IL N'Y A RIEN DANS UNE VIE PAUVRE

George Bernard Shaw a déjà fait remarquer qu'il existe trois types de personnes dans ce monde:

- ❖ Ceux qui font bouger les choses
- ❖ Ceux qui regardent les choses arriver et
- ❖ Ceux qui ne savent pas ce qui s'est passé.

La classification notée par George Bernard Shaw est assez vivante et une véritable narration de la façon dont les gens vivent et existent dans le monde. La classification peut quelque peu énerver certaines personnes au début, mais la vérité est que si nous examinons tous nos vies d'un œil critique, nous verrons où nous nous situons, dans ces classifications, et si nous sommes énervés par où nous tombons, il C'est parce que c'est là que se trouve notre vie et que nous devrions également être énervés par la situation et les conditions de notre vie dans lesquelles nous vivons actuellement.

En regardant ces classifications d'un œil critique, cela peut être un «miroir de vie» vivant que les gens peuvent utiliser pour mieux comprendre où ils en sont dans le jeu de la vie. Et puis, honnêtement, demandez-vous s'ils sont vraiment satisfaits de l'endroit où ils se trouvent, mais sinon, ils peuvent alors commencer à travailler pour se déplacer vers le quadrant qu'ils souhaitent être.

Les gens qui réussissent font bouger les choses, façonnent notre monde, décident comment nous vivons et comment nous continuerons à vivre dans le futur. Ce sont des gens qui poursuivent leurs rêves, ils utilisent leur imagination pour tracer notre chemin d'existence dans ce monde. En outre, ils sont les changeurs du monde qui inventent la technologie et les autres inventions majeures et très importantes dont nous ne pouvons pas vivre aujourd'hui.

De plus, il y a aussi d'autres changeurs de monde, changeant notre monde dans leur propre petite sphère, utilisant leurs dons de Dieu pour développer leurs idées afin de créer quelque chose qui profite et qui a un impact positif sur les autres, et dans le processus créant le succès pour eux-mêmes.

Ce groupe de changeurs du monde comprend que nous ne serons pas tous comme Steve Jobs, Larry Page, Bill Gates, Elon Musk, Aliko Dangote, etc., qui ont créé les marques mondialement reconnues comme l'iPhone, Google, Tesla, Star link Dangote etc., dont les produits et services sont disponibles et vendus aux quatre coins du monde. Cependant, ce groupe de gagnants est là dans son propre petit monde pour faire bouger les choses et se tailler sa propre zone d'influence dans son propre monde. Et ils continuent à avoir un impact positif sur leur monde avec le cadeau et les idées qui leur ont été accordés par la nature.

Cette classe de gens croient qu'ils peuvent encore faire une différence dans leur propre petit monde, en étant le changement qu'ils veulent voir, en utilisant leurs talents donnés par Dieu pour avoir un impact positif sur leur monde. Leur sphère d'influence est peut-être petite, mais ils continuent de faire leur part pour façonner le monde dans lequel nous vivons.

L'essentiel est qu'ils ne font pas partie des spectateurs ou n'attendent pas qu'on leur dise qu'ils doivent faire en sorte que leur vie compte, mais ils marchent déjà sur leur chemin pour atteindre leur objectif d'être ici sur une seule terre, et aussi faire leur part pour rendre leur vie. matière.

Ils ne font pas partie des groupes de personnes qui errent dans leur vie, jouent au jeu de la victime et perdent perpétuellement le temps précieux de leur vie, de manière négative de ne rien faire ou au mieux rien de stratégique pour transformer leur vie mais en espérant quelque chose de miraculeux. ou magique pour arriver et transformer leur vie pour le mieux. Ce peuple passe les années productives de sa vie, à espérer, à attendre, puis à gaspiller ses dons de Dieu, plutôt que de mettre ses dons et ses talents au travail, pour faire quelque chose de productif sur leurs idées pour bénir l'humanité sur cette terre, qui est l'essence ils ont reçu les cadeaux en premier lieu.

Albert Einstein a noté un jour que «l'imagination est tout, c'est un aperçu des attractions à venir». Les gens qui réussissent, ceux qui font bouger les choses, comprennent que le don de la vie que Dieu leur a donné est dans leur imagination, ils ont donc développé une formidable éthique de travail pour donner vie à leur imagination au profit de l'humanité, et dans le processus, ils trouvent le succès et la grandeur pour se.

Ces personnes vivent leurs rêves, leur vie est riche et, surtout, elles vivent la vie que Dieu leur a donnée. Imaginez juste quand nous donnons à notre enfant un cadeau ou une sorte de ressource et qu'il l'utilise assez bien, comment nous sentons-nous? ... Génial, et nous voulons certainement leur en donner plus! D'un autre côté, imaginez quand l'enfant est insouciant et gaspilleur avec un tel cadeau, voulons-nous honnêtement le donner à nouveau à l'enfant? Nous refuserons plutôt d'autres cadeaux, jusqu'à ce que l'enfant puisse démontrer qu'il ou elle peut maintenant bien utiliser le cadeau.

Imaginons nos vies et soyons honnêtes avec nous-mêmes, vivons-nous la vie abondante qui nous est promise dans le bon livre? parce que personne ne peut prétendre vivre une vie d'abondance si tout ce dont il s'inquiète est l'empilement des factures, vivre de chèque de paie en chèque de paie, gérer le manque et la pénurie, et une vie de faible estime de soi. Le point ici est que si nous utilisons nos dons pour avoir un impact et bénir notre monde, il n'y aura pas de problème de vivre une vie de manque et de gérer la rareté et la pauvreté, car utiliser notre don pour répondre à un besoin dans le monde aurait amené avec elle richesse et épanouissement.

Si vous avez un rêve que vous vivez et que votre rêve façonne le petit monde qui vous entoure d'une certaine manière, alors vous faites partie de ceux qui façonnent notre monde, vous faites partie de ceux qui utilisent leurs talents pour avoir un impact positif sur le monde qui les entoure. l'humanité et pour rendre le monde un peu meilleur qu'ils ne l'ont rencontré, ce qui est essentiellement le concept d'humanité.

D'un autre côté, si vous n'utilisez pas votre don pour contribuer à ce monde et au profit de l'humanité, que peut-on dire alors de la valeur de ces personnes sur cette terre? autrement qu'ils n'étaient que de simples preneurs, ils ne sont venus que pour consommer les ressources de la terre sans rien rendre, et la vérité évidente est que la nature ne bénit jamais les preneurs, la nature ne bénit que les donneurs.

Généralement, il y a deux sortes de perdants dans la vie: ceux qui regardent les choses se produire et ceux qui ne savent pas ce qui s'est passé. Bien qu'ils soient tous les deux perdants, mais avec un niveau de conscience et de conscience différent.

Le premier groupe, «ceux qui regardent les choses se passer» passent toute leur vie à regarder les autres vivre leurs rêves et profiter de leur vie, ils suivent leurs histoires sur les plateformes de médias sociaux, comme Facebook, Instagram, WhatsApp, etc. comme si c'était ce qu'ils venaient ici sur terre à faire. Ils passent leur vie à regarder les photos du petit-déjeuner, du déjeuner, du dîner et des vacances d'autres personnes ou d'autres événements sociaux. Et ironiquement, ils trouvent des rires et des sourires en regardant d'autres personnes vivre leur vie, ils ne comprennent pas ou ne comprennent pas que leur vie décline lentement.

Ils jaugent leur vie à travers la «lentille du moment» et ils trouvent satisfaction dans le coup de pouce instantané de dopamine de la publication et des goûts sur les réseaux sociaux, c'est pourquoi ils ne peuvent pas garder leurs mains sur leurs téléphones ou gadgets. Et dès que leur téléphone est loin d'eux ou qu'il y a un problème de réseau momentané de la part du fournisseur, ils deviennent stressés et désorganisés.

Ces catégories de personnes se considèrent souvent occupées, et elles sont en fait occupées, ou plutôt terriblement occupées en fait, mais elles sont occupées à ne rien faire de productif, ou occupées simplement pour être occupées, gaspillant le temps précieux de leur vie.

Le deuxième groupe de perdants, ceux qui ne savent pas ce qui s'est passé «peut être dit qu'ils dorment du sommeil de la mort», ils passent leur vie à dormir et à s'interroger sur leur monde. Ils sont confus au sujet de leur vie, malheureux et stressés, et ils sont paresseux et oisifs; et ils aiment passer leur vie au ralenti. Et aussi, ils sont très pleins de plaintes et toujours prompts à expliquer pourquoi leur vie est foirée, pourquoi ils sont là où ils sont et pourquoi les choses ne fonctionnent pas pour eux. Ils ne comprennent pas qu'ils sont le problème pour eux-mêmes, mais ils ont toujours l'habitude de pointer du doigt les autres comme les raisons de leur condition de vie.

En outre, ils sont incroyablement doués pour jouer au jeu de la victime et toujours le preneur, croyant toujours qu'ils sont les seuls à faire face aux défis les plus difficiles et ont besoin d'être aidés, et aussi qu'ils devraient être pris en charge ou que des choses devraient être fournies pour soulager leurs douleurs. . Mais ils ne pensent jamais pour une fois à assumer la responsabilité ou le contrôle de leur vie. Et ils prononcent probablement les mots «votre vie est entre vos mains», mais la vérité est qu'ils ne comprennent jamais vraiment ce que cela signifie.

De plus, ils sont crédules et faibles d'esprit, anticipant toujours une forme ou un miracle ou une magie pour changer leur vie et éliminer tous leurs problèmes. Ainsi, ils ont tendance à tomber amoureux de tout ce que quelqu'un dit à ce sujet, ou de tout ce qui leur donne de faux indices pour rendre les choses plus faciles et meilleures pour eux.

En outre, ils n'ont pas la profondeur de la compréhension que tous ces dictons supposés et les proclamations prophétiques selon lesquelles les choses iront mieux et la vie s'améliorera, sont de simples mots vides qui ne peuvent pas changer leur vie, mais continuent seulement à éroder leur confiance en eux, et ils croient en eux-mêmes qu'ils sont les seuls à pouvoir provoquer des changements et des transformations dans leur vie. Et le fait est que ce n'est que par les œuvres de leurs mains et non par des paroles qui peuvent changer leur vie.

Comme la première catégorie de perdants, ils trouvent à redire à tout et à tout le monde autour d'eux mais jamais à eux-mêmes, ils ne comprennent pas cela, ce sont eux qui doivent changer leurs habitudes, avant que quoi que ce soit puisse changer pour eux. Et changer une habitude peut être assez difficile parce que l'habitude est un mode de vie, qui est devenu une partie de cette personne, comment ces personnes vivent et font les choses. Ainsi, changer une habitude demande de la détermination et une forte intention de changer.

Je pense que nous sommes actuellement à un moment de l'histoire où il ne suffit pas de savoir quelque chose, mais aussi de comprendre comment cela fonctionne. Donc, en utilisant cette analogie sur notre état d'esprit, nous pouvons alors dire de changer notre état d'esprit, nous devons d'abord savoir comment notre esprit fonctionne, ou comment notre état d'esprit a été développé, et le fait est que notre esprit travaille en référence à la façon dont nous l'utilisons.

Pour comprendre cela clairement, considérons ceci, combien de personnes peuvent honnêtement dire qu'elles se sont réveillées ce matin et créer consciemment la vie qu'elles vivent aujourd'hui? Le fait est que la plupart des gens se réveillent le matin, se lèvent du même côté du lit comme ils le font toujours, enfilent les mêmes pantoufles que d'habitude et continuent à utiliser les toilettes de la même manière qu'ils le font toujours, et par la suite. aller dans la douche et se baigner de la même manière. Ensuite, rendez-vous au travail comme ils le font toujours, rencontrez les mêmes personnes et faites les mêmes choses qu'ils font bien, dans lesquelles ils sont experts, puis rentrez chez eux et faites la même chose qu'ils ont toujours faite chez eux, ce qui est probablement de s'asseoir sur le même canapé et de regarder la télévision comme ils l'ont toujours fait.

La question cruciale ici est est-ce que leur cerveau a changé du tout ce jour-là? ou leur cerveau a-t-il radicalement changé quelque chose dans leur vie ce jour-là?

Le fait évident est que leur cerveau n'a pas du tout changé ce jour-là, car ils ont vécu les mêmes expériences émotionnelles déclenchées par le même événement, les mêmes personnes et les mêmes circonstances auxquelles ils se sont habitués. Par conséquent, si vous ne pensez qu'aux mêmes pensées que dans le passé et que vous effectuez les mêmes actions que vous le faites toujours, vous attendez-vous honnêtement à ce que les choses changent dans votre vie, alors que vous ne pensez qu'à tout ce que vous savez?

La seule chose que vous ferez est de créer plus des mêmes expériences dans votre vie, et c'est le fléau pourquoi la plupart des gens ont tendance à rester dans la même position dans leur vie ou à produire probablement une transformation minime mais non significative au cours de leur vie. vies.

Un exemple que vous entendrez beaucoup de gens dire au début de leur carrière en tant qu'employé qu'ils vont probablement être un employé pendant quelques années, puis passer à faire quelque chose de leur propre chef, poursuivre leurs rêves et leurs objectifs. Mais étonnamment, ils finissent par passer toute leur vie à travailler en tant qu'employé, et vous avez tendance à vous demander ce qui est arrivé à tous les beaux rêves qu'ils ont eu, et où ont-ils raté l'objectif, et comment ont-ils raté la cible et ce qui est arrivé à leur haute vision?

Changer profondément quoi que ce soit dans nos vies et sur nous, c'est créer plus que notre environnement, la première chose que nous devons avoir est une vision, une vision du genre de vie que nous voulons, une vision si forte que nous ne pouvons pas la voir, ou ressentez-le avec nos sens, mais nous y croyons fermement. Et pour changer d'avis pour croire en cette vision, nous devons changer d'avis pour travailler dans de nouvelles séquences, de nouveaux modèles et combinaisons, et la seule façon de vraiment vivre ces expériences est de nouvelles connaissances.

Lorsque nous apprenons quelque chose de nouveau, la connaissance ou l'information crée de nouvelles connexions dans notre cerveau, et lorsque nous nous souvenons ou nous souvenons de l'apprentissage, cela a pour résultat de maintenir et de maintenir la connexion développée par les nouvelles connaissances dans le cerveau. Ainsi, lorsque nous poursuivons consciemment et vigoureusement de nouveaux apprentissages, nous augmentons les connexions des neurones dans notre cerveau, et cela commence à influencer nos schémas de pensée, c'est pourquoi vous trouverez que toutes les personnes qui réussissent vraiment apprennent tout au long de la vie, elles lisent toujours ou apprendre quelque chose de nouveau.

De plus, nous devons également nous assurer que notre corps est en phase avec notre esprit, un exemple, lorsque vous commencez à envisager le genre d'avenir que vous souhaitez dans votre esprit et à y penser positivement, mais alors, il y a toujours ce sentiment de négativité. autour de. Habituellement, c'est parce qu'il y a une déconnexion entre votre corps et votre esprit, donc ce que vous devez faire est d'écrire les choix que vous voulez commencer à faire et d'identifier les expériences qui provoquent les réactions négatives.

Si la source de ces réactions négatives provient de certaines personnes, alors vous devez rester consciemment éloigné de telles personnes ou de telles choses provoquant la résurgence de ces expériences négatives. Et lorsque vous suivrez cela, votre état d'esprit commencera progressivement à changer vers le genre de vie que vous avez envisagé, tout ce qu'il faut, c'est une décision consciente.

Bill Gates, a dit un jour, si vous êtes né pauvre, ce n'est pas de votre faute, mais si vous mourez pauvre, c'est votre faute. Alors, ne mourez pas pauvre, commencez à changer votre état d'esprit aujourd'hui, et votre vie commencera sûrement à changer.

Vivez votre vie avec INTENTION

Demain est un autre jour!

AJUSTEZ LES ETAPES D'ACTION ET NON VOS OBJECTIFS

"Lorsqu'il est évident que l'objectif ne peut être atteint, ne pas ajuster les objectifs, ajuster les étapes d'action" - Confucius

Que signifie pour nous de rester bloqués sur notre objectif, de ne pas nous en éloigner, et pourquoi ne devons-nous jamais envisager d'ajuster nos objectifs?

Lorsque nous sommes bloqués sur notre objectif, nous disons à notre esprit que quels que soient les obstacles et les défis pour atteindre cet objectif, nous n'abandonnerons pas. Nous réaffirmons à notre esprit que nous sommes déterminés à atteindre l'objectif et que nous ferons tout ce qui est en notre pouvoir et dans les limites de la loi pour y parvenir.

Lorsque nous attaquons notre objectif avec cet état d'esprit, notre esprit se rend compte que nous n'abandonnerons pas les objectifs, et ce qui se passe, c'est que notre esprit commence alors à coopérer avec nous à travers les moments difficiles et difficiles sur le chemin de la réalisation de nos objectifs.

De par sa conception, notre corps est un mécanisme de survie, il n'est pas conçu pour nous faire prospérer, c'est pourquoi sur le chemin de la réalisation de nos objectifs, lorsque des douleurs, des difficultés et des frustrations s'installe, la réponse par défaut est pour nous d'arrêter, il prend notre volonté de résister à la réponse par défaut de notre esprit pour que nous continuions à faire face à la douleur et aux épreuves sur le chemin de notre objectif.

Notre esprit est conçu pour nous protéger, pour nous protéger des difficultés, de la douleur et des risques. Cependant, si nous voulons accomplir quelque chose de significatif dans la vie, nous devons être prêts à prendre des risques. Le fait est que si nous essayons d'éliminer tous les risques de notre vie, ce que nous faisons est invariablement d'essayer d'éliminer toutes les possibilités de notre vie. Bien que prendre des risques ne signifie pas réussir dans l'entreprise, cela peut conduire à l'échec, mais une chose est sûre, cela nous aide à grandir et à devenir meilleurs.

Beaucoup des plus grandes réalisations de la vie ont été portées par des risques, ce qui nécessite de sortir de la zone de confort. Bien que la majorité des gens aient tendance à être réticents au risque, ils traversent une période difficile pour gérer ou essayer de faire face aux incertitudes qui accompagnent la prise de risques, un sentiment de malaise de ne pas connaître le résultat, la peur de l'échec et la peur de l'échec. l'inconnu.

L'ironie est cependant que certaines des expériences les plus enrichissantes de la vie sont le résultat de la prise de risque, et les gens évitent généralement de prendre des risques à cause de la peur de l'échec, de la peur du «et si» et si cela n'a pas fonctionné, de quoi s'il a échoué, etc.

Cependant, que se passe-t-il si le point de prendre des risques n'est pas dans le résultat en soi mais dans le processus, où nous devons affronter nos propres peurs, apprendre à vaincre nos peurs et devenir une meilleure version de nous-mêmes à la fin. Passer par là peut être difficile et nécessite beaucoup de volonté, mais c'est quelque chose qui nous amène à devenir une meilleure version de nous-mêmes.

Il a été scientifiquement prouvé que la volonté est un déterminant majeur du succès dans la vie. Des chercheurs de l'Université de Stanford dans le cadre de la célèbre expérience Marsh Mellow », ont effectué une expérience avec des tout-petits pour tester leur volonté, et environ deux décennies plus tard, ils ont vérifié comment les adultes maintenant allaient tous.

Ils ont été agréablement surpris de voir que les tout-petits qui ont fait preuve d'une plus grande volonté dans l'expérience avaient tous atteint un niveau de réussite remarquable dans leur vie que les tout-petits qui faisaient preuve d'une faible volonté.

Dans une autre expérience similaire, les chercheurs ont divisé les participants en deux groupes, le premier groupe a reçu des radis fades, tandis que le second groupe a été servi des radis avec du beurre. Après s'être régalés avec satisfaction, les deux groupes se sont vu offrir un puzzle impossible à résoudre, dont on ne leur a pas dit qu'il s'agissait d'un puzzle impossible.

Le premier groupe dont la volonté a été testée avec des radis fades, a d'abord abandonné le défi, tandis que le deuxième groupe qui n'avait pas eu sa volonté a continué pendant huit minutes après que le premier groupe eut quitté le défi.

La conclusion de la première expérience était que la volonté est un ingrédient important et nécessaire pour réussir, et la conclusion de la deuxième expérience était que la volonté est comme un muscle, lorsqu'elle est testée, elle se fatigue avec le temps, nous devons donc toujours prévoir de faire des activités qui sont les tâches mentales en premier lorsque notre volonté est encore fraîche, et les activités moins chargées de tâches mentales poussent à des périodes ultérieures.

De plus, puisque notre volonté est comme un muscle, nous devons nous engager consciemment dans des choses qui aident à construire notre volonté, comme s'engager dans des tâches qui testent nos limites et nous poussent à faire au-delà du domaine de ce que nous pensions pouvoir accomplir.

Lorsque nous nous engageons sur notre objectif et que nous le soutenons par des actions en veillant à ce que tout ce que nous faisons nous mène dans la direction de notre objectif, alors tout en nous commence à changer pour s'aligner sur la réalisation de notre objectif. Et en continuant à faire cela, nous nous retrouverons à développer une volonté plus forte et les habitudes qui mèneront au succès.

Développer une bonne habitude n'est pas une tâche facile, et cela prend du temps, et il y aura des douleurs et d'immenses sacrifices le long du chemin pour former ces habitudes de réussite. Comme souvent dit, les bonnes habitudes sont DIFFICILES à FORMER mais FACILES à PERDRE, tandis que les mauvaises habitudes sont FACILES à FORMER mais DIFFICILES à PERDRE. Donc, ce n'est pas seulement pour former les bonnes habitudes, mais nous devons travailler continuellement pour renforcer l'habitude comme notre volonté, et nous devons continuellement «attiser le feu pour maintenir la flamme vivante».

Lorsque nous refusons d'ajuster notre objectif, nous ne laissons aucune place à notre esprit pour trouver la solution de facilité. Mais lorsque nous commettons l'erreur d'ajuster nos objectifs plutôt que les étapes d'action, nous ouvrons la porte à l'abandon et à l'échec de l'objectif, car notre esprit commence à chercher la solution de facilité. Comme indiqué précédemment, notre corps est par nature conçu comme un mécanisme de survie, pour nous protéger de la douleur et de l'inconfort, mais pas pour nous faire prospérer.

Personne n'a trouvé le succès sur le chemin facile, le chemin le plus parcouru, mais plutôt sur le chemin le moins parcouru, parsemé de douleurs, de frustrations, de difficultés et de défis. C'est à cause des obstacles difficiles qui jalonnent le chemin du succès que la plupart des gens choisissent de renoncer à leurs objectifs, parce qu'ils cèdent aux aspirations de survie de leur corps pour faire des choses faciles et sans douleur.

Les personnes qui réussissent se concentrent sur leur objectif, comme un requin qui tourne autour de sa proie, elles restent attachées à leur cible, ajustant et améliorant continuellement leurs stratégies et mesures d'action pour s'adapter aux circonstances changeantes, mais sans jamais ajuster l'objectif. Si quelque chose ne fonctionne pas comme ils l'avaient prévu ou souhaité, ils réajustent leur plan de travail et les étapes de leurs activités pour faire face aux défis émergents, mais ils ne réajustent jamais leurs objectifs et ne les abaissent jamais.

De plus, ils ont mis beaucoup de courage tout au long du processus pour atteindre leur objectif, ils comprennent qu'il y aura de la peur et de la douleur en cours de route, et ils s'y préparent mentalement et physiquement, ils ont le courage de faire ce qui doit être fait pour les émouvoir. vers leurs objectifs et leurs rêves.

En outre, ils rassemblent la force mentale nécessaire pour faire face aux douleurs, aux frustrations et aux difficultés sur le chemin du succès, car ils se concentrent sur le but et non sur la douleur et les difficultés tout au long du chemin pour atteindre leur objectif. Et conformément à la manière dont notre esprit fonctionne, ce sur quoi vous vous concentrez est ce que vous obtenez, donc parce qu'ils sont concentrés sur leur objectif, ils atteignent leur objectif.

Cependant, la plupart des gens abandonnent leurs objectifs parce qu'ils sont épuisés mentalement, émotionnellement et physiquement, ce qui se produit parce qu'ils se concentrent sur ce qu'ils ont à donner, ce qu'ils devront sacrifier pour affronter, la douleur, les difficultés et les épreuves le long du parcours. chemin pour atteindre leurs objectifs et leurs rêves.

Comme indiqué précédemment, notre esprit répond à notre concentration, ce sur quoi nous nous concentrons est ce que nous avons tendance à obtenir. Lorsque de telles personnes se concentrent sur les douleurs et les difficultés, c'est tout ce qu'elles verront dans le processus et elles deviendront aveugles à la vraie raison pour laquelle elles se sont aventurées dans le voyage en premier lieu. Cependant, tout comme les personnes qui ne réussissent pas, les personnes qui réussissent font face aux mêmes difficultés et la plupart du temps même plus, mais quand elles échouent, elles en tirent des leçons, elles se lèvent et reviennent et essaient encore et encore, jusqu'à ce qu'elles gagnent.

Les gens qui réussissent gagnent sur leurs objectifs parce qu'ils développent l'état d'esprit de ne jamais abandonner, ils croient que plus ils atteignent leur objectif et continuent à frapper fort et fort, un jour, l'objectif sera atteint. c'est comme le concept de "l'ébullition infinie ramollira une pierre" ou le concept de la profondeur de mille coupes, chacune des coupes ne fait pas beaucoup de différence, mais quand elles sont concentrées et toutes concentrées sur les objectifs les coupes tout se résume pour faire tomber l'arbre.

Sur le chemin de la réussite, la plupart des gens souffrent de douleur, de difficultés, de déceptions et parfois de dépression nerveuse, mais à travers tout cela, et même dans leurs moments très bas, ils n'abandonnent jamais, car ils croient en leurs rêves et comprennent pourquoi ils doivent faire ce qu'ils font, c'est pourquoi ils traversent les épreuves qu'ils vivent.

De plus, parce qu'ils ont une bonne compréhension de cela, ils n'ont besoin d'aucune motivation extérieure pour avancer vers leur objectif, ils sont plutôt intrinsèquement motivés parce que leurs raisons de faire ce qu'ils font allument le feu en eux, pour faire ce qu'ils doivent. faire pour atteindre leur objectif. Et ils conservent leur détermination à atteindre leurs objectifs et à réussir, car ils savent que ce n'est que de cette manière qu'ils peuvent créer de la valeur dans le monde et avoir un impact positif sur leur monde. Et ce n'est qu'alors que leur vie peut avoir un vrai sens, et alors seulement, peuvent-ils honnêtement dire qu'ils ont vécu leur objectif de venir ici sur terre.

En général, c'est ce que les gens pensent qu'ils ne sont pas et non ce qu'ils sont, qui les empêche de réussir. La plupart des gens ne se concentrent pas sur qui ils sont, mais ils pensent toujours à ce qu'ils ne sont pas. Mais le fait est que tout ce dont nous avons besoin pour réussir a déjà été déposé en nous, nous n'avons donc pas besoin d'être une autre personne avant de pouvoir commencer à réussir, et de plus, le succès nous est personnel, et chaque individu décide de ce que le succès est pour lui.

Comme indiqué précédemment, le succès est ce que vous en faites, c'est ce que vous le définissez, ce qui signifie que vous n'avez pas besoin d'être milliardaire ou millionnaire pour réussir, il suffit de faire des choses qui vous épanouissent pour réussir. .

Souvent, la plupart des gens qui réussissent ne se sont pas mis principalement à chercher de l'argent, leur vision est généralement sur l'objectif, pour créer de la valeur et avoir un impact sur le monde, mais dans le processus de réalisation de leurs objectifs, cela apporte de la richesse. Ainsi, la réalisation de son objectif dans la vie aboutit généralement au succès et apportera souvent de la richesse matérielle ou sous une autre forme. Ainsi, une vie réussie ne peut jamais être une vie de pauvreté et de manque.

Quand quelqu'un vit une vie infructueuse, il est évident qu'il mène une vie qui n'ajoute aucune valeur à la vie des autres et de leur monde, et probablement à eux-mêmes. Et on ne peut dire qu'une telle vie a été vécue avec un but. Cela peut être comparé à la vie d'un nomade errant, choisissant sans but des tâches pour passer son temps sur cette terre, mais jamais intentionnel sur ses objectifs et ses rêves.

Les gens échouent parce qu'ils ne peuvent pas se maintenir enfermés sur une cible; ils sont facilement distraits. Et parce qu'ils ne peuvent pas mettre dans l'énergie mentale et la discipline nécessaires pour s'engager et persévérer sur un objectif. Ainsi, chaque fois que des situations difficiles surviennent, ce qui arrive toujours, ils changent de cible. Par conséquent, ils sont dans un mode continu d'ajustement de leurs objectifs, ce qui conduit toujours à des réalisations sous-optimales et à des échecs.

En fait, la plupart des gens ont tendance à travailler dur, mais la plupart échouent en raison de leur relation avec leurs objectifs et leurs rêves, et parce que la majorité est également absorbée par des tâches insignifiantes qui n'ajoutent pas vraiment de valeur productive à leur vie mais mangent les années productives de leur vie, c'est comme être occupé pour être occupé.

Les échecs sont toujours en phase d'essai perpétuelle, essayant toutes les idées commerciales erratiques, les unes après les autres, ne pouvant jamais rester enfermés sur un objectif pour voir l'idée à travers la phase d'incubation se concrétiser, mais ils arrêtent d'en essayer une autre, le moment de la vie des situations difficiles s'installe. Et c'est le cas parce que les personnes qui ne réussissent pas se sentent facilement mal à l'aise avec les difficultés, alors quand les difficultés s'installe, elles passent rapidement à une autre idée qui semble moins gênante.

Généralement, lorsque les gens se sentent à l'aise, ils deviennent complaisants et lorsqu'ils deviennent complaisants, ils perdent leur concentration et leur cohérence, ce qui conduit à l'échec. La règle est de ne jamais se permettre de devenir à l'aise au point de devenir complaisant et de perdre la concentration, mais plutôt de toujours développer un sentiment de malaise chronique, de sorte que nous puissions toujours être en état de vigilance et rester concentrés sur nos objectifs, parce que le succès n'est pas une chose d'un jour ou d'un instant, c'est un style de vie, et il n'y a pas de fin au succès, c'est comme une cible en mouvement.

Une fois que nous avons atteint un objectif, nous passons à un autre et à un autre et entrons dans l'état où nous continuons à chercher comment améliorer la valeur que nous créons dans le monde et comment nous avons un impact sur le monde qui nous entoure, ce qui en fait est pourquoi le succès ne s'arrête jamais.

En résumé, réussir dans la vie est simple mais pas facile, c'est difficile, dur et douloureux, mais c'est beau. Le succès est simple car tout ce que vous avez à faire est de suivre le même PRINCIPE utilisé par toutes les personnes qui réussissent. Et parce que la science du succès est la même pour tout le monde et partout, la seule partie difficile du succès est le travail acharné.

Par conséquent, si vous examinez votre vie et que vous désirez vraiment réussir, travaillez dur et suivez les principes des autres personnes qui réussissent que vous connaissez. Si votre héros fait du jogging le matin et tous les matins, faites du jogging le matin et tous les matins aussi. Si votre héros lit quatre heures par jour, puis lit quatre heures chaque jour, c'est aussi simple que cela. C'est ainsi que vous commencerez à développer la mentalité de réussite. N'oubliez pas que le succès est simple, il ne nécessite que beaucoup de travail acharné.

Le succès est beau, alors réussissez. Il n'y a rien de glorieux dans une vie d'échec et de pauvreté.

Vivez votre vie avec INTENTION

Demain est un autre jour!

VOUS POUVEZ CREER UNE VIE DIGNE D'ETRE VECUE

"La vie vaut la peine si vous essayez. Cela ne veut pas dire que vous pouvez tout faire mais il y a beaucoup de choses que vous pouvez faire, si vous essayez." - Jim Rohn

Si vous voulez quelque chose dans la vie, vous devez être capable de le prendre, car la vie ne vous donnera jamais ce que vous ne méritez pas, la vie ne vous donnera pas ce que vous voulez, mais ce que vous exigez de la vie. Et à mesure que vous exigez toujours plus de la vie, la vie commencera à se livrer de plus en plus à vous, et vous commencerez à enregistrer succès après succès. Par conséquent, élargissez votre portée et la valeur que vous créez et offrez dans le monde.

Fondamentalement, le succès ne se mesure pas par ce que vous avez, votre accomplissement ou votre statut. Le succès est ce que vous avez défini pour vous-même comme étant le succès. Cependant, réussir signifie vivre une vie de croissance, une vie de repousser continuellement les limites de nos réalisations à la fois intrinsèquement et extrinsèques, apprendre et se développer continuellement, faire plus et donner plus et s'efforcer continuellement de devenir une meilleure version de vous-même, mais jamais vous permettant de rester coincé là où vous êtes et de commencer à rouiller.

Comme l'a fait remarquer Roger Dawson, «nous commençons avec une si grande ambition, en supposant que rien ne nous empêchera d'atteindre nos objectifs. Et dans cette grande terre d'opportunités, si nous étudions et travaillons dur, nous avons d'excellentes chances de réussir. Nous atteindrons notre objectif, qui peut aussi être la pire chose qui puisse nous arriver, car lorsque nous atteignons nos objectifs, nous arrivons souvent au pays du contentement et ne réalisons jamais que si nous devions décoller et voler à nouveau, nous pourrions faire bien plus ».

De plus, George Bernard Shaw a déclaré: «Il y a deux tragédies dans la vie: l'une est de ne pas obtenir le désir de votre cœur; l'autre est de l'obtenir ». C'est une vertu de se contenter de ce que l'on a, mais un vice de se contenter de ce que l'on est. Trop de gens se figent à un moment de leur vie, ils atteignent un point où ils ne veulent plus changer, ils se contentent de ce qu'ils sont devenus et de leur croyance sur leur potentiel, et se figent comme la cuisson de la graisse qui refroidit au fond de Une poêle à frire.

Un esprit humain est une chose terrible à gaspiller, c'est encore plus tragique quand l'esprit est celui qui a réussi dans le passé mais qui se fige maintenant dans le contentement. Ainsi, au moment où nous commençons à vivre dans le royaume de la gloire passée et des réalisations passées, ce n'est plus une réussite. Le succès est au présent et dans le schéma actuel des choses et non basé sur les succès passés ou la gloire passée.

Le vrai succès ne peut être atteint que par un travail acharné, un engagement et une persévérance à travers les obstacles et les défis en cours de route. Cependant, lorsque certaines personnes trouvent des richesses et des richesses, elles interprètent souvent cela comme un succès. La richesse seule ne dénote pas le succès; c'est le succès quand il comprend des accomplissements. Et c'est aussi un succès lorsque nous continuons à grandir. Cependant, lorsque la stagnation s'installe ou que nous nous figons dans le contentement, au lieu de continuer à nous efforcer de devenir une meilleure version de nous-mêmes, alors ce n'est plus une réussite.

De plus, certaines personnes choisissent de trouver des richesses et des richesses par le biais d'une forme ou d'une autre, et parce qu'elles n'ont pas travaillé pour cela, elles finissent par ne pas pouvoir la garder parce qu'elle n'a pas été gagnée, et aussi parce qu'elles n'ont pas développé la discipline. , la force de caractère, la connaissance, la sagesse et l'attitude pour préserver et gérer les richesses. Et parce qu'ils n'ont pas cette discipline, les richesses ne durent pas mais disparaissent bientôt et laissent derrière elles misère, douleur et frustrations.

Dans d'autres scénarios, comme le cas des gagnants de loterie qui entrent dans la richesse instantanée et la richesse probablement de quoi que ce soit, il a été observé à maintes reprises que la majorité d'entre eux finissent par être brisés quelques années après leur victoire. Selon les statistiques citées par Time, Fortune Magazine et National Endowment for

Financial Education, 70% des gagnants de loterie se retrouvent en faillite dans les cinq ans après avoir reçu une importante manne financière.

En outre, Steve Lewitt, PDG de Wealth Financial Group de Chicago, a déclaré que la principale raison pour laquelle la majorité des gagnants de loterie font faillite est que «les gens qui étaient petits, les gens ordinaires sont soudainement devenus extraordinaires» ils sont euphoriques, ils perdent tout sens de la réalité et ils pensent qu'ils sont invincibles et puissants, ils pensent qu'ils sont superman »Les mots de Steve peuvent être résumés comme suit:« La majorité des gagnants de loterie font faillite parce qu'ils n'ont pas développé la discipline, la sagesse et l'attitude nécessaires pour gérer et maintenir le richesse soudaine ".

En outre, il y a un dicton populaire selon lequel, si vous prenez toute la richesse des riches du monde et la partagez avec les pauvres, ceux qui échouent, dans cinq ans, le même argent retrouvera son chemin entre les mains des riches. C'est parce que la richesse et la richesse sont comme un courant (en fait le mot monnaie vient d'un mot latin, currens qui dénote la condition de couler ou la notion d '«état ou fait de couler de personne à personne») qui coule là où il est canalisé ou attiré.

Les riches créent des produits et des services qui répondent à certains besoins dans le monde, et les gens paient pour ces produits et services, qui à leur tour attirent et canalisent la richesse vers les riches. C'est l'état d'esprit riche, et parce que les gens qui réussissent ont un état d'esprit riche, ils finissent par devenir riches. D'un autre côté, les personnes qui ne réussissent pas ont un mauvais état d'esprit, c'est-à-dire l'état d'esprit consistant à ne noter ou à n'offrir aucun service de valeur mais à s'attendre à ce que le succès se produise, la question est de savoir comment?

C'est le schéma de pensée de ceux qui ne réussissent pas et c'est ainsi que les gens qui échouent deviennent des échecs et restent pauvres, parce qu'ils ne pensent qu'à eux-mêmes et à leur estomac, à ce qu'ils vont manger. Et une fois ce désir satisfait, ils sont satisfaits et se soucient moins des autres choses ou commencent à s'inquiéter du prochain repas. Et parce qu'ils ne peuvent rien penser au-delà d'eux-mêmes ou de plus grand qu'eux-mêmes, ils ont tendance à rester dans le même état.

Les personnes qui réussissent ont développé une clarté sur ce qu'elles veulent dans la vie, et elles s'y prennent de manière stratégique. Ils développent une stratégie claire et un plan d'action réalisable pour actualiser leurs objectifs, et ils font le travail acharné requis, et font même un effort supplémentaire si nécessaire pour atteindre leurs objectifs. Ils croient que le succès ou l'échec de leur objectif dépend entièrement de ce qu'ils choisissent de faire ou de ne pas faire. Ils ne croient pas que la chance se produise par des moyens surnaturels ou mystiques, mais plutôt qu'ils sortent et créent leur propre chance.

Pour le succès, la chance est une occasion de rencontre de préparation, et en raison de leur profonde compréhension de cette loi universelle et de cette sagesse, ils se développent constamment, améliorant leurs aptitudes et compétences dans le jeu de la vie. Ainsi, lorsque l'occasion se présente, ce qui se produit toujours, ils sont préparés et capables d'annexer l'opportunité, et dans le processus, ils créent une vie de succès, une vie qui vaut vraiment la peine d'être vécue pour eux-mêmes.

Le fait est que les gens qui réussissent croient qu'il y a quelque chose qui s'appelle GRÂCE, et ils ont une compréhension profonde de ce que signifie vraiment GRÂCE. Ils savent que GRÂCE ne peut abonder qu'après avoir fait TOUT ce qui est nécessaire pour réaliser leurs objectifs et leurs rêves. Et après qu'ils aient fait tout cela, alors GRÂCE abonde, et c'est comme si l'univers commençait à coopérer avec eux pour faire bouger les choses pour eux. Et ainsi, les choses commencent à s'aligner en leur faveur pour faire vivre leurs objectifs. C'est la façon dont fonctionne l'univers, et les gens qui réussissent ont expérimenté cette forme de GRÂCE de l'univers. C'est un fait que nous attirons ce que nous sommes de l'univers, si nous avons un état d'esprit réussi, nous attirerons le succès.

Les personnes qui ne réussissent pas, d'autre part, ont une mentalité de pensée inversée par rapport à la façon dont les riches pensent. Ils sont paresseux mentalement, et ils ne pensent pas de manière critique à ce qu'ils veulent dans la vie, ils n'ont pas de plan stratégique et de plan de travail pour leurs objectifs, tout ce à quoi ils pensent est le résultat final, c'est-à-dire pour que le succès se produise, afin qu'ils puissent obtenir les meilleures choses de la vie sans aucun iota de «Comment» Comment faire vivre l'objectif, comment le réussir et comment maintenir le succès.

Ils sont comme quelqu'un qui entreprend un voyage vers une destination qu'il n'a pas été auparavant et sans savoir quelle direction suivre pour s'y rendre, ou sans GPS pour faciliter sa navigation vers la destination. Le fait évident est qu'une telle personne n'arrivera pas à la destination souhaitée, mais à un autre endroit auquel elle ne s'attend pas, et ce ne sera généralement pas une bonne destination, car cela la mènera probablement par le chemin le plus fréquenté, où le succès est difficile. réside. Et parce que le succès n'arrive jamais par accident, il faut un effort conscient et un travail acharné, pour parcourir le chemin inexploré pour créer le succès, de sorte qu'ils trouvent difficilement le succès dans leur quête.

Le succès ne s'est jamais produit et ne se produira jamais grâce à une marche insouciante arbitraire et sans but sur un chemin en espérant que cela mènera au succès. Le succès est intentionnel et demande beaucoup de travail acharné et de réflexion créative pour traverser les défis de la vie et les obstacles sur le chemin du succès.

Le succès exige de la force mentale et de la discipline, car tout au long du chemin vers le succès, les défis de la vie et les obstacles mettront à l'épreuve votre volonté de réussir. Cependant, parce que ceux qui ne réussissent pas sont mentalement paresseux et qu'ils ne peuvent pas mettre dans la discipline et la force mentale nécessaires pour être diligents pour réfléchir de manière stratégique et créative à leur destination souhaitée, et proposer un plan d'action réalisable, et s'engager à suivre le plan à leurs objectifs souhaités. Ils ont plutôt tendance à rechercher les solutions rapides, les raccourcis, pour éviter de traverser toutes les difficultés du succès.

Le fait est cependant qu'il n'y a pas d'ascenseur vers le succès, il n'y a que des remuements, et pour réussir, il faut prendre les remuements, nous devons passer par la douleur et le travail acharné de marcher les remue vers le succès, car c'est là que le la force de caractère est forgée, la discipline et la ténacité sont renforcées et notre vraie compréhension du succès est apprise.

Ceux qui ne réussissent pas cherchent rapidement une aide en dehors d'eux-mêmes, généralement chez d'autres personnes, un esprit ou un génie quelconque, ou une forme d'intervention divine ou autre. Ils ne comprennent pas que Dieu ne récompense pas la paresse et la folie, et que le Dieu tout-puissant a déjà créé les humains en tant que «petits dieux» et les bénit avec le don de choisir pour créer toutes les expériences qu'ils désirent dans leur vie. Mais ceux qui échouent consciemment ou inconsciemment gaspillent leurs dons que Dieu leur a donnés qu'ils auraient pu utiliser pour impacter ce monde et aussi changer les situations de leur vie, mais ils permettent à ce don de rester en sommeil en eux et progressivement glisser et se perdre.

La loi universelle de la nature est «ce que nous nourrissons grandit et ce que nous affamons meurt» si nous utilisons nos dons, cela grandira et se développera et donnera plus pour nous, mais lorsque nous affamons notre don ou le laissons dormir, il diminue progressivement et meurt.

De plus, les échecs de leur paresse mentale et de leur mauvais état d'esprit ne grandissent pas mais régressent souvent ou, au pire, restent dans la même position qu'ils ont toujours été, et ne gèrent qu'une amélioration de 1% dans leur vie tout en pensant toujours, c'est un La vie vaut la peine d'être vécue. Aussi, ils sont prompts à prétendre qu'ils ont la foi et croient que les choses vont s'améliorer, mais la question de savoir comment les choses vont s'améliorer et ce qui les amènera à s'améliorer parce que rien ne se passe sans quelque chose, c'est la loi universelle de la nature.

En outre, la question est, ils ont foi en quoi?, Que la nature les aidera à penser de manière créative et à travailler dur, ou enverra une aide pour les aider à faire la réflexion et le dur travail qu'ils refusent de faire pour eux-mêmes? En outre, nous avons tous déjà tout ce dont nous avons besoin pour faire tout le travail de notre vie et tout ce dont nous avons besoin pour rendre notre vie belle? Donc, penser que quelqu'un de quelque chose vient faire le travail de sa vie pour lui ou que le succès se produira miraculeusement ou par magie peut être tout simplement illusoire et une pure perte de vie, car en fait, rien ni personne peut faire le travail de notre vie pour nous.

De plus, comme on l'observe généralement avec les personnes qui ne réussissent pas, ils citent rapidement des versets du bon livre, tels que «Je suis venu pour que vous ayez la vie et la vie dans toute sa plénitude», la question est de savoir si la vie de l'échec est la mousse avec le manque, la rareté, la colère, le stress, la pauvreté, la douleur, la souffrance et les épreuves? Peut-on dire que c'est une vie vécue dans la plénitude? Ou plutôt une vie d'enfer sur terre!

Le tout-puissant est notre créateur ultime, il nous a créés en tant que «petits dieux» pour créer toutes les expériences de nos vies, c'est pourquoi il nous a donné la capacité de faire des CHOIX, de faire de bons choix et de suivre un chemin stratégique vers notre objectif désiré.

Le pouvoir de faire des choix est l'un des cadeaux qui nous est accordé, c'est ce qui nous différencie de l'âne, de l'hyène, du pigeon, de l'antilope, des chèvres et de tous les autres animaux et plantes pour être exact. Ce cadeau de choix, nous donne la capacité de changer nos vies et de l'orienter dans la direction que nous voulons, le cadeau est si puissant que si nous décidons aujourd'hui de réussir et de poursuivre avec l'état d'esprit du succès, nous le ferons. réussir.

Le pouvoir d'utiliser notre don, le pouvoir de faire des CHOIX est uniquement entre nos mains et pour nous. Alors, utilisez ce cadeau pour changer votre vie pour réussir.... Tu peux le faire.

Vivez votre vie avec INTENTION

Demain est un autre jour!

FAITES LE PREMIER PAS DANS LA FOI

"Faites le premier pas dans la foi, vous n'avez pas besoin de voir tout l'escalier, faites simplement le premier pas" - Dr Martin Luther King Jr.

Que signifie vraiment faire le premier pas dans la foi, et pourquoi devez-vous faire le premier pas? Faire le premier pas dans la foi signifie prendre des mesures qui vous mèneront vers la direction souhaitée dans laquelle vous voulez aller même lorsque tout semble oblique et que vous ne semblez pas avoir de clarté sur le chemin, et le chemin est mousseux avec beaucoup des incertitudes. Et il y a tellement d'inconnus entourant l'objectif et les influences externes sur lesquelles vous n'avez pas de contrôle.

Habituellement, la plupart des gens veulent que le chemin semble clair et bien tracé avant de commencer à marcher sur le chemin de leurs objectifs. Cependant, le chemin vers notre vision ne nous est jamais vraiment clair lorsque nous commençons à travailler, ils sont remplis de défis, de souffrances, de déceptions, de dangers et d'incertitudes. Donc, la plupart du temps, nous ne savons pas vraiment comment le chemin qui nous attend, ce qui nous attend et où il mènera, mais nous devons simplement faire confiance à la partie sauvage non rationnelle de nous qui sert de boussole intérieure, et avoir foi. qu'avec un travail acharné et de la persévérance, le chemin nous mènera à la destination souhaitée et cela fonctionnera à la fin.

Steve Jobs a un jour noté que "vous ne pouvez jamais relier les points avec impatience, vous ne pouvez relier les points qu'en regardant en arrière, mais nous devons juste avoir confiance que les points se connecteront d'une manière ou d'une autre". les choses se passeront exactement dans nos vies à l'avenir, ou là où cela nous mènera, mais nous devons simplement croire en nous et continuer à faire de notre mieux et plus encore dans la poursuite de nos objectifs et de nos rêves.

Souvent, les points dans nos vies se connectent toujours parce que notre vie est un jeu de somme, et ce que nous faisons aujourd'hui crée ce que sera notre demain. Par essence, notre avenir doit être créé et continuellement créé, et non pas concrétisé, car en réalité, ce qui semble se concrétiser aujourd'hui peut s'avérer obsolète demain, car notre monde change, la technologie change et la façon dont nous vivre et tout ce que nous faisons.

Les étapes pour réaliser sa vision ne seront jamais vraiment claires, et personne ne peut avoir un plan pour naviguer dans son parcours de vie qui fonctionne exactement comme prévu. Le plus souvent, les défis attendus et inattendus se posent généralement, des défis provenant des sphères du paysage politique, économique, socioculturel, technologique, environnemental et juridique, qui peuvent provenir d'un ou d'une combinaison de certains, ou de tous ceux-ci. sphères de la vie. Et cela pousse certaines personnes à abandonner leurs objectifs et leurs rêves et à se contenter de moins ou à arrêter complètement. Bien que cela incite également les autres à adapter et ajuster leur plan en conséquence pour faire face à ces défis de la vie.

Essentiellement, notre plan de vie est en constante évolution, car les défis auxquels nous sommes confrontés à chaque tournant de notre parcours de vie sont dynamiques et, en tant que tel, notre plan de vie doit être un document vivant, quelque chose que nous devons consciemment et continuellement mettre à jour, ajuster et s'adapter des situations changeantes.

Le but ici n'est pas de changer notre objectif de vie, mais seulement d'ajuster nos étapes d'action pour nous adapter aux situations changeantes afin que nous puissions continuer à faire face et à avancer avec notre plan. Fondamentalement, c'est ainsi que la vie fonctionne et c'est ainsi que la vie nous enseigne les «leçons de vie» et comment nous devenons plus intelligents. Et lorsque nous apprenons à nous adapter et à nous ajuster à ces défis de la vie, nous développons la ténacité, la force mentale et la résilience pour mieux naviguer dans le cours de nos vies.

Un fait clé est que la vie n'est pas certaine et la vie n'est pas garantie, mais malgré toutes les incertitudes, une chose qui s'est clairement manifestée en direct est que la vie est un cadeau et que la vie travaille pour nous plutôt que contre nous. Et généralement, c'est ce que nous croyons, que la vie travaille pour nous ou contre nous, qui détermine quelque peu notre succès ou non dans la vie.

Quand nous croyons que la vie fonctionne pour nous, malgré la peur ou les circonstances de la vie auxquelles nous sommes confrontés, nous nous «lancerons» et continuerons à jouer le jeu de la vie. Nous sortirons pour concourir et nous battre pour nos objectifs et nos rêves afin de leur donner vie. Mais quand on adopte l'état d'esprit de la vie travaillant contre nous, que les choses sont impossibles, que personne ne veut nous soutenir, alors il sera alors pratiquement impossible pour une telle personne d'avoir la volonté de se battre ou de rester dans le combat assez longtemps pour réussir. sur leur objectif, car ils approchent déjà l'objectif avec un état d'esprit d'échec.

Par conséquent, même lorsqu'ils se présentent dans le jeu de la vie, ils sont mal préparés et pas mentalement forts pour surmonter les défis qui viendront dans le processus de travail vers leurs objectifs. Aussi, parce qu'ils croient que l'univers travaille contre eux, alors l'univers travaillera effectivement contre eux parce que par la loi de la nature, nous attirons ce à quoi nous pensons.

De plus, les personnes ayant ce genre d'état d'esprit manifestent généralement le genre de mots comme "pourquoi cela m'arrive-t-il toujours à moi" "pourquoi rien ne fonctionne pour moi" "pourquoi tout et tout le monde est contre moi" Ce sont tous des mots négatifs qui ont tendance à se manifestent dans la vie de personnes qui ne croient pas que leur succès dans la vie leur appartient entièrement et entièrement entre leurs mains, croyant plutôt que quelqu'un ou quelque chose est responsable de leur succès ou de leur échec. Et parce qu'ils le croient, ils continuent et continuez à agir de manière à faire croire qu'ils croient, car en vérité, nous attirons ce que nous croyons.

Les sages paroles du Dr Martin Luther King Jr citées ci-dessus "Faites le premier pas dans la foi, vous n'avez pas à voir tout le cas d'agitation, prenez simplement le premier" peuvent être illustrées plus en détail par ce scénario; imaginez sa nuit et son obscurité et vous êtes sur le point de quitter votre bureau ou quelque part pour une destination que vous ne connaissez pas vraiment ou même un endroit que vous connaissez assez bien comme votre maison, mais partout il fait sombre. Premièrement, vous ne dites pas parce qu'il fait sombre et que vous ne pouvez pas voir tout le chemin menant à votre maison que vous n'embarqueriez pas dans le voyage, mais plutôt que vous montez dans votre voiture pour vous rendre chez vous ou votre destination.

Lorsque vous commencez à démarrer, vous allumez les phares de votre véhicule, ce qui vous donne quelques mètres d'éclairage sur une distance d'environ 100 mètres, mais pas tout le trajet jusqu'à votre destination. Mais vous continuez à conduire et à progresser dans votre voyage. Et au fur et à mesure que vous conduisez plus loin, vous pouvez en voir plus car les phares du véhicule dans lequel vous vous trouvez continuent de vous éclairer davantage et vous pouvez voir d'autres voitures s'approcher ou devant vous. En outre, vous pouvez voir des arbres, des panneaux d'affichage et d'autres choses que vous ne saviez probablement pas qu'il y avait ou que vous auriez pu manquer sans l'éclairage du véhicule au fur et à mesure de votre progression.

Cependant, la leçon essentielle ici est que si vous étiez resté à votre point de départ et que vous vous attendiez à avoir toute la visibilité ou la clarté sur le chemin menant à votre destination, vous n'aurez jamais bougé et certainement, vous n'aurez jamais découvert ou vu tous les les choses que vous avez vues au cours de votre voyage.

Imaginez également ce scénario, alors que vous continuez à conduire, imaginez que vous approchez d'un virage, vous ne voyez pas tout le tour du virage, mais à mesure que vous progressez, vous voyez plus loin, mais vous ne vous arrêtez pas pour dire parce que je ne peux pas voir le virage. Tout autour du virage, je ne progressera pas ou parce que vous ne pouvez pas voir tout le chemin vers votre destination, vous ne progresserez pas, vous continuerez plutôt à bouger. Et vous continuez à tenter votre chance sur la foi sans même y penser.

Vous ne pensez même pas ou ne vous inquiétez pas à ce sujet avant de partir vers votre destination, vous venez de croire que vous arriverez à destination en toute sécurité, c'est pourquoi vous vous êtes lancé dans le voyage en premier lieu, et l'ironie est que nous faisons beaucoup de des choses comme ça sans même y penser. Et c'est faire le premier pas dans la foi!

Imaginez aussi que vous conduisez ou marchez sur un pont sur une rivière, souvent nous le faisons sans y penser, mais le fait est que nous avons conduit ou marché sur le pont parce que nous parions notre vie sur celui-ci que le pont tiendra . Nous faisons peut-être cela inconsciemment, mais le fait est que nous parions notre vie sur lui que le pont ne s'effondrera pas, c'est pourquoi nous l'avons continué en premier lieu. Car si nous avions douté de l'intégrité du pont qui ne tiendra probablement pas, nous ne l'aurons pas franchi, nous aurons plutôt choisi un itinéraire alternatif à traverser.

Le point ici est que si nous prenons facilement le risque avec foi en nous dirigeant vers notre destination ou en traversant un pont alors que nous n'avons pas toutes les informations sur le fait que le pont tiendra ou non, mais nous avons juste cru, pourquoi alors tenons-nous retour quand cela implique nos objectifs et nos rêves. Pourquoi nous attendons-nous à ce que tout soit entièrement tracé avant de nous lancer dans notre cheminement de vie qui pourrait nous conduire à notre destination, la destination de nos rêves et objectifs? Pourquoi cherchons-nous et espérons-nous des certitudes et des assurances avant de nous lancer dans la poursuite de nos objectifs et de nos rêves?

Souvent, beaucoup de gens échouent dans leur cheminement de vie pour une foule de raisons, la plus courante d'entre elles étant la peur, la peur de l'inconnu, la peur d'échouer et même la peur de réussir. Cependant, le fait est que certains de ces voyages de vie peuvent transformer nos vies, une idée peut changer notre vie et déplacer notre vie vers le royaume des réussis et des grands.

La plupart des gens choisissent de ne pas prendre le risque par la foi de marcher sur le chemin de leurs objectifs et de leurs rêves, à cause de la peur, et ils manquent l'aventure, l'expérience, la connaissance, la douleur qui forgeront leur force de caractère et la joie et l'accomplissement des réalisations de leur objectif qui sont la récompense du succès. Ils passent à côté de tout cela, simplement parce qu'ils n'ont pas réussi à prendre une chance sur la foi, et parce qu'ils n'ont pas réussi à travailler sur cette seule idée qui pourrait transformer leur vie.

La raison pour laquelle la plupart des gens tergiversent et veulent voir une vue d'ensemble des choses avant de faire le premier pas peut être attribuée à la peur, au doute de soi, à l'inquiétude, à la réflexion excessive, à la paralysie de l'analyse, à la faible conscience, à la sécurité de la zone de confort perçue, à la paresse mentale et au manque. d'entraînement. Ce sont tous des schémas de pensée négatifs et un ensemble de pensées qui engendrent l'échec.

Ce sont généralement des habitudes ancrées dans l'esprit des échecs, qui sont les habitudes qui les ont amenés à échouer et à ne pas atteindre leurs objectifs et leurs rêves. L'ironie est que les habitudes ne sont pas héritées, ce sont toutes des habitudes apprises, qu'ils ont programmées dans leur subconscient qui contrôle environ 96% de tout ce qu'elles font dans leur vie.

En outre, c'est la raison pour laquelle vous remarquerez que les personnes qui échouent ont tendance à ne pas réussir tout au long de leur vie, car la raison sous-jacente de ces vies infructueuses continue de tout créer dans leur vie. Même lorsqu'ils lisent des livres d'auto-assistance ou suivent une formation, leur vie ne change toujours pas beaucoup, car les raisons sous-jacentes sont toujours présentes dans leur subconscient.

Ce n'est pas que l'esprit subconscient ne peut pas être reprogrammé à un état d'esprit réussi, cela peut, cependant, il faut beaucoup de travail acharné et d'efforts conscients pour reprogrammer l'esprit subconscient. L'esprit subconscient est extrêmement rapide et puissant, mais il n'est pas créatif, donc il apprend par habitation et répétition continue. Donc, il faut consciemment et constamment pratiquer une tâche pour reprogrammer notre subconscient, un exercice qui lui-même est un attribut du succès.

Considérez ceci, n'est-ce pas une ironie que les gens ne poursuivent pas leurs objectifs et leurs rêves, et manquent leurs objectifs de vie? Tout cela à cause de la sécurité perçue et des assurances de la zone de confort et de la peur? Et le fait est que ce que les gens craignent ont tendance à se produire dans leur vie, car comme nous l'avons dit précédemment, nous attirons ce que nous pensons et sur lequel nous nous attardons. Et à cause de cette peur, les gens sacrifient une vie heureuse pour une vie de pauvreté, de médiocrité et de misère. ... Terriblement triste!

Le fait est que le chemin de notre cheminement de vie ne sera jamais vraiment clair, et le chemin ne sera jamais entièrement tracé, mais nous devons simplement commencer la marche avec le peu que nous pouvons voir, saisir le risque avec foi et continuer à progresser. sur notre chemin de vie. Travailler dur et être cohérent et engagé, et d'une manière ou d'une autre, au fur et à mesure que nous progressons, la voie commencera à apparaître et les choses commenceront à devenir plus claires, comme Rumi l'a à juste titre noté, alors que vous commencez à marcher en chemin, le chemin apparaît!

Par conséquent, lorsque nous prenons une chance sur la foi et commençons à marcher sur le chemin de nos rêves et objectifs, les choses commenceront à se dérouler, beaucoup de choses peuvent ne pas être très agréables et bonnes, cela pourrait même être de plus en plus difficile et plus difficile et assez inconfortable. , mais ce sont les mêmes ingrédients qui développeront notre esprit et notre force de caractère, et ouvriront davantage la voie, pour éclairer davantage la voie et rendre la voie plus claire.

Tout au long du voyage, des décisions seront prises à presque chaque tournant, certaines des décisions seront justes et un certain nombre ne le seront pas. C'est une courbe d'apprentissage, c'est acquérir de l'expérience et comprendre à quoi ressemblent les mauvais virages dans le voyage pour atteindre nos objectifs de vie, et aussi savoir comment éviter le prochain mauvais virage et comment survivre et rester ferme face aux difficultés. et les défis.

Comme souvent noté, les personnes qui réussissent ne prennent pas toujours les bonnes décisions, mais elles prennent toujours les bonnes décisions. Ainsi, tout au long du voyage de la vie, quand ils prennent les mauvaises décisions, la capacité de corriger le mauvais virage et de prendre les mauvaises décisions correctement, offre souvent des informations et une compréhension inestimables du chemin du voyage. Et des expériences comme celle-ci définissent le succès, c'est ce qui fait naître les sentiments d'épanouissement et la joie de réussir.

Les personnes qui réussissent ne sont pas dissuadées ou «cèdent» à l'échec, elles savent que l'échec fait partie du processus de découverte du chemin vers leurs rêves et objectifs, donc quand elles rencontrent un échec en raison de leurs mauvaises décisions à cause de ce qu'elles ne savaient pas , ils en tirent des leçons et absorbent l'échec. Cela fait partie de ce qui les rend forts et forge leur force de caractère.

C'est l'une des principales raisons pour lesquelles les personnes qui réussissent n'ont pas peur de prendre des décisions. Parce que même lorsque les décisions s'avèrent être fausses, ils en tirent des leçons et prennent la bonne décision.

Cependant, les personnes qui ne réussissent pas réagissent à l'échec exactement de la manière opposée aux personnes qui réussissent. Pour eux, l'échec est un signe d'arrêt. Qu'une telle chose ne fonctionne pas, c'est impossible et ne peut pas être fait, alors quand ils échouent, ils quittent et refusent de revenir dans le jeu, ce qui explique essentiellement pourquoi ils sont devenus un échec. Ils sont un échec non pas parce qu'ils ont échoué dans une tentative, mais parce qu'ils ne parviennent pas à poursuivre leurs objectifs et leurs rêves.

Il est certain que, tout au long du voyage de la vie, il y aura plusieurs étapes manquées, il y aura des mauvais virages et il y aura des bosses sur la route, mais ce sont tous les ingrédients qui façonnent le succès de la couleur. Ce sont les empreintes du succès et ce qui rend les réalisations significatives.

Les gens qui réussissent ont une bonne compréhension de cela, c'est pourquoi, même lorsqu'ils rencontrent les bosses sur la route de leurs objectifs et de leurs rêves, ils n'abandonnent pas, ils savent que ces bosses ne sont que des revers temporaires, ce qui les pousse à repensez et examinez beaucoup plus profondément l'événement qui a conduit au revers. Et ce faisant, ils acquièrent des informations supplémentaires et une compréhension plus approfondie du processus. Et améliorer leurs connaissances et leur expérience de construction tout au long du voyage

Cela conduit à un autre attribut clé du succès qui est, ils prennent en charge leur vie et ils ont le contrôle. Et ils assument la responsabilité de tout ce qui leur arrive, croyant qu'ils sont responsables de tout dans leur vie. C'est avoir la «mentalité d'appropriation» pour leur vie et ce genre d'état d'esprit porte un fort sentiment de responsabilité et de responsabilité qui détermine la façon dont nous abordons la vie et nous assurons de ne pas traiter la vie avec désinvolture mais avec tout le sens du sérieux et de la responsabilité en faisant tout ce qui est en notre pouvoir. la vie avec intention.

De plus, les gens qui réussissent ne jouent pas au jeu de la victime, ils sont adaptables et ils croient que le succès est «de cause à effet», donc ils ajustent leur pensée pour CONTRÔLER LEUR ENVIRONNEMENT et ils attirent ce qu'ils veulent dans leur vie. Et en raison de leur état d'esprit positif et de leur disposition à la vie, la vie arrive toujours pour eux et l'univers coopère avec eux.

Les infructueux, en revanche, se voient toujours comme la victime, les malchanceux, la vie de l'un, et ils sont perpétuellement en mode réactif à leur environnement, c'est-à-dire «leur environnement contrôlant leur pensée»

Habituellement, ils sont le groupe de personnes qui, la première chose qu'ils font quand ils se réveillent est de prendre leur téléphone pour consulter leurs publications sur les réseaux sociaux, leurs goûts et les histoires de tendances. Parce que cela leur donne une dose de rushes de dopamine temporaires qui donne des sentiments de satisfaction.

Cette routine amène leur vie à être programmée par les pensées, les opinions et les actions des autres, et ils se retrouvent inconsciemment à penser et à agir selon cette ligne de pensée. Et en tant que tels, ils perdent toute forme d'originalité dans leur vie.

Le fait de la vie est que personne n'est créé pour agir de cette façon, mais nous nous sommes tous façonnés dans ce que nous sommes par les habitudes que nous avons acquises tout au long de notre parcours de vie. Et la bonne nouvelle est que tout comme nous avons appris certaines de ces habitudes négatives qui épuisent la vie, nous pouvons également les désapprendre, et apprendre à réussir à créer des habitudes qui peuvent conduire à un changement significatif dans nos vies.

Par conséquent, nous pouvons tous CHANGER et nous pouvons tous nous améliorer; il suffit de commencer par la petite étape consistant à changer ses pensées et ses habitudes et à s'engager sur la voie du développement personnel.

Ces étapes simples sont les éléments de base du succès, ce sont les empreintes du succès, qui sont en fait le succès en soi. Et ces empreintes sont les moteurs nécessaires pour faire le premier pas vers l'escalier de sa vie.

Vivez votre vie avec INTENTION

Demain est un autre jour!

POURQUOI LES GENS ECHOUENT DANS LA VIE

"Un jour, votre vie clignotera devant vos yeux. Assurez-vous que cela vaut la peine d'être regardé." - Gerard Way

Au début de l'année 2020, j'ai décidé de faire du vélo dans quatre pays africains et beaucoup de gens me demandaient pourquoi j'avais fait le tour. Tous désireux de comprendre la pensée derrière la réalisation d'un exploit qui implique une balade à vélo de Lagos, au Nigéria, en passant par la République du Bénin, en passant par la République du Togo, et à Accra au Ghana et retour, une aventure aller-retour, sans aucune sauvegarde ou véhicule de soutien, au vu de toutes les expositions, risques et d'une foule d'autres dangers associés à un exploit aussi audacieux. Et encore une fois, pourquoi faire face à une tâche aussi éprouvante alors qu'il ne s'agit pas d'une compétition ou qu'il y a une récompense ou une reconnaissance qui y est attachée.

Ma première réponse est que tout ce que nous faisons ou choisissons de ne pas faire dans la vie est un risque, se réveiller est un risque, rester à l'intérieur est un risque et sortir est aussi un risque. Une fois que nous en sommes venus à comprendre que les risques sont partout et essentiels à notre existence quotidienne, la chose sage à faire est de garantir une évaluation et une gestion adéquates des risques dans toute entreprise que nous poursuivons afin de pouvoir vivre et continuer à vivre la vie vaut vraiment la peine d'être vécue.

En établissant mes objectifs pour l'année 2020 l'année dernière, j'ai décidé de faire quelque chose de difficile, d'épuisant et de dur que je n'avais jamais fait auparavant, qui mettra au défi ma limite au point de rupture. Quelque chose de si dur que dans le processus, et quand tout commence à aller vers le sud ou que les douleurs et l'angoisse deviennent atroces, je me demanderai "pourquoi je fais cela" "pourquoi je veux m'autodétruire". Et j'ai décidé de le faire au début de l'année pour programmer mon état d'esprit avec ce niveau de résistance mentale et physique pour toute l'année et au-delà, cela élève en quelque sorte la barre de ma résilience mentale au-delà de ce à quoi j'ai été habitué.

J'ai donc fait de l'aventure cycliste l'un de mes objectifs de l'année 2020 et, en fait, le tout premier objectif de l'année. Et j'ai décidé de le faire sans aucun repli, aucun arrangement d'urgence, aucune voiture de secours, aucun soutien de quelque nature que ce soit, cela ne me donne pas d'autre choix que de vivre pleinement l'expérience de l'aventure et de ne laisser aucune place pour quitter. . C'est une sorte de "brûler son bateau de l'autre côté de la rivière" et il ne vous reste plus qu'à couler ou nager.

Le cyclisme, le sport en général, contribue à la force mentale et à la discipline, qui sont également quelques-uns des attributs clés du succès et d'une belle vie. Et la science le dit également, lorsque vous bougez votre corps, votre corps libère des endorphines, ce qui améliore la confiance, la vigilance et la cognition. Donc, pour moi, le sport fait partie de ma vie depuis longtemps, et je le fais pratiquement tous les jours.

En général, réfléchissons à cette question: «Pourquoi les gens échouent-ils dans la vie, parce qu'aucune personne sensée ne voudra délibérément que sa vie soit un échec, alors pourquoi les gens échouent-ils dans la vie? .... La simple raison pour laquelle les gens échouent dans la vie est parce qu'ils arrêtent, ils abandonnent sur leurs objectifs, ils abandonnent sur leurs rêves et la vision d'une vie qu'ils ont imaginée pour eux-mêmes.

Ils vont ensuite à la dérive et espèrent que quelque chose de magique ou de miracle réalisera leur rêve sans aucun effort conscient de leur part, car ils choisissent déjà d'arrêter. Pourtant, ils s'attendent toujours à ce que leur rêve devienne une réalité et d'une manière ou d'une autre, ce qui n'est rien d'autre qu'une simple hallucination et une illusion.

La question de suivi est la suivante: si les gens échouent dans la vie parce qu'ils abandonnent leurs objectifs et leurs rêves, pourquoi alors les gens choisissent-ils d'arrêter sur leurs objectifs et leurs rêves et une vision de la vie qu'ils ont imaginée pour eux-mêmes? ... .Les gens abandonnent leurs objectifs et leurs rêves à cause de la fatigue mentale!

Les gens abandonnent parce qu'ils deviennent mentalement fatigués sur un problème ou une foule de tâches et ne peuvent plus traiter, comprendre ou gérer les fragments complexes de défis ou d'obstacles autour du problème, ils sont dépassés, ils lâchent la balle, ils arrêtent et abandonner. Ensuite, ils ramassent une autre chose, le même scénario se produit, et ainsi de suite.

Par conséquent, ils se retrouvent enfermés dans une phase d'essai perpétuelle, de faire le tour des cycles d'épreuves sans jamais en terminer. Par conséquent, ils ne montrent jamais vraiment de réalisation concrète, ou au mieux, ils gèrent un changement de 1% dans leur vie et ils se trompent eux-mêmes sur le fait que les choses fonctionnent ou qu'ils sont en cours de travail, jusqu'à ce que les défis de la vie ou d'autres problèmes les excluent de la situation. sommeil, puis ils se rendent compte qu'ils n'ont pas vraiment progressé, mais qu'ils n'ont fait que tourner en rond.

Ce qui est ironique, c'est que cet attribut de cesser de fumer n'a pas commencé avec les grandes choses, c'est généralement à partir des petites choses de la vie, souvent considérées comme insignifiantes, qui se sont ensuite métamorphosées en une habitude et un mode de vie subconscient.

Un exemple, imaginez quelqu'un qui a décidé de se lancer dans une balade à vélo en salle de trente minutes chaque matin pour améliorer sa forme physique et sa santé, mais après le deuxième jour, cette personne a décidé de s'arrêter à cause de douleurs, de douleurs et de maux de selle. Une telle décision d'arrêter sur des objectifs face à la douleur, la difficulté et l'inconfort est la conséquence de la fatigue mentale. Et de la même manière qu'une telle personne abandonne ce petit objectif en raison de la fatigue mentale, c'est de la même manière qu'elle arrêtera ses objectifs de vie, lorsque la douleur, l'inconfort et les situations difficiles se mettent en place, et que leur esprit ne peut pas s'élever au-dessus de la douleur, qui alors conduit finalement à un échec dans la vie.

De plus, la plupart des gens ne sont pas en mesure de concrétiser leurs idées et leurs rêves, car ils ne sont pas capables de diviser l'idée en petits morceaux de «petites tâches», de hiérarchiser ces tâches, puis de les exécuter systématiquement. . Au contraire, ils sont dépassés parce qu'ils ne peuvent pas décomposer la grande tâche en petits morceaux et faire la séquence du processus mentalement, puis entrer dans l'agitation pour donner vie à l'idée. C'est le vrai problème pour lequel tant de gens ne sont pas autonomes, ne peuvent pas se créer eux-mêmes et ne peuvent pas transformer une idée en valeur.

Franchement, ce n'est pas la fatigue musculaire qui pousse les gens à abandonner leurs objectifs, mais la FATIGUE MENTALE, qui est l'une des choses qui a inspiré le dicton «La plupart des gens travaillent dur, mais la plupart ne réfléchissent pas dur» et la dure vérité est , vivre ne récompense jamais le muscle mais le travail mental.

La plupart des gens se fatiguent mentalement assez facilement parce qu'ils manquent de force mentale et de discipline. Ils sont faibles mentalement et ne peuvent pas se soumettre à une réflexion profonde et créative sur un problème.

Au contraire, ils sont toujours à la recherche de raccourcis, de réponses rapides, de formules magiques, de miracles instantanés, mais ils ne peuvent pas défier leur esprit de manière créative et être diligents et cohérents avec le PROCESSUS du MENTAL GRIND.

Denzel Washington a dit un jour, sans engagement, vous ne commencerez jamais, mais surtout sans cohérence, vous ne finirez jamais. Ces deux attributs clés, l'engagement et la cohérence, sont tous liés à la force mentale et à la discipline et sont les ingrédients clés du succès.

Donc, faire ce tour était un moyen de renforcer davantage ma résilience mentale et ma pleine conscience d'être continuellement plus forte que la troisième personne en moi. La troisième personne en nous qui nous empêche tous de faire un effort supplémentaire dans tous nos efforts de vie. »

Nous avons tous la troisième personne en nous, même si certaines personnes peuvent ne pas savoir, ou ne sont pas conscientes de son existence, mais nous l'avons tous. Par exemple, lorsque vous pratiquez une activité sportive comme le cyclisme, la course à pied, etc., il arrive un moment dans le processus où vous heurtez un mur de briques et que tous les muscles de votre corps vous demandent d'arrêter. À ce moment-là, la troisième personne en vous prend vie et continue de vous exhorter à vous arrêter, à ralentir, «pourquoi voulez-vous vous autodétruire», «pourquoi faites-vous cela» «pourquoi vous suicider» «la vie n'est pas si difficile "etc.

Cette voix, la troisième personne, peut être extrêmement puissante mais négativement, elle a empêché beaucoup de gens de réaliser leurs rêves et leurs objectifs, et il est difficile de faire taire et de vaincre la troisième personne. Vous ne pouvez réussir à faire taire la troisième personne que si vous avez vécu des situations aussi difficiles ou même plus difficiles, que votre esprit utilise pour combattre la troisième personne. C'est aussi l'une des raisons pour lesquelles les gens s'améliorent avec une pratique continue.

Un exemple, une image lorsque vous êtes sur une tâche, qui est probablement difficile ou peut-être pas si difficile, la douleur et la discipline de s'en tenir à la routine en soi peuvent être difficiles et stimulantes, mais lorsque vous êtes capable de continuer à le faire, vous développez la résilience mentale pour vaincre la troisième personne, qui voudra que vous cessiez de fumer face à la douleur et à la difficulté.

Cependant, lorsque vous développez la résilience mentale, vous êtes capable de vous pousser à un nouveau niveau, faisant taire la troisième personne à chaque instant. Et ce qui est étonnant, c'est que cette philosophie se retrouve dans toutes les facettes de la vie, que ce soit le sport, les affaires ou le social.

La troisième personne en vous vous donnera la raison de quitter votre jeu, quoi que ce soit pour vous, vos rêves, vos objectifs et votre vision. Cela vous rappellera les douleurs, installe la peur et les doutes, et vous proposera toujours des raccourcis pour vous donner envie d'arrêter et d'éviter la douleur, qui est la façon dont notre corps est conçu par l'évolution.

Notre corps est conçu pour nous faire survivre et non pour nous faire prospérer. Notre corps essaie de toujours nous protéger des douleurs car c'est un système de survie. C'est pourquoi le corps se cannibalise en cas de famine de nourriture, d'eau ou d'oxygène. Il commence à se décomposer pour se nourrir car il veut survivre, c'est purement un système de survie par conception.

Cependant, si vous voulez prospérer, vous devez regarder au-delà du domaine de la survie et faire un effort supplémentaire pour faire des choses qui sont inconfortables, car le vrai succès et l'épanouissement sont dans l'agitation, et l'agitation n'est jamais facile, mais cela est ce qui vous définira, et cela vous apportera le succès.

Ce n'est pas quelque chose que vous pouvez apprendre dans les manuels ou en classe, mais vous devez en faire l'expérience pour le savoir, vous devez en faire l'expérience, pour comprendre tout ce jeu de notre esprit. Pourquoi? parce que c'est tout notre ESPRIT, c'est tout ce que nous devenons et tout ce que nous ne faisons pas.

Donc, pour moi, passer par là était de relever davantage la barre du contrôle, de la discipline et de l'endurcissement de mon esprit, car notre esprit détermine tout, il détermine notre altitude dans la vie, notre bonheur, notre épanouissement et notre satisfaction. Et une fois que vous aurez saisi votre esprit, vous trouverez un véritable épanouissement dans votre cheminement de vie, vous vous retrouverez à vivre plutôt qu'à exister, et votre vie sera pleine d'histoires positives et intéressantes que les gens aiment entendre, lire et parler. à propos. Faites un auto-contrôle sur votre vie maintenant, si vous quittez le monde aujourd'hui, que diront les gens ou diront-ils de vous? Vont-ils dire que vous avez vécu ou simplement existé?

Une chose intéressante que nous apprenons tous lorsque nous faisons des choses difficiles et difficiles comme celle-ci, qui nous exercent au-delà de la normale à laquelle nous avons été habitués est: «l'être humain n'est pas limité, nous nous limitons seulement, et tout comme nous nous sommes limités par notre pensée, **nous pouvons aussi nous UN-LIMITER, tout est dans notre esprit, et tout est sous notre contrôle.**

Vivez votre vie avec INTENTION

Demain est un autre jour!

LA VALEUR DU SUCCES

"On ne peut pas apprendre ce qu'ils pensent savoir déjà" - Epicteter

Il y a un dicton selon lequel la connaissance est le pouvoir, il est vrai que la connaissance est le pouvoir car à mesure que vous l'accumulez, cela vous donne la capacité de faire plus, et vous devenez capable de plus. Cela tient invariablement cela; ce n'est pas vraiment la connaissance qui est le pouvoir, mais c'est l'application de la connaissance qui donne le pouvoir.

Imaginez ceci, quelle est la valeur d'un potentiel qui n'est pas mis en service? Cela ne peut être qu'inutile, et c'est la même chose que la connaissance qui n'est pas appliquée. Ainsi, c'est l'application de la connaissance qui donne le pouvoir, le pouvoir de faire plus, le pouvoir de devenir plus et d'être une meilleure version de nous-mêmes, c'est pourquoi la connaissance est le pouvoir.

Au cours des décennies précédentes, ceux qui ont l'information sont ceux qui ont le pouvoir, et ce sont eux qui ont réussi, et ce sont eux qui se sont avérés être parmi les plus grands. Cependant, avec l'avènement de la technologie et la prolifération d'Internet, l'équation a changé depuis, ce sont maintenant celles qui peuvent appliquer les connaissances acquises qui sont celles qui réussissent et qui réussissent.

En 1969, la NASA a lancé le vaisseau spatial Apollo 11 sur la Lune, la puissance de calcul utilisée pour lancer avec succès la mission de mettre l'humanité sur la Lune est bien inférieure à la puissance de calcul de nos smartphones actuels. Ainsi, la technologie a uniformisé les règles du jeu en matière d'accès à l'information pour tous. Toute personne disposant d'un smartphone peut rechercher toutes les informations qu'elle recherche sur Internet. En fait, toute personne disposant d'un smartphone et d'un accès Internet peut émerveiller des gens comme Albert Einstein, Isaac Newton, Nicola Tesla, etc., s'ils vivaient aujourd'hui avec la richesse d'informations qu'une telle personne peut présenter.

Cependant, la grande ironie est que tout le monde n'utilise pas la richesse des informations potentiellement disponibles pour enrichir et transformer leur vie, car beaucoup de gens ne sont pas conscients de cette richesse potentielle, et d'autres qui en sont conscients choisissent probablement de ne pas penser. de ce qu'il faut faire des informations et de la valeur qu'ils peuvent en tirer pour avoir un impact sur leur monde. Tout simplement parce qu'ils ne peuvent pas penser ou choisissent de ne pas penser à l'applicabilité de la richesse d'informations dont ils disposent.

La question est de savoir s'il existe une abondance d'informations tout autour de nous, et que n'importe qui peut accéder à ces informations s'il le souhaite, alors qu'est-ce qui empêche la plupart des gens de rechercher des informations et d'utiliser cet impact et de transformer leur vie? La raison de ceci peut être attribuée à beaucoup de choses parmi lesquelles; la plupart des gens sont mentalement paresseux, et ils choisissent de manquer d'un état d'esprit entreprenant, ce qui peut également être attribué à un état d'esprit de paresse.

Ils ne peuvent pas consacrer leur temps et leur énergie à étudier et à appliquer leur esprit aux problèmes qui les entourent pour se poser honnêtement ces questions qui suscitent la réflexion.

- Que puis-je faire pour changer les choses autour de moi?

- Que puis-je contribuer pour rendre le monde un peu meilleur?

- Quel est mon but ici sur terre et,

- Que puis-je faire pour réaliser mon objectif sur terre?

Se poser ces questions et y répondre en toute honnêteté demande beaucoup d'énergie mentale et de discipline. Etre capable également de répondre intelligemment à ces questions nécessite de nombreuses informations qui nous sont toutes disponibles si nous osons la rechercher.

Ce n'est qu'après avoir recherché ces informations que nous pouvons commencer à appliquer les connaissances acquises pour commencer à transformer nos vies. Avoir les informations et ne rien faire avec elles est un gaspillage total, car il n'y a pas comment de telles informations ajouteront une valeur significative à nos vies. Et généralement, les personnes de cette catégorie ont tendance à se préoccuper de travailler leur vie à construire les rêves des autres. Ils sont absorbés par l'occupation quotidienne de la survie à travailler sur les objectifs et les rêves des autres, mais sans aucune orientation stratégique ni aucune action sur leurs objectifs et leurs rêves, le but qu'ils sont venus ici sur terre pour accomplir.

Un autre facteur qui empêche de nombreuses personnes d'utiliser la richesse des informations pour transformer leur vie peut être dû à leur propre ego. Comme le note Epicteter, «on ne peut pas apprendre ce qu'ils pensent savoir déjà» donc quand les gens, hors de leur ego, ne parviennent pas à apprendre ou n'adoptent pas une approche d'apprentissage permanent parce qu'ils pensent déjà savoir probablement à cause de certaines connaissances anciennes qu'ils avaient, ils ont tendance à s'auto-saboter leur vie et en tant que tels, leur vie n'avance pas très loin.

Avec la vitesse étonnante à laquelle les informations et les connaissances changent, ce sera une approche totalement erronée de penser que certaines informations anciennes que quelqu'un possédait déjà seront toujours pertinentes quelques années plus tard? Et en outre, comment seront-ils au courant des progrès récents de la technologie, du style de vie et autres, s'ils conservent toujours les informations anciennes et périmées.

Lorsque les gens n'apprennent pas ou ne se rééduquent pas continuellement, ils ont tendance à devenir rouillés et vides parce que ce qu'ils pensent déjà savoir serait devenu périmé. Par conséquent, ils ont du mal à être compétitifs ou à apporter quoi que ce soit de significatif à l'avancement et au développement de la société.

Comme Socrate l'a dit, "la seule vraie sagesse est de savoir que vous ne savez rien". Et c'est ainsi que nous ne pouvons que nous améliorer parce que nous aborderons la question ou le sujet avec l'humilité d'un apprenant, afin que nous puissions mieux comprendre et connaître le sujet pour nous améliorer et faire plus sur les problèmes de la vie.

C'est l'un des attributs clés du succès, ils ont la mentalité des apprenants, ils adoptent l'état d'esprit de ne pas en savoir assez sur un sujet, et en tant que tels, ils consacrent une part importante de leur temps à apprendre et à s'améliorer continuellement. , parce qu'ils sont conscients du fait que, ce qu'ils savaient hier ne suffira pas au monde de demain. Ainsi, ils sont constamment sur la voie de la redécouverte des choses, du désapprentissage des vieilles habitudes, de l'apprentissage des nouvelles et par conséquent de leur amélioration.

Les personnes qui réussissent travaillent dur, passent beaucoup de temps à travailler sur elles-mêmes et sur leurs objectifs, elles sont concentrées, très proactives et productives. Leurs journées sont structurées et leur routine est à peu près définie. Ils ne sont pas erratiques et non coordonnés, ils sont plutôt précis et intentionnels dans leurs actions. Et grâce à ces attributs uniques, ils sont capables d'intégrer tant de tâches significatives et productives dans leur vie quotidienne.

De plus, parce qu'ils sont sur la voie d'accomplir continuellement des tâches plus significatives et productives, ils ont tendance à accomplir plus, c'est pourquoi les personnes qui réussissent ont tendance à avoir du succès après le succès, car elles ne s'assoient pas sur une seule réalisation, mais s'efforcent continuellement d'en obtenir plus. , parce que le vrai succès est un état de croissance continue et jamais un état de stagnation ou de régression, ou un état de vie de gloire passée.

Les échecs sont totalement différents des réussis dans leur modèle de comportement, ils sont du côté opposé du spectre du succès. C'est vraiment la distinction claire entre le succès et l'échec. Les échecs, ont un style de vie contrastant avec celui des réussis, ils sont mentalement paresseux sur tout, ils n'investissent pas leur temps dans l'apprentissage et l'amélioration d'eux-mêmes, car ils croient en savoir déjà assez sur tout sur leur vie, et en tant que tels, ils ne voient pas la nécessité de s'améliorer.

Par conséquent, ils vivent leur vie avec les informations et les connaissances périmées et obsolètes qu'ils ont connues et ont par conséquent du mal à apporter des changements et des transformations significatifs dans leur vie. Et chaque fois qu'ils s'aventurent dans quelque chose, ils le font d'un point de vue obsolète et dépassé et, de toute évidence, de telles entreprises s'avèrent généralement une approche ratée.

De plus, comme ils fonctionnent toujours à partir de ces perspectives, ils continuent d'enregistrer échec après échec, et leur vie continue de tourner vers le sud. Et ils se demandent pourquoi tout va au sud sur eux parce qu'ils ne comprennent pas que ce sont eux qui le font à eux-mêmes. C'est une réalité de la vie que, lorsque nous avons des idées obsolètes, de telles idées ne peuvent produire que des résultats obsolètes et ratés, car les préférences et l'orientation des consommateurs auraient dépassé ce niveau de compréhension.

Albert Einstein a noté un jour, «il y a du pouvoir à ne rien savoir quand on cherche à tout apprendre» les personnes qui échouent auront évidemment du mal à comprendre cela, car elles croient toujours qu'elles savent déjà, et en plus de leur paresse mentale, elles ne peuvent pas se soumettre eux-mêmes pour mettre dans l'énergie pour apprendre.

En supposant que vous ne savez rien sur un sujet, cela peut être très puissant, car cela vous donne le pouvoir et la volonté de poursuivre l'apprentissage, et dans le processus, vous devenez plus éclairé, puis avez la compréhension nécessaire pour pouvoir faire plus et devenir plus, ainsi vous transformer pour devenir une meilleure version de vous-même.

De plus, celui qui échoue n'a pas l'esprit d'humilité pour savoir qu'il ne sait pas assez sur un sujet, et en fait, personne ne peut jamais en savoir assez sur un sujet ou un problème, car personne n'est une oasis de connaissances. Comme l'a déjà noté Stephen Hawking, «Le plus grand ennemi du savoir n'est pas l'ignorance; c'est l'illusion de la connaissance. » L'illusion de penser que vous en savez assez sur le sujet mais ne sachant pas que vous en savez très peu sur le sujet, et qu'il y a encore tant de choses que vous ne savez pas. Les gens qui ne réussissent pas vivent donc leur vie avec cette illusion et, en tant que tel, tout ce qu'ils essaient de faire tombe sous cette illusion de vide et de pensée obsolète.

De plus, celui qui échoue ne peut accepter la critique; ils ne sont pas disposés à regarder ce qu'ils font de mal, et ils ne sont pas non plus disposés à admettre que tout dans leur vie est ce qu'ils font et qu'ils sont responsables et responsables. Mais ils voient rapidement tout ce qui ne va pas dans leur vie comme la faute de quelqu'un d'autre, et l'action ou l'inaction de quelqu'un d'autre qui est responsable de l'état de leur vie, et pourquoi ils sont dans la vie maintenant.

En outre, ils sont très rapides à trouver une justification aux situations ou aux échecs de leur vie, certains disant comme parce qu'ils ne sont pas nés riches ou parce qu'ils sont nés de parents non éduqués ou qu'ils sont d'une maison brisée ou que certaines expériences de leur enfance sont la cause des situations dans leur vie.

Le fait est que le monde a vu de nombreux millionnaires autoproclamés et des gens qui ont réussi, issus de milieux pauvres et de situations de vie beaucoup plus difficiles que celles décrites ci-dessus, mais ils ont réussi à réussir dans leur vie. Selon les statistiques, 70% des millionnaires du monde sont tous eux-mêmes.

Comme le dit le vieil adage, les excuses sonnent mieux pour ceux qui les créent, et les excuses détruisent la crédibilité de ceux qui les donnent. Et le fait est que lorsque vous perdez votre crédibilité, personne ne veut travailler avec vous, les gens voient le perdant en vous. Il est donc impératif d'éviter de chercher des excuses pour de mauvaises performances, car le fait est que la vie encaisse le paiement de tout, et qu'il y a un prix à payer pour réussir, et la vie encaisse le paiement d'avance. Il n'y a pas de paiements échelonnés ou de facilités de crédit pour réussir, nous devons payer le prix d'avance et en totalité. Et nous en payons le prix en battant constamment sur notre métier avec un engagement fort et une cohérence afin de continuer à nous améliorer et à devenir une meilleure version de nous-mêmes.

Le plus triste, c'est que tout le monde recherche l'ascenseur du succès, quelque chose pour les accélérer vers le domaine du succès et provoquer des succès rapides. Mais le fait est qu'il n'y a pas d'ascenseur pour réussir, vous devez prendre les choses en main, vous devez faire le travail et vous devez payer le prix total, et la vie recueille les paiements en entier avant de vous récompenser avec succès.

Les personnes qui échouent n'ont pas cette compréhension, elles veulent une promotion sans pratique, c'est-à-dire sans travail, et la raison pour laquelle elles veulent une promotion sans le travail acharné est parce qu'elles manquent d'estime de soi, donc elles recherchent l'estime de la foule. Et parce qu'ils n'ont pas et ne veulent pas payer pour une vie de succès en traversant la douleur, les difficultés et le travail acharné, ils ont tendance à se tourner vers la recherche de raccourcis, qui en réalité n'existent jamais, parce que le succès ne peut venir que par un travail acharné et de la persévérance.

Le fait est qu'il n'y a pas de raccourcis vers le vrai succès, le prix doit être payé avec la sueur, la douleur et le travail acharné, et lorsque vous travaillez dur et plus encore, vous réussirez probablement et atteindrez le sommet. Et au sommet, il n'y a jamais trop de monde car il y a toujours de la place au sommet. Par conséquent, tout le monde peut réussir et chacun peut atteindre ses objectifs et ses aspirations s'il peut mettre tout en œuvre pour atteindre le sommet.

Réussir dans la vie est simple, bien que ce ne soit pas facile. Le processus est simple car il faut avoir une bonne idée, appuyée par un bon plan, et travailler consciemment le plan à travers la douleur, les frustrations, à travers les eaux troubles et les nuits orageuses pour réussir. C'est à travers ces temps difficiles que nous développons les qualités du succès et la sagesse et l'humilité nécessaires pour gérer le succès. Et c'est à travers ce voyage vers le succès que nous trouvons notre accomplissement dans le succès. N'oubliez pas que les empreintes du succès sont les empreintes du succès.

Tout le monde peut travailler dur s'il le souhaite, afin que chacun puisse réussir ... Veuillez choisir de travailler dur et réussir!

Vivez votre vie avec INTENTION

Demain est un autre jour!

UNE VIE DE BUT

"Ne demandez pas à Dieu de bénir ce que vous faites, faites ce que Dieu a déjà béni" - Anonyme

Parfois, j'écoutais un TED Talk de Rick Warren, l'auteur du livre à succès du New York Times «A Purpose Driven Life», il parlait de faire participer des joueurs de la NFL au programme Life of purpose de 30 jours, et pendant le programme, un des joueurs ont demandé ce que je devais faire et comment pouvaient-ils faire une réelle différence? Rick Warren a dit qu'il a répondu en disant que vous avez déjà tout ce dont vous avez besoin pour faire une grande différence, et c'est ce que Dieu a déjà mis entre vos mains, alors quelle est cette chose dans votre main,... .. une balle, et à travers cela ball to you commande beaucoup d'influence, de respect et de ressources, vous avez donc déjà tout ce dont vous avez besoin pour avoir un impact sur votre communauté et transformer des vies.

Donc, cette chose que Dieu a déjà mise entre vos mains est ce qu'il a déjà béni, le don et les talents que Dieu vous a accordés est quelque chose qu'il a déjà béni, tout ce que vous avez à faire est de découvrir le don et de continuer à travailler. le don avec engagement et persévérance, et le résultat manifestera la bénédiction.

Le vrai succès dans la vie ne peut venir qu'en faisant ce qui a déjà été béni dans votre vie, qui a été déposé entre vos mains. Il vous appartient donc d'aller de l'avant et d'utiliser ces dons et talents déposés dans votre vie qui sont déjà bénis pour avoir un impact sur le monde qui vous entoure.

Par conséquent, si vous voulez réussir dans la vie, vous devez être authentique, vous devez découvrir ces choses dans votre vie que Dieu a déjà bénies, et c'est assez simple à découvrir! Demandez-vous simplement quelle est cette chose que vous faites si bien avec le moins d'effort? Quelle est cette chose dont vous êtes si obsédé, que lorsque vous êtes engagé, le temps semble s'envoler? ...... C'est votre don et c'est «quelque chose» dans votre vie que Dieu A DÉJÀ BÉNIÉ.

La question est la suivante: pourquoi la plupart des gens continuent de demander à Dieu la bénédiction plutôt que de se concentrer sur ce que Dieu a déjà béni dans leur vie? La simple raison pour laquelle quiconque ne se concentrera pas sur ce qui a déjà été béni dans sa vie est à cause de «l'ignorance et peut-être de la paresse mentale» La paresse de faire le travail pour découvrir ses dons, la paresse pour développer ses dons, et la paresse à suivre travailler dur et persévérer sur leurs dons et leurs talents, et les utiliser pour travailler sur leurs objectifs et leurs rêves de tout cœur, avec engagement et cohérence, en persévérant face à l'échec, aux défis et aux difficultés sans abandonner ni abandonner.

Nous avons tous nos dons, et nous avons tous reçu des cadeaux uniques, et une fois que vous avez découvert les vôtres, vous devez continuer à y travailler, pour développer et améliorer continuellement vos dons et talents. L'étape suivante consiste alors à appliquer votre don et votre talent pour résoudre un problème ou améliorer une idée pour ajouter de la valeur à l'expérience humaine sur cette planète.

Une fois que vous avez identifié le problème que vous souhaitez résoudre ou l'idée que vous souhaitez améliorer, vous devez y aller immédiatement car plus vous restez assis sur une idée, soit vous créez l'idée, soit vous la désintégrez. Et rappelez-vous comme vous pensez, les autres pensent aussi. Par conséquent, l'idée n'est pas assise et n'attend pas pour vous, plutôt l'idée attend d'être annexée par la bonne personne. Donc, soit vous faites grandir l'idée, soit elle est en train de mourir, vous devez donc faire avancer votre idée de toute urgence, comme s'il n'y avait pas de lendemain, car en effet il n'y a peut-être pas de lendemain pour l'idée, si vous tergiversez dessus, car il peut être allé à quelqu'un d'autre d'une autre manière.

Il y a un vieux dicton qui dit: «Les bonnes choses arrivent à ceux qui attendent, mais seulement celles laissées par ceux qui n'attendent pas». Par conséquent, si vous tergiversez, votre idée pourrait devenir périmée! Et quelqu'un d'autre peut proposer la même idée ou une idée différente qui peut rendre votre idée inutile en raison du changement des goûts et des modèles des consommateurs.

Les réussis, les gagnants, toujours chaque bruit autour d'eux et écoutant leur esprit intérieur, ils suivent leur boussole intérieure pour découvrir les choses qui les passionnent le plus, et une fois qu'ils les découvrent, ils s'y prennent avec un sentiment d'urgence et avec toute leur concentration et leur attention, et ils continuent à y travailler dur, et même en cas de situation de vie difficile, ils restent bloqués sur leur objectif.

Ils choisissent de devenir une force active dans leur propre vie en prenant le contrôle et en assumant la responsabilité de leur vie, alors ils choisissent leur objectif et continuent à travailler sur leur objectif jusqu'à ce qu'il leur donne la bénédiction qu'ils désirent. Rappelez-vous que nous n'obtenons pas dans la vie ce que nous voulons, nous obtenons dans la vie ce que nous sommes, et ce que nous sommes, c'est comment nous nous créons, nos expositions et expériences, nos croyances et notre orientation vers la vie, et notre état d'esprit.

Le courage que ceux qui réussissent ont invoqué, la difficulté, la douleur, les frustrations et les défis qu'ils ont traversés sont ce qui les a façonnés en ce qu'ils sont devenus. Ce sont essentiellement ces éléments qui ont façonné leur force de caractère et leur endurance mentale pour réussir dans la vie. De plus, tout cela fait partie des cotisations à payer tout au long du parcours vers la réussite qui les a façonnés à devenir une meilleure version d'eux-mêmes.

Examinons ce scénario, considérons le processus de fabrication du pain, vous mélangez la farine avec tous les autres ingrédients, sucre, eau, beurre, etc., avant qu'elle ne devienne pâte, mais la pâte elle-même n'est pas comestible jusqu'à ce qu'elle passe au feu. Et le feu lui-même n'ajoute rien à son goût, mais c'est un chemin nécessaire qu'il doit emprunter pour devenir un pain. De même, toutes les douleurs, frustrations et défis que nous traversons dans la vie sont de nous former à devenir une meilleure version de nous-mêmes.

Ainsi, lorsque vous aurez découvert cette chose que Dieu a déjà bénie dans votre vie et que vous avez décidé de travailler dessus de tout votre cœur, votre concentration et votre attention, ce ne sera toujours pas facile, ce sera dur et très difficile. , et dans le processus, vous traverserez la douleur et la souffrance, et plusieurs nuits sans sommeil, mais tout cela fait partie du feu que vous devez traverser, tout comme la pâte qui doit traverser le feu avant de se transformer en pain. Et au fur et à mesure que vous traversez cette phase, vous devenez plus fort et plus sage, et vous développerez un état d'esprit fort, une force mentale et une résilience qui vous rendront courageux et intrépide pour relever des défis de vie beaucoup plus importants.

C'est grâce à un processus comme celui-ci que les gens ordinaires sont transformés en légendes et en grands noms. Ainsi, n'importe qui peut réussir et n'importe qui peut devenir grand, à condition que vous soyez prêt à payer le prix du succès.

Dan Pena, l'homme à un milliard de dollars a noté un jour que "une fois que vous devenez intrépide, la vie devient illimitée" et lorsque votre vie devient illimitée, vous devenez vraiment vivant. Et chaque jour vous vous levez, vous vous levez avec le sentiment de "tout en moi est plus grand que tout ce qui a été créé jusqu'à présent »et vous vous élevez également avec un grand tsunami d'excellence et de joie, et un profond sentiment d'épanouissement, votre cerveau, votre esprit se déplaçant tous en« état de flux ».

La vie des réussis est vraiment belle, et c'est pourquoi on dit souvent que «vos empreintes vers le succès sont en fait les empreintes du succès» parce que les gens qui réussissent trouvent le succès dans le voyage, dans l'action, dans le processus et non dans la finale destination, ou la renommée, les richesses et autres razzmatazz. C'est tout au long du voyage que vous êtes transformé et façonné en ce que vous devenez, c'est là que vous développez la force de caractère, la discipline, l'état d'esprit et le courage nécessaires pour exceller et gérer le succès, et aussi pour trouver vraiment l'épanouissement dans la vie.

Le voyage est ce qui nous définit, c'est là que nous avons appris les douleurs et les difficultés de l'échec qui nous aident à apprécier et à valoriser le succès. C'est aussi là que nous apprenons la véritable humilité et développons un sentiment d'appréciation pour le merveilleux cadeau que la nature nous a accordé, ce qui contribue à faire ressortir l'humanité en nous.

Comme Grant Cardone l'a dit un jour, «les diamants sont fabriqués à partir de charbon sous pression, mais tout le charbon ne devient pas du diamant» et la question est de savoir pourquoi? Ceux qui ne sont pas devenus des diamants ont échoué parce qu'ils se sont fissurés et s'effondrent sous la pression. Cette analogie peut être assimilée à les habitudes des personnes qui réussissent et celles des personnes qui ne réussissent pas. Les personnes qui réussissent, sont capables de résister aux pressions de la vie, elles pourraient en souffrir et être stressées, mais elles ont appris à transformer l'énergie négative en énergie positive et à l'utiliser ensuite pour faire avancer positivement leur vie vers leurs objectifs et leurs rêves.

Les échecs, par contre, sont comme le charbon qui a échoué sous la pression pour devenir un diamant, car ils s'effritent, ils brûlent et ils abandonnent. Ils ne deviennent jamais diamant parce qu'ils craquent et arrêtent dans le processus et quand ils sont à terre, ils restent bas, ils ne se relèvent jamais pour réessayer, ils choisissent plutôt de rester sur leur visage, et parce qu'ils ne peuvent pas lever les yeux, ils le font ne pas se lever, car je ne vois aucune lueur d'espoir ou aucune raison de se lever et de revenir dans le jeu.

Un autre attribut de l'échec est qu'ils ne sont pas intentionnels sur leurs objectifs, ils ne choisissent pas leurs batailles, ils sont plutôt ouverts à tout ou à toute idée qu'ils voient ou qui leur traverse l'esprit. Ils ne sont ni stratégiques, ni authentiques, ni originaux, ils veulent tout essayer sans se concentrer assez longtemps sur une chose pour la faire pousser jusqu'à la maturité de l'incubation.

De plus, les échecs sont comme un nomade errant, un initiateur en série d'idées mais ne restant jamais assez longtemps avec aucune, pour le mener à bien jusqu'à la maturité, avant de quitter et de trouver des excuses comme, cela n'a pas fonctionné, j'ai essayé, Je n'ai reçu aucune aide et c'est pourquoi j'ai arrêté, j'ai manqué de ressources, la concurrence est trop rude, l'idée était vouée à l'échec en premier lieu, et ils continuent comme si leurs excuses importaient ou que quiconque louerait ou récompensez-les pour leur tentative ratée.

Comme souvent dit, il y a une différence entre concurrencer et gagner, tout comme il y a une grande différence entre un entrepreneur et un entrepreneur prospère. La vie ne récompense jamais les tentatives ou les échecs, la vie ne récompense que ceux qui restent assez longtemps dans leur métier pour gagner.

Les réussis ont une bonne compréhension de ceux-ci, alors ils abordent leur objectif avec intention, ils choisissent leur bataille et y vont de toutes leurs forces et de toutes leurs forces, et lorsque des situations de la vie se présentent, ce qui est toujours le cas, ils développent la force mentale et la résilience. pour faire face à la situation, et même lorsqu'ils échouent et échouent individuellement, ils n'abandonnent jamais mais continuent à apprendre de leur échec, s'améliorent, se développent et deviennent plus intelligents et plus sages, mais se lèvent toujours et reviennent dans le jeu, et continuent à pousser jusqu'à ce qu'ils gagnent.

Les échecs n'ont pas cette compréhension et cette approche de la vie, ce sont eux qui croient en la chance et qui recherchent activement la chance dans leur entreprise comme si la chance existait vraiment, ils ne le comprennent pas, la chance est une occasion de rencontre de préparation, et parce qu'ils sont toujours malades préparés, ils ne trouvent jamais la chance, mais lorsqu'ils voient d'autres personnes faire la même chose ou une chose similaire et qu'ils y parviennent, ils en concluent que ceux-là sont les plus chanceux, et c'est parce qu'ils ne sont pas prévenus de la quantité de travail qu'ils avait mis dedans, dans le noir et dans leurs moments de solitude et quand personne ne regarde. Le succès n'est pas de la chance, le succès naît du travail acharné, de l'engagement, de la cohérence et de la persévérance.

Les échecs sont comme un vent, ils sont instables comme l'eau et facilement soufflés par tout «vent de vie» qui vient à leur rencontre; ce qui les amène à toujours devenir stressés, et jamais vraiment heureux, car le bonheur est un sous-produit du style de vie, alors quand le style de vie d'une personne est irrégulier, instable et quelque peu sans direction, il est évident qu'il deviendra toujours stressé et malheureux.

De plus, parce qu'ils ont un état d'esprit négatif vis-à-vis des problèmes, leur style de vie est également négatif et tout ce qu'ils voient autour d'eux est négatif, même une bonne opportunité est gérée avec négativité et, en tant que telle, aboutit à de la négativité. Et le plus triste, c'est qu'ils trouvent rapidement des excuses, des raisons et des justifications pour lesquelles leur vie échoue, pointant du doigt et blâmant tout et tout le monde autour d'eux pour les raisons pour lesquelles ils sont là où ils sont dans la vie, mais ne se considérant jamais comme la cause car pourquoi leur vie est là où elle est.

Pour ceux qui ne réussissent pas, c'est comme les raisons de l'échec, ou c'est une consolation ou cela entraînera une certaine sympathie ou un changement, mais le fait est que toutes les raisons sont sans pertinence et sans importance, personne ne se souviendra des raisons parce que non on se soucie des raisons, le monde ne célèbre que ceux qui gagnent et ceux qui réussissent.

Donc si vous ne vous efforcez pas de gagner, personne ne se souviendra de vous, et personne ne vous célébrera, ce sera comme si vous n'étiez jamais venu ici sur terre, parce que votre venue ici n'aurait pas eu d'importance pour le monde, comme le monde ne le fera pas. ont été impactés par votre présence ici sur terre.

Cependant, le fait est que nous avons tous été créés pour avoir un impact sur notre monde avec les dons et les talents qui nous ont tous été donnés, donc si vous ne parvenez pas à utiliser votre cadeau pour avoir un impact sur ce monde, personne ne se souviendra que vous êtes venu, car personne ne l'aura ressenti. votre impact, et cela peut être une expérience vraiment triste et déprimante! Mais nous pouvons tous éviter cela, en étant vraiment présents et vivants sur cette terre.

Essayez de vivre vos rêves et de réussir, afin que le monde puisse se souvenir de vous et de vos bonnes actions!

Vivez votre vie avec INTENTION

Demain est un autre jour!

www.ingramcontent.com/pod-product-compliance
Lightning Source LLC
Chambersburg PA
CBHW070323220526
45467CB00001B/5